华章经管

HZBOOKS | Economics Finance Business & Management

U0331583

美国真相

Progressive

Capitalism

for

an Age of

Discontent

PEOPLE,

POWER,

A —— N —— D

PROFITS

民众、政府和市场势力的
失衡与再平衡

[美] 约瑟夫·E.斯蒂格利茨 著
Joseph E. Stiglitz 诺贝尔经济学奖得主

刘斌 刘一鸣 刘嘉牧 ———— 译

机械工业出版社
China Machine Press

图书在版编目（CIP）数据

美国真相：民众、政府和市场势力的失衡与再平衡 /（美）约瑟夫·斯蒂格利茨
（Joseph E. Stiglitz）著；刘斌，刘一鸣，刘嘉牧译 . —北京：机械工业出版社，
2020.6（2020.7 重印）

书名原文：People, Power, and Profits: Progressive Capitalism for an Age of
Discontent

ISBN 978-7-111-65689-0

I. 美… II. ①约… ②刘… ③刘… ④刘… III. 经济 – 研究 – 美国 IV. F171.2

中国版本图书馆 CIP 数据核字（2020）第 086731 号

本书版权登记号：图字 01-2020-2383

Joseph E. Stiglitz. People, Power, and Profits: Progressive Capitalism for an Age of Discontent.

美国真相：民众、政府和市场势力的失衡与再平衡

出版发行：机械工业出版社（北京市西城区百万庄大街 22 号　邮政编码：100037）

责任编辑：沈　悦　　　　　　　　　　　　责任校对：殷　虹

印　　刷：北京诚信伟业印刷有限公司　　　版　　次：2020 年 7 月第 1 版第 3 次印刷

开　　本：170mm×230mm　1/16　　　　　印　　张：22

书　　号：ISBN 978-7-111-65689-0　　　　定　　价：69.00 元

客服电话：（010）88361066　88379833　68326294　　投稿热线：（010）88379007

华章网站：www.hzbook.com　　　　　　　　　　　　读者信箱：hzjg@hzbook.com

版权所有·侵权必究
封底无防伪标均为盗版
本书法律顾问：北京大成律师事务所　韩光 / 邹晓东

本书献给我的孙辈

还有我过早逝去的两位挚友——托尼·阿特金森与吉姆·米尔利斯

目　录

前言

第二部分
重建美国的政治与经济：未来之路

前　言

我是在印第安纳州密歇根湖南岸的加里市长大的。彼时正值资本主义的"黄金时代"，当时的我却对此无知无觉，因为那时我眼中的世界并不像后来传闻中的那样"熠熠生辉"——种族歧视和种族隔离随处可见，社会不平等问题日益严重，劳资纠纷难以解决，周期性的经济衰退时而出现。人们对此无能为力，只能坐视这一切发生。我儿时的同学及整座城市都被卷入了这场风波。

加里市是美国工业化和去工业化历史的缩影。这座城市建立于1906年，是世界上最大的综合性钢铁厂的所在地，以美国钢铁企业创始人及董事长埃尔伯特·亨利·加里的名字来命名。可以说，这是一座彻头彻尾的"企业城"。2015年，当我重返故乡，参加第55次高中同学聚会时，特朗普还没有成为美国政界的常客。但那时社会形势已经明显趋于紧张状态，而出现这种形势也并非毫无缘由。加里市早已追随着美国踏入去工业化的深渊，现在其居住人口只有我小时候的一半。整座城市千疮百孔，甚至成了好莱坞电影的拍摄基地，而这些电影通常以战乱纷争或者世界末日作为主题。我的一些同学成了老师，有几个则做了医生和律师，还有许多人选择了做秘书。然而这次重聚中最令人揪心的故事来自那些本希望去工厂做工却未能如愿的同学——他们毕业时正值新一轮的经济衰退，因而不得已入伍从军，从此大多成了警察。我一边默念着那些已经不在人世的老同学的名单，一边看看那些虽健在却身体状况不佳的朋友，一切都昭示着这个国家在预期寿命和国民健康状况方面存在严重的不平等问题。聚会上，两位同学爆发了激烈的争执，一名退役警察对政府的不作为心怀怨怼，而另一名退休教师指出，这位退役警察所依赖的社会保障和伤残补助，正是来自被他诋毁的那个政府。

1960 年，当我离开加里市，前往马萨诸塞州的阿默斯特学院学习时，又有谁能预料到历史将如何演进，而我的故乡和同学又会被它改变成什么模样？是这座城市塑造了今天的我，我的回忆里总是充斥着人们在苦难和不公中挣扎求生的情景，它们折磨着我，也改变了我，促使我放弃了曾经热爱的理论物理学，将一腔热血投向经济学领域。我想知道美国的经济体制为何一败涂地，而美国人又能对此做出怎样的补救。正当我全心全意地投入关于市场失灵的研究时，美国的社会矛盾变得越来越尖锐。社会不平等程度依然在加剧，这在我年轻的时候是难以想象的。多年以后，当我在 1993 年作为经济顾问委员会（Council of Economic Advisers，CEA）的一名成员（后来我成为委员会主席）进入比尔·克林顿政府时，这些存在已久的问题才刚刚开始成为公众关注的焦点。20 世纪 70 年代中期（也可能是 80 年代初），社会不平等问题急剧升温。1993 年，事态已经比我先前所见的任何一次都要严重得多。

多年来对经济学的研究经验告诉我，许多保守主义者的意识形态是错误的，他们认为单纯依靠不受干预的自由市场便可以驱动经济（健康）运行——这种如信仰宗教一般对于市场力量强大程度的笃信，并没有任何理论基础或科学依据作为支撑。而难点不仅在于说服其他人同样

相信保守主义者是错误的，更在于制订相关的计划与政策，以解决在 20
世纪 80 年代罗纳德·里根领导下开展的金融自由化所带来的危险的社会
不平等状况的加剧及潜在的不稳定性。令人感到不安的是，对市场体制本
身的盲信在 20 世纪 90 年代就开始蔓延，当时我的一批同事也受到影响，
着手推动金融自由化运动，而这项运动最终由克林顿本人加以落实。[1]

我在克林顿政府的经济顾问委员会任职期间，社会不平等问题日益
加剧，我的担忧也与日俱增。自 2000 年以来，这个问题越演越烈，其严
峻形势更是到了间不容发的地步。自大萧条（great depression）以来，美
国富人阶级所拥有的财富从未在国民总收入中占据如此高的比例。[2]

在进入克林顿政府的 25 年之后，我不由开始反思：美国究竟是如
何走到今天这一步的？美国的未来又将何去何从？美国人到底能做些什
么来扭转乾坤？以经济学家的眼光来看，美国会有今天的处境并不太让
人意外，这其中至少有一部分可以归咎于美国经济体制的失败。美国没
能处理好从制造业经济向服务业经济的转型，没能驯化和统筹金融领域，
也没能妥善应对经济全球化及其造成的影响。最重要的是，在面对日益
严重的公平缺失问题时，美国似乎正逐步演变为一个 1% 的国家——美
国的经济和政治都只为那 1% 的人而存在，也被那 1% 的人操纵着。[3] 过
去的经验和研究都清楚地表明，经济和政治是密不可分的，特别是美国
这种"金钱至上"的政治体制。因此，虽然本书的大部分内容聚焦在美
国当前的经济状况上，但如果完全抛开政治讨论经济，那所有讨论都将
是不客观的。

到目前为止，对于美国社会症结所在的"诊断"早已为人所熟知，
这其中包括过度的金融化、对全球化的应对失当以及不断增强的市场势
力。我将在下文解释它们是如何互相影响的，它们可以用来解释经济

增长乏力的原因，以及它们如何致使美国以如此不公平的方式分配由有限增长带来的成果。

不过，本书所做的不只有"诊断"，也将为这些病症开出一帖药方，其中包括美国人能够做些什么，以及美国未来将会何去何从。如果要回答这些问题，就必须先理解国家财富真正的来源，将"创造财富"与"榨取财富"区分开来。后者指通过某种剥削形式从他人手中夺取财富的过程，而前者才是一国致富的真正动力，即人民的创造力和生产力，以及两者之间高效的相互促进作用。财富的创造取决于科学的进步，科学的进步教会了人们如何发现隐藏在自然界之中的真理，并利用它们来推动技术的发展。除此之外，财富的创造仰赖于人类对社会组织的理解程度。通过"理性论述"的过程，人类发现并创造了社会组织，一系列具备完善法律法规、法律程序、制衡体系的社会机构也由此诞生。我在本书中所提出的更具参考价值的替代方案，与现在特朗普及其支持者所倡导的理念背道而驰。从某种意义上来说，这个方案是西奥多·罗斯福和富兰克林·罗斯福思想在21世纪融合的产物。其核心主张是，只要遵循正确的改革机制，美国的经济就会突飞猛进，最终实现全民共同繁荣，让大多数美国人向往的生活不再只是黄粱美梦。简而言之，一旦美国国民真正理解国家的实际财富从何而来，一个更加活跃的、共同繁荣的经济和社会环境就不难实现了，而这样的社会对美国政府所扮演的角色及其发挥的作用都提出了更加严格的要求。在这个国际形势更加复杂化的21世纪，美国已经无法再回避采取集体行动的必要性。事实上，有一套十分"实惠"的政策可以带领美国重返中产阶级社会的辉煌，这样理想的生活方式在20世纪中期曾经是一种常态，而现在离美国越来越遥远。

里根经济学、特朗普经济学，以及它们对民主发起的攻击

在反思美国当下的处境时，人们往往会回忆起大约在40年前，右翼似乎再度从大选中胜出的时候。与现在的唐纳德·特朗普时代相同的是，在当时似乎也有一场由国家的领导者——美国的里根和英国的玛格丽特·撒切尔发起的全球性运动。供给经济学，一种主张放松管制和减免税款将会解放和激励经济动能，增加商品和服务的供给量，从而提高全民收入的经济理论，取代了原本的凯恩斯主义经济学。而凯恩斯主义恰恰强调了政府的功能，主张一国政府需要通过作用于社会总需求（使用货币政策和财政政策）来保证充分就业。

似曾相识的套路：巫毒经济学

供给经济学在里根时代并未发挥作用，在特朗普时代也将面临同样的命运。共和党人编造了一套用来自欺欺人的说辞，宣称特朗普的减税措施将为经济注入新的活力，同时减税所带来的损失将比之前怀疑论者所估计的要少得多。这就是供给学派的观点，而众所周知之的是，这种观点已经被证明是错误的。里根在1981年所采取的减税政策为美国开启了一个黑暗时代，财政赤字持续扩大，经济增长趋于迟缓，社会公平问题日益恶化。特朗普在2017年提出的税收法案中增加了更多与之相似的政策和法规，这些政策并非基于科学，而是源于里根时代的自私和迷信。美国前总统乔治·布什（简称老布什）曾经将里根所推行的供给经济学称为巫毒经济学，而特朗普的经济学是打了兴奋剂的巫毒经济学。

特朗普的部分支持者承认，他所颁布的政策远非完美无缺，但他们紧接着辩护道：至少特朗普正在关注那些长期以来受到忽视的劳苦大众，

至少他倾听了群众的心声，给予了他们应得的尊重。对此我想换一种说法：特朗普实在足够精明，他已经精明到能够敏锐地察觉到人们不满的情绪，顺势煽风点火，然后无情地加以利用。他意图剥夺1300万美国人的医疗保障费用，让美国中产阶级的生活变得更糟。在一个预期寿命不断下降的国家，特朗普的一系列举措都清楚地表明了他根本不尊重人民，甚至可以说，他对民众的态度称得上蔑视。特朗普向富人阶级提供的税收优待也是如此，因为这项政策实际上加重了大多数中产阶级公民的税收负担。[4]

在那些经历过里根时代的人看来，特朗普和里根有着惊人的相似之处。和特朗普一样，里根也擅长煽动和利用人们的恐惧与偏执，他可以说是一位"福利女王"，蛮横地抢走了日夜辛勤工作的美国人（非裔美国人）的财富。面对穷人，他也毫无同情心可言。里根曾经将芥末和番茄酱重新归类在营养学校午餐的蔬菜清单里，如果这件事发生在现在，倒是一件能惹人发笑的趣闻。他同样是个伪君子，打着自由市场的幌子，实则推行强有力的保护主义政策，以"自愿出口限制"之类的委婉说辞掩饰其虚伪的本质，使得日本只能选择"自愿"削减对美出口，或者被迫减少出口。特朗普的贸易代表罗伯特·莱特希泽40年前曾经在里根政府时期接受过美国贸易代表的培训，现在想来他的出任也许并非偶然。

除此之外，里根和特朗普还有其他相似之处。他们都毫不掩饰自己维护企业利益的意图。在某些情况下，他们与这些企业是利益共同体。里根精心策划了一场自然资源的"大甩卖"，让大型石油企业以微不足道的代价将美国丰富的石油资源收入囊中。特朗普曾扬言要"抽干腐败的沼泽"，要为那些长期被位居华盛顿权力中心的政治掮客边缘化的民众而发声。而自他上任以来，这片污浊的沼泽更是泥泞不堪。

尽管里根与特朗普有诸多相似之处，但他们也存在一些较深的分歧，这些分歧加深了共和党派内部元老之间的裂痕。正如人们所预想的那样，里根的身边环绕着一群为他和他的党派服务的"文人墨客"，但他的麾下也聚集着一批杰出的公务员，这些公务员通常占据重要的职位。例如，乔治·舒尔茨曾在不同时期为里根政府服务，担任过美国国务卿和财政部长。[5] 对这些人来说，理性和真理的存在至关重要。例如，他们承认气候变化与人类命运休戚相关，也相信美国身负全球领导者的重任。虽然他们就像其他所有政府官员一样，会因为被抓到撒谎的尾巴而尴尬不已，也可能会试图掩盖真相，但真相本身对他们而言依然是有意义的。这一点对白宫现任主人及他的支持者来说，情况便不一样了。

里根的减税政策背后至少还有一个经济理论作为依据，即我们之前提到的供给经济学，这个理论让他的所作所为得以披上理性和逻辑的外衣。而在40年之后，供给经济学早已站不住脚。遗憾的是，特朗普和21世纪的共和党人不需要任何理论依据，他们能够推行这样的政策，仅仅因为他们拥有推行这项政策的权力。

正是这种对真理、科学、知识和民主的蔑视，在特朗普等人与里根以及过去的保守派之间划下了一条鲜明的分界线。正如我接下来要解释的那样，特朗普在许多方面更像是一位"革命家"，而非保守主义者。也许的确存在某种诱因使如此多的美国人与特朗普扭曲的思想产生了共鸣，但这并不代表他所宣扬的这种思想本身就更令人心驰神往，或者说不那么危险。

特朗普在2017年所进行的税收"改革"表明，美国已经抛弃了过去优良的传统和规范。税收改革通常意味着简化税收法案，消除法律漏洞，以确保全民公平纳税，使所缴税款足以支付一国的经济开支，甚至连里根也在 1986 年的税制改革中呼吁简化税收法案。但相比之下，2017 年"改革"之后的税收法案显得更加臃肿而庞杂，几乎完整地保留了大部分法律漏洞，如私募股权基金的从业者只需要缴纳最高 20% 的税款，而美国其他工薪阶层所面临的税率几乎是前者的 2 倍。[6]

该法案甚至废除了最低税率，而最低税率旨在避免个人和企业滥用税收漏洞，确保企业和个人纳税的下限。

这一次，再也没人有余力掩饰政府糟糕的财政状况了，唯一的问题是它将严重到什么地步。2018 年底，美国政府预计在下一年借入的金额将会超过 10 000 亿美元，创下最高历史纪录。[7] 即使以占国内生产总值的百分比来计算，对处在非战争状态和经济衰退期的美国而言，这笔借款也将刷新美国建国以来的最高纪录。伴随着美国国民经济接近充分就业，政府的财政状况却一塌糊涂，因此美国联邦储备系统（简称美联储）不得不上调利率，以抑制投资和增长。对于这项决策，全美竟只有一位共和党议员——肯塔基州参议员兰德·保罗提出了异议，而来自美国政治体制之外的反对声此起彼伏。就连一向吝啬于批评美国的国际货币基金组织，也对其在财政上的不负责颇有微词，即使美国常年在这个组织内部占据主导地位。[8] 政治观察人士对美国政府的虚伪程度感到震惊——在 2008 年金融危机之后，当美国国民经济急需注入新的活力，迫切需要财政措施加以刺激时，共和党竟表示美国负担不起这一开销，政府难以承受财政政策所产生的巨额赤字。

特朗普的税收法案诞生于最深层次的政治"犬儒主义"。即使这位共和党人向普通民众抛出了一条纤细的橄榄枝，承诺将在未来几年内实行小幅度的减税政策，他的承诺也只是稍纵即逝的幻象。共和党现今的战略似乎建立在两个假设之上，而如果这两个假设成真，对美国来说可不是个好消息。其一，国民普遍缺乏远见。他们只看得见现在小幅度降低的税率，殊不知这项政策将会在未来加重大部分中产阶级的税收负担；其二，在"美式民主"中，金钱才是排第一位的。只要取悦了有钱人，共和党就能收到来自富人阶级的巨额资助，而这些资金将成为共和党维持其统治地位、赚得选票的"储备金"。这一切都昭示着美国早已背离了建国之初所秉持的理想。

特朗普公然打压选民，不公正地划分选区，肆意破坏民主制度，使现任政府看起来如此"卓尔不群"。这并不是说这些事情在过去没有发生过。不幸的是，它们几乎是美国传统的一部分，但从没有人能做到像特朗普一样无情、彻底且露骨。

也许最重要的是，在过去，共和党和民主党的领袖都曾心系美国的团结。美国宪法以"我们美利坚合众国的人民……"作为开头，两党都曾发誓要维护宪法的权威。团结的背后是两党对维护全民共同利益这一原则的信仰。与之不同的是，特朗普已经开始着手利用两党之间的分歧，并意图将其扩大。

任何文明手段所要求的礼节，连同语言或行动上看起来较为体面的"包装"，都被特朗普等人抛诸脑后。

当然，现今世界和美国国内形势与 40 年前相比已经大不相同。在当时，美国的去工业化才刚刚开始，如果里根和他的继任者采取了正确的决策，也许美国的工业腹地就不会像今天这样破败不堪。美国正身处国民阶层"大分裂"的早期阶段，占总人口数 1% 的精英阶层与其他阶层之间存在着一条鲜明而巨大的鸿沟。一般来说，当一个国家发展到一定阶段时，其不平等现象将会减少。美国就是这个理论的例证。[9] 在第二次世界大战结束之后的几年里，美国社会的各个阶层都欣欣向荣，社会底层人民收入的增长速度更是超过了上层。美国成功将前所未有的中产阶级社会付诸现实。然而相比之下，到 2016 年大选时，美国的贫富差距已达到 19 世纪末"镀金时代"（Gilded Age）以来的历史最高水平。

对比美国当今和 40 年前的境况，我们能清楚地看到，里根的政策在他那个时代功能失调、效率低下，而特朗普的经济学更不适用于今天。美国在 40 年前挥别了艾森豪威尔政府时期那看似田园诗般的生活，从工业经济向服务业经济过渡。40 年过去了，人们对那段"田园时光"的怀念和向往并没有被现实束缚，反而越来越强烈。

然而，美国不断变化的人口结构带来了民主意识的崛起，粉碎了某些人意图重现那段"田园诗"的春秋大梦。实际上，在那段看似美好的历史当中，包括女性和有色人种在内的大部分美国人都被排除在"繁荣"之外。这场美梦破灭不仅仅因为大多数美国人很快也会成为"有色人种"，或者 21 世纪的国际经济形势无法与男权社会相容，更是因为多样化的价值观已经深深根植于大多数美国人的心中，无论他们来自南方还是北方。伴随着经济的增长与活跃，人们逐渐理解了合作的重要性，并意识到如果要实现全社会的共同繁荣，政府需要而且必须发挥它应有的作用。进步思想取代了陈腔滥调，这种思潮变化有时几乎发生在一夜之间。但如果事态真的发展至此，那么为少数人在民主社会谋利的唯一方式就只剩下遏制民主的发展。例如，大企业试图利用消费者，银行家企图剥削借款人，又或者那些被囚困在过去的逐梦人试图重现旧日的美梦。只有通过这种方式，这些少数人才能在现代民主社会维持自身在政治和经济上的主导地位。

美国没必要变成这个模样——一个金玉其外的"富国"，却有如此多的国民穷困潦倒，在贫困线上苦苦挣扎。尽管在当今社会，某些不可避免的要素（如技术革新和全球化）正在加深社会各阶层之间的不平等程度，但由于各国所采取的政策不同，不平等程度在不同国家表现出了显著的差异——这也说明一国的政策具有其重要性。社会公平的缺失是一种选择，它并非不可避免。但是，除非美国转变当前的政治与经济方针，否则不平等问题将会越来越严重，美国的经济也很可能会停滞在目前的低增长水平。这种低增长的出现本身就很耐人寻味，因为在这个最具创新性的时代里，美国本应是创新的领军者。

特朗普丝毫没有挽救美国的打算，他的计划是继续搜刮大多数美国人的财富，从而维持精英阶层的利益。特朗普和共和党所制定的政策也许只会使美国的社会矛盾变得更加尖锐，如加剧经济、政治和社会之间的冲突，进一步缩短预期寿命，恶化美国的财政状况，并导致美国永久性地陷入低增长的泥沼之中。

诚然，特朗普并不是这些社会问题的始作俑者，但他善于引爆和煽动这些积年累月的隐疾。即使特朗普没能在大选之中胜出，其他擅长煽动和蛊惑人心的政客也会做相同的事。放眼全世界，我们能找到许多与特朗普"志同道合之人"。尽管这些煽动者各有各的手段，但他们都同样蔑视民主，拥有独属于自己的法律规章、自由媒体和独立的司法部门。他们都相信"铁腕人物"（如他们自己）的号召力，即使这种无谓的个人崇拜在世界上的大多数国家都已经过时了。他们都是拥护本国人民固有美德的民族和本土主义者，因此一旦出现问题，这些政客总是试图把责任归咎他人。个性粗鲁暴躁是这个时代独裁者（或者即将成为独裁者的人）的共同特点之一，在某些公开场合下，他们甚至毫不避讳地显露自己性格中的偏执和厌女情结。

正如前文所提到的，我们所讨论过的大多数问题也同样困扰着其他发达国家，但是相较其他国家而言，美国已经成为其中的"典型案例"——美国的社会不平等问题更加突出，国民健康状况更加恶劣，各阶层之间的分歧和冲突也更为严重。特朗普的所作所为给美国人敲响了警钟，提醒人们如果放任这些伤口溃烂发臭，美国将会是怎样一副光景。

俗话说得好，你不能两手空空地对付一个全副武装的敌人。这个道理在经济学上也同样适用，要想推翻某个计划，唯一也是最好的办法就是拿出更好的替代方案。即使美国没有陷入当前的困境，人民也需要一个崭新的视角来取代过去30年以来美国和世界上许多国家所遵循的陈规旧制。这种过时的社会观念宣称要以"自由"市场的角度来看待作为发展核心的经济，它看似基于人类对市场机制理解的进步，事实上却正好相反。过去70年以来，经济学的进步已经验证了自由市场的局限性。明眼人都看得出来，单靠市场本身的力量已经无法有效解决社会问题：间歇性的失业现象（有时是大规模的失业）让人仿佛重回大萧条时代，有些地区环境污染严重，使人难以呼吸。而这只是证明市场自身机制存在缺陷的两个最明显的例子。

我写本书的首要目标是加深人们对国家财富真正由来，以及在加强经济的同时，国家要如何确保经济增长的成果能得到公平分配的理解。

我将在此提出一个不同于里根和特朗普所主张的替代方案，这个方案以现代经济学理论为依据，我相信它将会带领美国实现共同繁荣。在论证过程中，我将阐明建立在不受约束的自由市场环境之上的新自由主义失败的原因，以及为何特朗普经济学这种带有本土主义与保护主义色彩（即高度约束的全球化体制），结合了对富人少征税，放宽对于金融和环境管制的不同寻常的理论同样不会成功。

由于对这一方案的讲解主要以某些经济理论作为基础，在开始这部分说明之前，我们先总结一下相关理论。[10]

第一，需要明确的一点是市场自身无法实现可持续性的共同繁荣。尽管市场在任何运转良好的经济体中都发挥着举足轻重的作用，但它们往往无法实现公平而有效的结果，如像环境污染等的负面产品太多，而类似基础研究等的重要成果则相对不足。正如2008年的金融危机所表现出来的那样，市场机制本身缺乏稳定性。早在80多年以前，约翰·梅纳德·凯恩斯已经向世人解释了在市场经济体制下经常出现持续性失业的原因，以及政府要如何行动才能使经济维持或趋近于充分就业的水平。

由于经济存在外部效应，如果个人利益和社会利益之间存在巨大的矛盾和冲突，单靠市场运作是远远不够的。气候变化是这一理论的最佳例证，温室气体的过度排放对人类生存构成了威胁，这远远超过了任何企业甚至任何国家所能承担的成本。因此，无论是通过法律法规加以监管，还是对排放量进行收费，碳排放都必须得到控制。

当信息不对称，某些关键市场缺失（如针对失业等有重大风险的意外投保），或者存在不完全竞争时，市场也难以发挥应有的作用。事实上，市场机制的"不完善"是一种普遍现象，尤其是在金融这样的特定领域。同样，市场也无法生产足够多的公共产品，如消防或国防。因为这些产品通常容易被全民共同消费，但除了税收，很难使国民为消费这些产品支付任何费用。为了使经济和社会更好地运作，达到国泰民安的目的，政府需要出资完善社会体制，如为国民提供更好的失业保险，资助和鼓励基础研究，建立健全监管机构以防止人们伤害他人。因此，资本主义经济是私人市场和政府干预的结合产物。真正的问题并不是在市场和政府之间做出选择，而是如何将这两者有机地结合起来。政府需要采取行动以实现一个快速增长、高效而稳定的经济体，与此同时也要保证能公平合理地分配经济增长带来的成果，这也是本书所主张的观点之一。

第二，我们需要认识到一个国家财富的积累取决于两大支柱。其一是国家的生产力。生产力的增长将使国家变得富有，有利于全民生活水平的提升。知识与技术进步是生产力增长的核心来源，而技术进步又依赖于科学基础的建设。因此，政府对基础研究机构的资助间接提高了国家的整体生产力。其二是完善的社会组织。完善的社会组织能够增进国民之间交流互信，促进贸易往来，保障投资安全。这种社会体系需要历经几十年的推敲和打磨，是在无数次失败和成功之后，通过对过往经验进行观察和总结，最终凝结而成的智慧结晶。它启发了人类对民主思想的认识，人民已经意识到一套完整的民主体系应当涵盖法律法规、法律程序、制衡机制的各个方面，并需要建立一系列以发现、评估和"讲真话"为己任的社会机构。

第三，不能将国家财富与特定某个人的财富混为一谈。当某个人和某个企业成功地推出消费者想要的新产品时，他们的财富确实得到了积累，这是一种发家致富的好方法。但如果他们利用市场势力对消费者或员工进行剥削，这种财富积累就只是收入再分配的结果，并不会增加国家的总体财富。经济学中将这种超额利润称为租金，谋求特权以获得租金的行为被称作寻租，相当于增加自己在国家经济的大蛋糕中分得的份额，而创造财富则意味着增加整个经济蛋糕的尺寸。由于寻租行为固有的剥削性质将会降低经济体制运作的效率，政策制定者应该瞄准这些租金过高的市场，避免和消除寻租行为，从而恢复经济的高效运行，将收入再分配的过程引导为创造财富的过程。

第四，经济在一个更加平等且统一的社会体制下将会运作得更好。

针对人种、性别和种族的不平等现象尤其惹人反感。经济学派的主流思想现在已经发生了明显的转变。过去，人们认为在公平和效率之间只能二选一，即为了社会公平只能牺牲经济增长和效率。美国社会存在的歧视现象以及对市场势力的利用等问题是导致社会收入分配不公的罪魁祸首。如今，美国的社会矛盾已经尖锐到了间不容发的地步，及时解决社会公平缺失问题可谓百利而无一害。因此，实现收入平等这一目标也不需要付出任何代价。

我们还需要摒弃涓滴经济学所倡导的错误理念，即认为经济增长将会使所有人受益，这一观点为里根以及之后的共和党推行供给经济学的政策奠定了基础。历史清楚地表明，经济增长带来的好处根本就没有向下层渗透。看看那些生活在美国和其他发达国家的广大民众，在过去的几十年供给经济学政策盛行的背景下，尽管GDP有所增长，他们的收入水平却几乎停滞不前，每天都生活在愤怒和绝望之中。市场本身也许并不能为这些劳苦大众提供援助，但政府的规划在此时却可以发挥效用。

第五，当政府为实现共同繁荣做出规划时，必须同时兼顾市场收入的分配（也称预分配）和再分配，其中收入的再分配指的是个人在税后和转移支付之后的收入。市场并不是凭空出现的，而是被构建而成的。而我们构建它们的方式既会影响市场收入的分配，也会影响经济增长和效率。因此，如果允许垄断企业滥用权力，或者放任企业CEO将企业的大部分收入据为己有，社会的不平等问题就会更加严重，经济增长也会受到负面影响。在一个公平的社会中，所有人都应能获得均等的机会，而这反过来要求收入和财富的分配更加平等。由于上一代人的经济和社会基础将会影响下一代人的发展，在连续几代人的传承之后，收入与财富分配的差距将会在这个过程中变得越来越明显。富人逐渐变得更加富有，穷人则更加贫穷。教育是解决方案中的一部分，但也仅仅只是一部分。在美国，教育机会的不均等比其他国家严重很多，为所有人提供更好的教育机会可以有效改善社会不平等问题，提高经济效益。在当下，不公平的受教育权利结合过低的遗产税，意味着美国正在创造一个世袭的富豪统治集团。

第六，政府的作用至关重要，因为它左右着经济和政治的"游戏规则"，经济和社会的方方面面都仰赖政府的决策，而且政治和经济是不可分割的。但是，经济上的不平等将不可避免地转化为政治权力，而那些拥有政治权力的人则伺机为自己牟取利益。如果美国在偏离正轨的政治规划上一意孤行，那么美国的民主体制将成为一个笑话，因为美国正在逐渐退化为"一美元一票"而不是"一人一票"的"民主"国家。如果社会需要一个有效的制衡体系来遏制富人对权力的滥用，就必须创造一个财富和收入分配更加平等化的经济体制。

第七，自20世纪70年代初以来，美式资本主义的发展对美国社会和国民产生了消极影响。贪婪、自私、道德败坏、失信及剥削他人的意愿，这些大衰退时期在金融领域所暴露出来的恶劣行径，与曾经美国所推崇的、更加高尚的价值观产生了激烈冲突，影响了人们对道德和行为规范的判断。冲突不仅仅发生在美国，在其他国家亦是如此。而这种扭曲的道德和行为规范正在破坏美国社会的凝聚力，瓦解信任体制，甚至进一步降低经济效益。

第八，当特朗普和其他本土主义者急于将所有过错推给他人（如移民和某些"糟糕的贸易协定"）时，美国人更应当反思当前的困境，特别是那些经历了去工业化的美国人，因为这一切实际上是美国咎由自取——面对技术进步和全球化的进程，美国本应该处理得更好，这样即使某些人短暂性地失业了，他们中的大多数也能很快在其他岗位找到新的工作。展望未来，美国人必须奋勇向前，我将在下文指出美国将要如何渡过这次难关。这其中最重要的一点是，孤立主义是行不通的。在这个高度互联互通的国际环境下，美国必须要比以往更加重视经济和政治的国际关系。

第九，事实上，有一个方案可以使美国恢复经济增长，实现共同繁荣。它既可以消除实现经济增长和社会平等的阻碍（如滥用市场势力的企业），也可以恢复社会权力的平衡（如赋予员工更多议价能力）。这个方案需要政府为基础研究提供更多支持，并鼓励私人部门为社会创造财富，而不是趁机为自己牟取超额利润（即寻租）。

当然，经济只是达到目的的手段，并不是目的本身。在"二战"之后的几年里，中产阶级式的生活似乎是美国人与生俱来的权利，但现在，这种权利正在美国大部分地区销声匿迹。美国远比以前富裕得多，美国有能力确保绝大多数国民过上这样的生活。而这本书将向读者阐述美国要如何做到这一点。

最后我想郑重说明的是，眼下正是美国改革的重要时机。然而，只对美国的政治和经济体系做出微调（即渐进主义）已经不足以完成改革的重任。我们需要的是更加颠覆性的力量，这也是本书所主张的观点之一。但是，如果缺乏足够强大的民主力量来抵消以金钱为中心的政治力量，一切针对经济的改革措施都将是纸上谈兵。因此，在对经济实行改革之前，美国必须先进行政治改革。

第一部分

迷　　途

一栋裂开的房子是站不住的。

——亚伯拉罕·林肯

第 1 章

概　　述

美国及众多发达国家的现状并不乐观——这种说法显然有所保留。人们的不满情绪正在这片土地之上汇聚。

根据过去 25 年以来美国经济和政治学的主导思想，情况本不应该演变至此。一个全球共荣的新时代似乎近在眼前，它正以前所未有的增长速度发展壮大，而美国理应在这个时代处于领导地位。[1]

2018 年，这种高高在上的念头似乎终于不堪现实的摧折。2008 年的金融危机表明，资本主义并不像人们曾经想象的那样——它看起来既不高效，也缺乏稳定性。紧接着，一连串统计数据显示，那些位居最上层社会的精英阶层才是过去 25 年以来世界经济增长的最大受益者。最终，英国脱欧和美国特朗普的总统选举，这两项具有反建制主义色彩的投票结果，使民主体制下选民的智慧受到了质疑。

专家对此提出了一个简单的解释，目前看来确有道理。自由化的进程忽视了太多美国公民所面临的困境，他们承诺所有人都将从这些"改革"中受益，当然也包括金融市场。然而对大多数人而言，这些承诺从未被兑现。全球化加速了去工业化（deindustrialization）的进程，这使得大多数人，特别是受教育程度较低的群体（尤其是男性）被时代的车轮所抛下。金融市场自由化（financial market liberalization）引发了 2008 年的金融危机，这也是自 1929 年大萧条以来最严重的经济衰退。然而，尽管全球有数千万人失业，数百万美国人流离失所，但那些主要金融高管竟没有一个被追究责任或在监狱中服刑，取而代之的是巨额的利益回报，而这些人正是将全球经济推向毁灭边缘的罪魁祸首。银行家获救了，那些遭受掠夺的人却身处水深火热之中。因此，即使经济政策成功地避免了另一次大萧条的发生，这种不公平的救助带来了相应的政治后果也不足为奇。[2]

希拉里·克林顿将那些处于美国去工业化地区，以及支持她的竞争对手的选民称为"可悲的人"，这或许是一个致命的政治错误（这种言论本身就是"可悲的"）。对这些人来说，希拉里的言论正反映了精英阶层傲慢的姿态。J.D. 万斯的《乡下人的悲歌》[3]（*Hillbilly Elegy: A Memoir of a Family and Culture in Crisis*）和阿莉·霍克希尔德的《本土的陌生人：美国右翼的愤怒与哀伤》[4]（*Strangers in Their Own Land: Anger and Mourning on the American Right*）等一系列著作，记录了那些经历了去工业化的人们内心的苦痛，传达了他们不满的情绪，展现了他们与国家精英阶层之间的距离有多么遥远。[5]

比尔·克林顿 1992 年的竞选口号之一是"笨蛋，问题在经济"，他将这个问题过于简单化了。我们的研究结论揭示了问题所在：人们想要获得尊重，希望能被他人倾听。[6]事实上，共和党在过去30多年里所进行的演说，表明了政府并不能解决任何问题，人们也不再对此抱有幻想。但与之相反，人们也发自内心地期望着，他们的政府能为他们"站出来"——无论以什么方式。然而当政府确实为他们所发声的时候，人们却又不希望政府将自己视作"被落在后面的人"，因为这是对他们的一种贬低。人们已经在一个不公平的世界做出了艰难的选择，他们希望这些不公平的待遇能得到切实有效的解决。然而，在由精英阶层推动的金融市场自由化政策所引发的2008年金融危机中，政府似乎只站在了精英阶层的那一边。这种说法不仅变得越来越可信，而且正如我接下来要阐明的那样，其中蕴含的道理也十分深刻。[7]

虽然克林顿的竞选口号可能过于简化了，他暗示经济即是一切，但其实这种说法也并没有太过夸张。美国的经济在大部分地区运作不良，而这种情况对那些处于社会顶层的人来说，反而能带来巨大的收益。事实上，这种横亘在上层和下层阶级之间日益加深的鸿沟才是美国和其他发达国家当前困境的根源所在。

当然，失败的不仅仅是经济，还有政治。经济上的分歧导致了政治上的分歧，政治分歧又反过来加剧了经济分歧。精英人士为了进一步增强自己的优势，利用他们在政治上的权力来制定经济和政治的游戏规则。

美国的精英阶层规模很小，但却控制着越来越多的经济份额，而位于社会底层的人数众多，且规模日益增加，却几乎享受不到任何资源[8]——40%的美国人无法负担400美元的意外开销，无论是他们的子女罹患疾病还是汽车遭遇抛锚。[9]杰夫·贝佐斯（亚马逊集团董事会主席兼CEO）、比尔·盖茨（美国微软企业联合创始人）和沃伦·巴菲特（伯克希尔 – 哈撒韦企业的 CEO），这三位最富有的美国人所拥有的财富甚至多于整个美国下层阶级财产的总和，这也证实了美国顶层与底层人民之间存在巨大的贫富差距。[10]

巴菲特，这位传奇的亿万富翁投资者，有一句话说得十分正确，"一场阶级斗争正在发生。没错，我所在的富人阶层发动了战争，而我们也正要取得胜利。"[11] 他说这些并非出于挑衅，这就是他所认为的对美国现状最为精确的表述。巴菲特明确地表示，他认为这种现象是错误的，甚至有悖于美国的初衷。

美国始于代议民主制。开国元勋担心存在多数人压迫少数人的可能性，因此在宪法中规定了保障措施，包括限制政府的职权。[12] 然而在之后的 200 多年，情况发生了变化。时至今日，美国仍存在一个政治上的少数派，这些人即使做不到压迫多数派，至少也会控制他们，去阻止多数派做符合国家整体利益的事。绝大多数选民希望看到更合理的枪支管制、更高的最低工资、更严格的金融监管、更完善的医疗保健体制和更多的获取高等教育的机会，并且不需要背负沉重的债务。大多数美国人选择投票支持阿尔·戈尔而不是乔治·布什（George W. Bush，简称小布什），支持希拉里·克林顿而不是唐纳德·特朗普。民主党在众议院选举中不断获得大部分美国选民的支持，但在一定程度上，由于选区划分不公，共和党往往保持着对众议院的控制——直到 2018 年，民主党才通过一边倒的选票支持重新获得了众议院的主导权。[13] 然而，即使绝大多数美国公民投票支持民主党参议员，但由于怀俄明州这样人口稀少的州和人口最多的州（纽约和加利福尼亚）同样都拥有两名参议员，因此共和党人仍然控制着参议院。这一点非常重要，因为参议院在最高法院法官的批准中起着至关重要的作用。令人遗憾的是，法院已经不再是公正的裁决者和宪法的解释者，而退化成了政治活动的另一个角逐场。美国的宪法保障措施并没有为大多数人效力，这是因为少数派在潜移默化中已经占据了主导地位。

这种畸形的经济和政体运作所导致的影响已经远远超出了经济范畴：它们不仅影响着人们的政治生活，同时也影响着社会和个体的特质。一个失衡、自私、缺乏长远考虑的经济与政治体制将影响每个人，使得人们变得同样偏颇、自私自利且目光短浅，从而进一步加深经济和政治体制本身的缺陷。[14] 2008 年的金融危机及其余波暴露了银行家丑恶的本质，因为他们不仅失信于人，还妄图利用弱势群体。对于一个数十年以来一直痴迷于谈论"价值观"的国家来说，这种落差更加令人震惊。

要想理解如何恢复全民经济的共同增长，首先需要了解美国抑或是其他任何国家财富的真正来源。财富真正的来源是人民的生产力、创造力及生命力；过去 250 年以来进步显著的科学技术；同时期经济、政治和社会组织的进步，包括法治、有序的竞争性市场环境、具有监督和制衡作用的民主制度及众多"讲真话"的社会机构。也正是这些进步为过去两个世纪以来人民生活水平的大幅提高奠定了基础。

然而，本书将会在下一章描述在过去 40 年中出现的两个令人不安的变化。我们已经注意到了美国经济增速的放缓，且大部分居民的收入水平停滞不前甚至下降。一个巨大的鸿沟正横亘在美国社会的上层阶级与其他阶级之间。

仅仅表述经济和社会发展的轨迹是不够的，我们必须更好地去理解在过去 40 年里那些使美国偏离正轨的思想和利益的力量：他们为何能一手遮天，为什么他们从根本上是错误的。让企业利益决定一个国家的经济和政治安排，将导致经济和政治权力更加集中，并持续集中下去。只有理解了为何美国的经济和政治体制会导致现今的失败，我们才能窥见另一个世界存在的可能性。

有一种改革可以实现更加美好的共同繁荣愿景，这种改革在经济上很容易达成，但在政治上却难以落实。正如我们将要看到的那样，人们可以使现在的经济体制更贴合我所认为的普遍价值——不是银行家所展现的贪婪而缺乏道德的观念，而是政治、经济和宗教领袖经常宣扬的、更为高尚的价值观。这样的经济体制能够重新塑造社会价值观，使人和社会都更加趋近理想中的形态。一个更加人道的、为绝大多数人民提供他们所渴望的中产阶级式生活的经济体制将会诞生，而这种经济体制已经离美国越来越远。

国富论

如果想了解一个国家如何实现繁荣富强，不妨以亚当·斯密 1776 年的著作《国富论》（*The Wealth of Nations*）作为入门读物。这本书通常被认为是现代经济学的开端。斯密恰当地批判了重商主义（mercantilism），这个经济流派曾经统治了文艺复兴和早期工业时期的欧洲。重商主义者鼓吹出口商品以获得黄金，认为这将使他们的经济更加繁荣，从而在国际政治上获得话语权。如今，我们可能会对这些愚蠢的主张嗤之以鼻，因为只是在金库里堆满黄金显然并不能提高全民的生活水平。然而，类似的谬论在当下这个时代却也普遍存在，特别是在那些认为出口必须超过进口，并对旨在实现这一目标的误导性政策深信不疑的人群之中。

一个国家真正的财富取决于这个国家以可持续的方式为所有人民提供高品质生活的能力，这反过来又与生产力的持续增长有关。这种增长部分基于对工厂和设备的投资，但最重要的是对知识的投资以及在充分就业的情况下开展的经济活动，确保资源不会被浪费和闲置。这种能力与金融财富或黄金的积累毫无关联。事实上，对金融财富的关注反而会适得其反，因为它的增长是以牺牲国家的实际财富作为代价的，这也有助于解释在目前金融化的时代经济增速反而减缓的原因。

斯密的《国富论》写作在"工业革命"之初，他不可能完全理解现今国家真正财富的由来。在当时及之后的一个世纪，大不列颠的绝大多数财富都来自对殖民地的剥削。然而，斯密既不关注出口，也不关注大不列颠对殖民地的掠夺，而是专注于研究工业和商业在经济中的作用。他谈到了更广阔的市场对专业化带来的好处。[15] 在当时来说，这是有道理的。然而斯密并没有提及现代经济中国家财富积累的基础，并未谈到研发投入的作用，甚至没有提到由经验积累所带来的知识进步——经济学家称之为"干中学"[16]（learning by doing）。原因很简单：技术与学习带来的进步在 18 世纪的经济中并没有发挥什么作用。

在斯密写作《国富论》之前的几个世纪，人民生活水平一直停滞不前。[17] 在斯密之后不久，经济学家托马斯·罗伯特·马尔萨斯描述了人口增长将如何使工资维持在最低生活水平。如果工资高于最低生活水平，人口就会膨胀，使工资再次回落到最低水平，这意味着人民的生活品质根本不可能提高。时间证明，马尔萨斯可谓是大错特错了。

启蒙运动及其后果

斯密本人是 18 世纪晚期被称为启蒙运动的伟大知识分子运动的一员。启蒙运动常常与科技革命联系在一起，它以宗教改革作为开端，建立在前几个世纪的发展基础之上。在 16 世纪由马丁·路德·金领导的宗教改革之前，真理是由权威来定义的。宗教改革运动对教会的权威发出了质疑，在从 1618 年开始的长达 30 年的战争中，欧洲人为宗教范式的转型展开了激烈的斗争。

这种对权威的质疑迫使整个社会开始思考：我们要如何得知真相？我们要如何才能了解周围的世界？我们应该如何组织我们的社会？

科学，一种在后来支配着除了精神世界以外的人类生活方方面面的认识论适时地出现了。科学是一个信赖于检验和实践的认知系统，其每一次的进步都基于此前的研究与先行者的进步。[18] 多年以来，大学和其他研究机构的兴起帮助人们判断是非，发现世界的本质。我们今天司空见惯的很多事物，从电到晶体管和计算机，再到智能手机、激光和现代医学，都是科学发现的结果，而科学发现建立在基础研究之上。不仅仅是这些高科技产业的进步，甚至道路和建筑等基础设施也都仰赖于科学技术的发展。如果没有科技进步，摩天大楼和高速公路都将不复存在，更不会产生现代化都市。

王权及教权在社会结构配置中的缺席意味着社会本身已然解决了这个问题。人类不应依赖权威来确保万物以其应有的秩序运行——无论是在地上抑或是在天上。首先需要创立一个治理系统，而创建能够确保全社会福祉的社会系统远比探索自然规律更为复杂和困难。一般来说，（这种创造过程）无法进行对照实验。然而，深入研究过往的经验可为我们带来启示与信息。通过推论和交流，我们认识到没有任何单独的个体能够支配我们对社会体系的理解。从这一推论中，我们认识到了法律法规、正当程序和制衡制度的重要性，这些都得到了"自由与公正"等基本价值观的支持。[19]

我们的政府体系承诺要公平公正地对待所有人，因此它们需要察知真相。[20] 随着良好治理体系的确立，一国才更有可能做出公平合理的决断。这些机制也许并不完美，但当其缺陷显露时，人们可以对它们进行纠正。

随着时间的推移，一系列敢于"讲真话"、善于发现真相和核查真相的机构逐渐形成，而一国在经济和民主上的成功在很大程度上要归功于它们的存在，[21] 这其中最为重要的就是活跃的媒体。与其他机构相同，媒体也容易犯错；但媒体为国家公共利益做出了重要贡献，其核验也是社会全面制衡体系的一部分。

随着科学与技术进步，[22] 以及与启蒙运动有关的社会、政治和经济组织的演化发展，产出的增长超过了人口的增长，人均收入开始增加。社会也学会了如何控制人口增长。在发达国家，越来越多的人决定限制家庭规模，尤其是当居民生活水平的提高的时候。马尔萨斯的人口诅咒已经被解除了。随着经济大幅增长，居民历史生活水平（人均 GDP）在过去的 250 年里获得了巨大的提升（见图 1-1）。在几个世纪之后，原本停滞不前的居民生活水平迅速上升，起初是在欧洲，到了 18 世纪末和 19 世纪初，特别是"二战"以后，[23] 其他地区的居民生活水平也迅速攀升，人均寿命也随之增加。[24] 这是人类命运的巨大转折点。在过去，人们奋力工作只为维持生计，现在这些都可以通过每周仅几个小时的工作来赚得。[25]

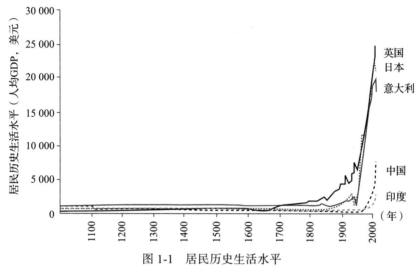

图 1-1　居民历史生活水平

资料来源：INET。

　　然而到了 19 世纪，技术进步所带来利益的分配却非常不均。[26]对许多人来说，他们的生活似乎变得更糟了。正如托马斯·霍布斯在一个多世纪前所说的那样，[27]"生活是肮脏的、野蛮的、短暂的。""工业革命"的到来反而使人们的生活品质下降了。查尔斯·狄更斯的小说生动地描述了英国人民在 19 世纪中期所遭受的苦难。

　　而在美国，这种不平等的现象在 19 世纪末达到了新的高峰——这段时期后来被称作镀金时代和咆哮的 20 年代。幸运的是，当时的政府对这些严重失衡现象做出了回应：进步时代（progressive era）的立法和罗斯福新政（new deal）限制了市场的作用，并试图解决已经暴露出来的市场失灵问题，包括其所导致的令人难以接受的不公平感与不安全感。[28] 在富兰克林·罗斯福的领导下，美国通过了社会养老保险计划（Old Age，Survivors，and Disability Insurance，OASDI）。20世纪后期，林登·约翰逊为老年人提供了医疗保健项目，并向贫困问题发起挑战。在英国和欧洲大部分地区，国家承诺所有人都能享有医疗保障，而美国成了主要发达国家中唯一不承认医疗保健是一项基本人权的国家。20世纪中叶，发达国家创立了后来被称作中产阶级社会（middle-class society）的社会体系。在这样的体系里，社会进步的成果相对合理地被大多数人所共享，如果不是受到劳动力市场政策的影响（这个政策带有种族和性别歧视的色彩），将会有更多人参与进步成果的分配。人民过着健康长寿、衣食无忧的生活。国家为他们的子女分配教育资源，从而使更繁荣的社会生活与更公平的人均发展机会落到实处。与此同时，国家还为人民提供少量的养老和社会保障，以抵御失业和残疾等意外带来的风险。

从18世纪开始发展的市场和政治体系的进程也并不总是一帆风顺的。经济危机时有发生，最严重的经济危机是在1929年爆发的大萧条，美国直到"二战"时才从这场浩劫中完全恢复过来。"二战"前，政府为那些暂时失业的人提供失业保险。"二战"后，发达国家也担负起了保持经济充分就业的义务。

同样，人们无法一直确保社会进步的成果能平等地分享给所有人。正如我们在本章前文所说到的那样，收入分配状况在19世纪后半叶和20世纪20年代陷入恶化，却在"二战"后的几十年里有了显著改善。社会总体收入水平处于增长态势，底层人民的收入增长速度要快于顶层人群。但在20世纪70年代末和80年代初，形势急转而下。底层人民的收入水平开始停滞不前，甚至随着其他阶层收入水平的飙升而下降。富人的预期寿命持续增长，而对受教育程度较低的群体来说，预期寿命则开始减少。

敌对者的反扑

在启蒙运动前进的道路上自然少不了它的敌人。如今，这份反对启蒙运动的成员名单中也囊括了一些抵触进化论等进步思想的宗教保守派，其中有些人因为启蒙运动所宣扬的宽容与自由主义精神而感到惴惴不安⊖。在这群人当中，一些人意识到了自己的经济利益与科学发现的结果产生了不可磨合的冲突，例如，煤炭企业的所有者及旗下的员工即将丢掉他们的金饭碗，因为有确凿证据表明他们就是造成全球变暖和气候变化的主要责任人。但是，这种仅由宗教和社会保守主义者，以及那些与科学发现的结果有直接冲突的利益相关者所组成的联盟还不足以撼动政局。他们需要获得商界更为广泛的支持，而这种（来自商界的）援助往往以交换条件作为代价，如放松管制和减免税款。在美国，特朗普——这位脾气顽固、厌恶女性，宣扬本土和贸易保护主义的总统，不太可能成为这个联盟的黏合剂，毕竟他表达的价值观与各路商界人士自我包装的立场截然相反。这一点很好理解，有了光鲜亮丽的外在形象，这些成功人士便能谋求到更为有利的商业环境——最低限度的规章制度、优厚的减税待遇（无论是对个人还是对企业），让财富源源不断地滚进他们的金库——一个名为贪婪的无底洞，这个世界上没有什么比缓解他们的贪欲更加重要了。

⊖ 我想要强调的一点是，保守主义与非自由主义者之间的合作并非不可避免。尽管有许多杰出的保守派是"宽容的信标"，然而事情最终还是演变成了现今的状况。

自从特朗普发起总统竞选，他的所作所为已经远远超出了传统意义上保守派经济议程的范畴，特别是在他当选美国总统之后。我们已经注意到他实际上正在掀起一场"革命"：他对美国社会的核心机构（高校、科学组织、司法部门）发起了猛烈的攻势，而正是这些机构和组织帮助人们获取知识和查明真相。当然，特朗普最恶毒的攻击针对标准新闻媒体，他称之为"假新闻"。讽刺的是，当特朗普厚颜无耻地散播他的弥天大谎之时，正是这些新闻媒体对事实真相的核查发挥了关键作用。[29]

这种攻击行为不仅在美国史无前例，而且也无声无息地腐蚀了美国的民主和经济体系。虽然特朗普的每一次攻击行为都闹得满城风雨，但对美国人来说，关键的部分在于理解特朗普及其派系的动机以及其攻击目标的范围。此外，还有一点同样重要。人们必须意识到这绝不仅仅是特朗普个人的问题：如果特朗普的一举一动没有引发公众之间的共鸣，他对这些"讲真话"的机构所进行的打击的影响就不会如此之大。类似的攻击行为实际上并不罕见，这意味着就算现在发难的人不是特朗普，也会有其他人站出来做相同的事。

在这种情况下，商界对特朗普的支持更让人心生忧虑，尤其是那些对20世纪30年代兴起的法西斯主义记忆犹新的人。历史学家罗伯特·帕克斯顿将特朗普对富人阶层的偏爱与当年纳粹在德国幕后的崛起进行了类比。[30]特朗普的核心支持者明显属于少数人，因此他们无法以民主的方式获得权力。特朗普的成功建立在与商界结成联盟的基础上。

对高校及科学界的攻击

特朗普及其政权对各类高校的攻击并没有受到媒体同等的重视，

但这些攻击同样威胁着美国民主和经济体系的未来。高校是一切先进力量的源泉。硅谷之所以能成为美国创新经济的核心，正是因为有斯坦福大学和加州大学伯克利分校这两所著名高校提供技术支持。同样，麻省理工学院和哈佛大学也在波士顿建立了享誉世界的生物技术中心。美国作为创新领军者的全部声誉，都建立在高校的知识储备之上。

美国的高校和科研机构贡献的不仅仅是先进的知识，它们还吸引了大批管理者：许多杰出的管理者慕名而来，只希望能得到在这些著名高校学习的机会。1995 ~ 2005 年，由移民所创办的企业占据了硅谷新企业总数的 52%。[31] 在 2017 年美国《财富》杂志所评选的世界 500 强企业中，40% 以上的企业由外国的移民创立。[32]

然而，特朗普企图在 2018 年的预算中削减政府对基础研究的资助。[33] 除此以外，在 2017 年共和党的税收法案中，政府还试图对一些非营利性质的私立大学征收税款，这种现象在美国或许也是第一次发生。被列入名单的许多高校在推动知识创新的过程中发挥了至关重要的作用，而知识进步是提高人民生活水平和创造美国竞争优势的关键。

一些共和党人批判美国大学的"政治正确"，称其不能容忍偏执和厌女症的存在。诚然，学术界几乎普遍认为气候变化是真实存在的，许多人对供给学派的经济理论持有怀疑态度。在编写大学教科书时，地平说、化学的燃素理论或经济学的金甲虫理论也不可能得到同样的重视。某些过时的观点在高等教育领域本就不该有一席之地，[34] 而教授那些已经被科学方法反复否定过的思想是高等教育的失职。

到目前为止，这些高校还能经受得住特朗普等人的穷追猛打。但是，想象一下，如果特朗普和其他发动这场战争的人取得了胜利，美国的经济将会变成什么样子？美国人在世界上的处境又将会变得如何？答案是，美国将会很快失去在世界创新领域前沿的优势。事实上，其他国家已经开始利用特朗普"反移民"与"反科学"的政治立场。例如，加拿大和澳大利亚正在积极网罗人才，为他们创建研究机构和实验室，向在硅谷学习的学生提供切实可行的替代方案。

对司法机构的攻击

争议在任何社会都无法避免。当意见相左时，无论当事方是个人、企业还是政府机构，法院的任务都是尽可能公正地依照目前可得的证据评估事实的真相。仅从定义上看，解决这些争端就并非易事——如果当事双方可以自行解决，当然不会白白浪费时间和金钱诉诸法院。然而，当法院给出特朗普并不乐见的裁决时，他便以轻蔑的态度将其称为"所谓的法官"。特朗普对司法机关的蔑视主要表现在他试图任命一位完全不合格的法官——马修·斯宾塞·彼得森（Matthew Spencer Petersen）上，这位由特朗普团队提名的美国哥伦比亚特区地方法院的法官人选，竟然坦言自己没有任何实际审理的经验。在提名确认听证会上丑态百出之后，彼得森退出了提名，而他也只是特朗普任命的众多极不合格的人选当中最不合格的一个。

攻击行为的来由：自卫

这里是有套路的。从特朗普和他的支持者的角度来看，这些长久以来"讲真话"的社会机构十分危险，因为它们得出的结论和特朗普与其政党，以及他们的拥护者所奉行的偏见针锋相对。特朗普宁愿攻击那些努力揭露事实的人，也不愿意改变自己的观点，使之与现实世界的事实相符（如气候变化）。这些攻击行为能在全社会引起如此巨大的共鸣，在某种程度上证明了美国教育体系的失败，但人们也不能把一切都归咎于此。通过深入研究行为经济学和市场营销学，我们知道一个人的认知和信条是可以被他人操纵的。烟草企业的营销活动让人们对吸烟有害健康这一众所周知的科学发现产生了怀疑，各行各业的销售员成功地说服消费者购买了原本不可能购买的产品（只要经过深思熟虑，人们就会发现他们根本不需要也不想要这些产品）。如果一个人有能力售出质量低劣甚至会危及生命的产品，那么他同样也能兜售某些糟糕甚至危害社会的思想，因为有暴利可图。史蒂夫·班农和《福克斯新闻》（Fox News）对这种技巧的运用可谓熟稔于心，从气候变化到政府的低效率和不公平现象，他们利用这种技巧改变了公众对一系列热门问题的看法。

损人利己的政策

特朗普和他的派系企图颠倒是非黑白，这种意图并不值得惊异。但是问题的关键在于，在美国的民主制度及过去 250 年以来美国人生活水平所不断取得的进步成果都危在旦夕之际，为什么对那些为美国文明做出巨大贡献的制度与思想所发起的攻击却能在社会中引发如此强烈的共鸣？我之所以写本书，在某种意义上是怀抱着一种希冀。如果这个社会能更好地理解这些机构和思想的重要性，那么当这些机构和思想腹背受敌时，我希望能看到更多的人团结在它们周围。

然而，这并非政治上的唯一未解之谜。有些人也许还会抱有疑问：为什么民主社会能允许这种极端不平等的现象大行其道？当然，坦白地说，有一些精英人士（他们的财富和政治影响力与其人数不成正比）就是单纯的贪婪和目光短浅。无论整个社会需要付出多么惨痛的代价，这些人都只想跻身于最顶尖的行列之中。太多的人沉迷于零和博弈的游戏规则，这意味着他们致富的唯一手段就是从下层社会掠夺财富。

但是，即使是美国社会顶层最为富有的精英人士也同样应该支持国家实行平等的政策，因为他们的个人利益实际上与全社会的共同利益息息相关（当然，对于那些占全民99%的底层人民来说更是如此）。位列美国社会前10%梯队的人对经济缓慢增长的现状感到惴惴不安，他们惧怕自己有朝一日会从富人梯队里除名。而对那1%的精英人口来说，现实也不见得更好。在其他一些国家，富人甚至被迫居住在封闭的社区里，时刻担心自己的孩子遭到绑架。[35] 美国的整体增长正萎靡不振，这也伤害着那1%的人群。因为他们的大部分财富都自下层流入，当下层人民拥有的财富越少时，上层所能掠夺的财富自然也就越少。现代经济学得出了这样一个观点：不平等程度越高的国家（尤其是发展成类似现在美国这样程度的），经济的执行效率越差。[36] 经济不是一场零和博弈，经济增长会受到政策的影响，而加剧的社会不平等问题也会拖慢经济增长的脚步，从长远眼光来看更是如此。

简而言之，我们很难找到一套合理的说辞来解释美国对社会不平等问题的妥协态度，但令人感到困惑的也不止于此——如果认为个人大体是理性的并支持符合他们自身利益的政策，且这个国家的民主制度正常运行并反映绝大多数人民的利益，那美国的经济政策也有许多难以解释的部分。例如，除了煤炭、天然气和石油企业的所有者以外，绝大多数人民都本应当支持政府积极应对气候变化问题。

但是，就如同金钱玷污了美国的政治一样，人民的观念（或者说意识形态）也受到了污染。以科赫兄弟（Koch brothers）为首的石油和煤炭企业，以及其他富人阶层的既得利益者正想方设法罗织说辞，企图蒙骗美国大部分人民成为气候变化的怀疑论者。正如我们早先提到过的，烟草企业在大约 50 年前成功将大部分美国人变成他们的"信徒"，使人们对吸烟有害健康这一科学常识抱有疑虑。现在的煤炭企业否认温室气体对气候变化产生的作用，就像当年烟草企业致力于推翻吸烟会引发癌症、肺病和心脏病的证据一样。[37] 就因为如此，成千上万的人因为这些不实信息而过早地葬送了生命。

同样，富人似乎也已经成功说服了一大批美国人，让他们相信如果没有遗产税，美国人的生活将会更加美好。事实上，遗产税的废除将会创造一个世袭制的"富豪统治社会"，这与美国理想中的社会完全相悖。尽管大部分美国人基本不会被遗产税所影响，但对财产超过1100 万美元的夫妻来说，遗产税的废除意味着应纳税额的大幅减少。

科学与理性的权威性已经被人们观念（意识形态）上的正确性所覆盖。对意识形态的操纵已经成为资本家中饱私囊的新利器。在美国的某些地区，一种与科学和理性背道而驰的文化已经产生。对于这种文化出现的原因，我已经在上文提供了最佳答案：那些试图挑战科学权威的资本家（无论他们是生产香烟、化学制品还是煤炭产品）有动机对整个科学界发起质疑。如果这种情况继续发展下去，支持这些观点的共和党人继续掌握权力，国家创造财富所依靠的科学基础就将遭到破坏，美国致富的"发动机"将难以持续运转。

精英阶层的失败之处

虽然难以理解为什么美国人会积极响应共和党针对美国经济发展和民主制度核心机构发起的攻击，但他们应该有足够的理由反对"建制派"以及他们在全球化、金融化和经济学上提出的一切谬论。共和党和民主党的精英都曾信誓旦旦地承诺过去40年以来的改革将有利于国家发展,而事实上他们所做出的承诺无一得到兑现。

精英曾经承诺过,对富人的减税政策、全球化以及金融市场的自由化将带来更快、更稳定的增长速度,美国全社会都将从中受益,而现实情况却与他们口头的承诺相去甚远。因此当特朗普批判其被扭曲和操纵的时候,人民会对此产生共鸣也就不难以理解了。

自由化和全球化只给美国的少部分人带去了福音,而大部分人民的生活水平依然停滞不前,缺乏安全保障和稳定性。精英和各类知识制度都曾宣扬的理论与知识似乎并没有起到作用,因此人们对精英阶层和知识制度产生了怀疑。这个结论显然是错误的,优秀的学者曾指出,除非政府采取强有力的反补贴措施,否则全球化将可能降低非技术员工的工资水平,甚至提高他们所购买的低价商品的价格。他们同样指出,金融自由化将会导致社会不稳定。不幸的是,反对者的呼声完全淹没在了支持金融自由化的声浪之中。[38]

无论是什么原因,[39]美国忽视了那些在去工业化的进程中受苦的人民,忽视了人民工资和收入水平停滞不前的现状,以及他们日益增长的绝望情绪。房地产泡沫为一些失业人员在建筑行业提供了临时的工作岗位,这种治标不治本的"掩饰"在过去甚至被认为是能够真正解决问题的绝佳方案。

简而言之,共和党和民主党的精英都只专注于 GDP 的增长,而认为民生问题与之相比显得无关紧要。实际上,他们对美国的大部分民众采取了不屑一顾的态度。精英这种对普通民众的不尊重，几乎与降临到人民身上的经济悲剧一样令人痛苦。

另一种国富论

在上文，我已经对国家财富真正的来源做出了描述，即其建立在科学和知识，以及我们所构建的社会机构基础之上。我们所构建的社会机构不仅有助于维持人类社会的和谐共处，更能促进社会团结齐心，使人民为了共同利益而奋斗。而特朗普及其同党所支持的政策正在削弱这些有助于创造国家财富的社会根基。他们编造的信仰尚且站不稳脚跟，除了为一些目光短浅的掠夺者（即寻租者）攫取财富以外，没有任何现实价值，因此他们（特朗普等人）要想取得成功，就必须对这些"讲真话"的社会机构和民主制度本身发动大规模的攻击。

于是，另一个更广为人知的"致富"理论应运而生。不幸的是，它竟然统治了美国社会长达 40 年之久。这个理论认为，发展经济的最好方式就是"顺其自然"，让市场完全或者接近"自由竞争"。这类理论的支持者并不像特朗普那样直接把真理的原则撕成碎片，他们更接近杰出的魔术师，专注于塑造人们所关注的事物，而故意藏起人们真正需要的事物。如果全球化让许多跟不上步伐的人被时代抛弃，如果里根的改革导致更多的人陷入贫困，使大部分人的收入水平停滞不前，那么解决问题的关键就在于停止一切收集有关贫困数据的行为，杜绝一切谈论社会不平等的言论，让人们的关注点始终停留在市场竞争的问题上，避免他们注意到垄断企业在市场上所拥有的权力。

翻一翻美国大学标准的经济教科书，几乎所有章节都穿插着"竞争"这个词,"权力"这样的词只出现零星的一两个,而"剥削"即将完全消失,甚至将彻底地从传统经济学家的词典里被删除。现在,当我们提到历史上的美国南部时,美国的经济史可能会更专注于讨论关于棉花甚至奴隶的"竞争市场",而像是剥削人民的劳动成果,或使用政治权力维系既得利益者在内战之后的优势之类,有关资料便对此三缄其口。如果要用一个词对工资在不同性别、种族和民族之间的巨大差异(这是本书下一章将要描述的美国经济其中的一个核心特征)进行概括,它常常是一个较为温和的术语,如"歧视"。直到最近,像"剥削"和"权力"这样的"墓志铭"才终于被人们从记忆的坟墓里捞了回来,用以形容其他保守词汇已经难以描述的现实。

不完全市场竞争,即少数人手中握有过多的权力,只是导致市场失灵的原因之一。如果不是因为大多数人收入水平过低,无法过上体面的生活,这个问题就不会如此凸显。美国的人均医疗支出高于世界上任何一个国家,但预期寿命却低于任何一个发达国家,且目前仍在持续下降。大量空荡荡的房屋无人居住,流浪汉却遍及大街小巷,这已经成了美国社会的一大特征。美国经济最戏剧化的失败就是人民大量失业,因为此时社会上仍然有大量工作需要处理,而人们也有继续工作的意愿。20世纪30年代的大萧条和2007年开始的大衰退(great recession)是其中两个最生动的例子,但自从资本主义出现以来,周期性的严重失业就一直是市场经济的特征。

在上述任何一种情况下,只要政府及时采取行动发挥职能,即使颁布的政策不尽完美,也能改善原本可能出现的恶劣状况。例如,在美国经济衰退的时候,政府通过货币政策和财政政策对经济加以刺激,成功地降低了失业率。[40]

除了确保充分就业以外，政府在其他方面是否还有能做的？还是剩下的部分都应该交给市场自由发挥？要回答这个问题，首先必须理解的是市场本身并不是目的，而是达到目的的一种手段，而我们的目的应该是创造一个更加繁荣的社会。因此，核心的问题是：市场何时才能带来繁荣？市场带来的繁荣应当不仅仅只包含那 1% 的富人阶层，而是包括所有人在内的整个社会。斯密的"看不见的手"（个人在追求自我利益的同时，仿佛被一只看不见的手所引导，最终使全社会共同受益）可能是现代经济学中最重要的一个理论，然而即使是斯密也承认市场存在的局限性和政府干预的必要性，现代经济研究的理论和经验都已经强调了政府在市场经济体系中发挥的基本作用，政府既要做市场"不会做"和"不能做"的事情，又要确保市场体系能按照预期的轨道正常运转。

如果要求市场体制依靠自身的力量正常运转，就必须满足一系列严苛的先决条件：市场必须经过充分地竞争，信息必须是完备的，个人或企业的行为不能对他人造成损害（如不能存在污染）。在实践中，这一系列严苛的条件很难得到满足，这意味着市场通常无法兑现承诺。在相关环境法规出台之前，空气将会污浊到难以呼吸，水源也将无法饮用，更不能供人游泳。今天，环境法规薄弱或政府执行力度不高的国家就出现了这样的情况。

通常来说，一个充满活力、善于创新的经济体的私人部门在基础研究上的投入并不能满足社会对基础研究的需求，而其他牵涉公共利益的投资领域（如对基础设施和教育的投资）也同样如此。为了支持基础研究发展，政府在这部分的支出将会远远高于其获得的收益。因此，政府需要社会的资金支持，也就是税收。[41] 当然，私人企业和部门通常会夸大它们在研究领域的重要性，但是它们所做的研究都建立在由公众所支持的（即政府投资建设的）基础研究的地基之上。

我曾经请教过瑞典的财政部部长，询问他为什么瑞典的经济能发展得如此顺利，而他的回答是：因为瑞典实行了高税收政策。一方面，瑞典人民明白繁荣的经济需要高水平的公共支出作为支撑，包括对教育、基础设施、技术发展和社会保障的建设，而政府需要财政收入为这些支出提供可持续的资金来源。在这些公共支出中，有很大一部分是政府对私人部门在上述领域（教育、基础设施等）投资支出的补充。另一方面，由政府资助的技术进步也可以帮助和支持私人部门的投资建设。高素质的劳动力和完备的基础设施将使私人企业具备更高的盈利能力。一个国家实现快速增长的核心是知识的增长，因此基础研究必须得到政府的大力支持。

然而，里根式的"供给侧"政策与上述理念背道而驰。前者认为增长仰赖于放松管制对经济的解放以及降低税收对经济的刺激。但在里根进行改革之后，美国经济的增长反而放缓了。管制的松动（尤其是针对金融市场）使美国经济在 1991 年和 2001 年陷入低潮，而最令人痛心的结果莫过于 2008 年的大衰退。降低税收也丝毫没有供给学派所声称的刺激经济的作用。托马斯·皮凯蒂及他的合著者已经证明，降低最高税率实际上并不能促进经济增长。[42] 正如减税政策的批评者所预料到的那样，无论是里根对富人的减税措施，还是小布什政府后来实施的减税政策，都没有增加储蓄或者劳动力的供给，[43] 因此也没有带来更高的增长水平。[44]

显然，供给学派及其所信仰的"完全自由的市场将会促进国家经济增长"这一理念只是一座虚无的空中楼阁。经济发展所需要的也绝非是低税率和薄弱的监管体系。

回归里根经济学的危机

许多保守派几乎和左翼人士一样，对特朗普及其对美国一直以来的规范和制度所发动的攻击感到震惊不已。一直以来，这些保守派都站在全球化斗争的最前沿，而看到自己的主张被党内人士所推翻着实令他们怒火中烧。然而，尽管这些保守派声称自己永不和特朗普为伍，但他们所提供的政策也只是美国失败经历的"昨日重现"：对富人实行更优惠的税收政策，对企业放松监管，使政府的权力缩水。这就是21世纪版的里根经济学。

如今，美国的经济（在很大程度上）是由管制不足的垄断市场所构成的。在这样的市场中，财富的创造早已被剥削所取代。与此同时，美国民粹主义⊖和本土主义也在悄然发展，而它们对美国的真正威胁绝不仅仅是分散了人民的注意力。美国的问题并非不公平的贸易协定或移民政策，特朗普在这些领域提出的建议反而可能会加剧美国的社会矛盾，进一步伤害那些因去工业化而陷入困境的人民群众。同样，也没有哪个国家会像特朗普一样忽视政府的预算限制，就像他在2017年12月的预算法案和2018年1月增长的支出中所表现的那样——似乎只要简单地增加政府的预算支出，就能让国家步上快速与可持续增长的正轨。

⊖ 虽然像特朗普这样的煽动者经常被斥责为民粹主义者，但在本书中，我尽量避免使用这个词来描述他。在某些情况下，民粹主义者仅仅只是一类真诚的政治家，他们在经济环境所允许的范围内努力回应大众的需求，如教育或医疗保健领域。然而现在，任何批评有关放松管制、自由化和私有化等精英主义学说的人也往往会被贴上民粹主义的标签。

美国需要从自身寻找原因：对民生、基础设施以及技术发展的投资过少，盲信市场体制"无所不能"，政府对真正需要监管的地方管得太少，而在不需要的地方又管得太多。特朗普每天的"做秀"转移了美国人在这些真正重要和深层问题上的注意力。

真正的威胁在于美国的民主

现代经济学已经指出，美国目前的困境是由过去一系列错误决策所导致的可以预见的后果，而且美国应该有其他更好的选择。尽管本书讨论的重点是经济学，但是经济和政治向来是密不可分的，这也是本书反复提及的一个主题。经济上的不平等将会被转化为政治上的不平等，而与之相呼应的（政治）规则也反过来加剧了社会总体的不平等程度。同样，经济体制的失败也会对政治体制产生影响，特朗普就是其中一个例子。

最令人恐慌的是，那 1% 之中真正贪婪和急功近利的人已经开始明白，全球化、金融化及其他一些组成现代经济规则的要素并没有得到绝大多数美国人的支持。这意味着如果美国的民主步上正轨，如果美国的选民保有一点点理性，美国就会踏上另一条正确的道路。因此，在个人利益的驱使下，这些超级富豪拟定了三步策略：欺骗民众、剥夺选举权及削弱政府的权力。[45] 第一步是欺骗民众。他们告诉其他美国人，如 2017 年的税收法案这样的政策只是看起来能让富人变得更加富有，但实际上对美国的普通民众更加有利，或者欺骗他们与他国展开的"贸易战"将在某种程度上逆转美国去工业化的进程。第二步是剥夺公民的选举权。他们费尽心思确保那些可能会投票支持进步政策的选民不能或放弃投票，如让选民难以登记，又或者增加投票的难度。最后一步是削弱政府的权力。截止到现在，富人阶层

已经对政府施加了足够多的限制，因此即使他们其他所有的阴谋都
失败了，一个先进的政府成功当选，这个政府也无法采取必要的措
施来改革美国的政治和经济体制。拿美国越来越混乱和意识形态化的
最高法院来举例，它已经成了一道限制美国经济和政治发展的沉重
枷锁。

可以预见的是，如果美国再不改变前进的方向，结局将和昔日的
悲剧大同小异，美国的经济、政治和社会功能将日渐衰微。自过去的
几个世纪以来，科学和基础机构（其中包括最为重要的能够"讲真话"
和"评真理"的社会机构）一直都是社会赖以发展的基石。[46] 从今
往后，美国社会对科学和基础机构的抵制和打击行为将会持续下去，
而这将会导致经济增长水平进一步降低，社会不平等的问题进一步
加剧。

持续抗争还是另寻他法

"不要质问国家能为你做什么，而是要问你自己能为国家做什
么。"[47] 这是肯尼迪的一句至理名言，如今的美国似乎已经与这样的
价值观相去甚远。里根重新引导了美国经济的走向，在他的领导下，
美国社会的价值观变得更加自私和物质主义。里根最终未能兑现他的
承诺，他的失败并没有修正美国已经偏离方向的发展轨道，美国没有
朝人们所期望的航向行驶，反而使人们把越来越多的赌注压在了此类
有致命缺陷的理论之上。

在拥有数十亿人口的发展中国家和新兴市场，中国提出了独具一
格的"中国特色社会主义市场经济"，为全世界提供了一个不同于美
国市场经济的替代范本。反观美国，在 2008 年的金融危机遭受重创

之后，其经济地位随着特朗普的上台受到了更严峻的挑战。全世界都已经意识到美式资本主义似乎主要服务于上层社会，大量普通民众得不到充分的医疗保障，这一切都无益于增强美国的软实力。

那些对民主制度深信不疑的人也许正寝食难安，因为一场关于社会、政治和经济制度的思想论战正在爆发，世界上的大部分地区似乎都否认了美国经济体制的优越性。值得庆幸的是，美式资本主义只不过是民主市场经济形式中的一种，正如我在上文提到的瑞典一样，其他民主国家已经采用了不同的经济形式，这些经济形式似乎为大多数人民带来了福祉，促进了国家经济的快速增长。

美国人应当将对自身经济体系抱有的骄傲与自大深埋于心，并正视美式资本主义的确存在的严重缺陷，尤其是在确保全社会共同繁荣方面。是时候该考虑更好的出路了，因为美国人应该已经意识到世界上许多其他形式的市场经济都有美国可以借鉴的长处。

畸形的经济体制对人与社会的扭曲

现在发生的一切都昭示着这场关于组织社会最佳方式的思想论战只是一场利益之争的幌子，这场战争在短时间内不会停止，许多利益集团趁此契机见缝插针，如一些企业正试图牺牲其他企业的利益为自己捞取更多好处。

这场思想战争并不像体育竞赛一样只有输与赢的分别。美国人确实应当沉淀下来，细细思考如何修复美国经济体制上的漏洞，创造一个更加适应美国价值观的社会体系。这不仅仅因为美国关于市场和民主体系的理念将会影响全球，而且因为美国所构造的经济体系将会对美国本身的人民和社会产生难以估量的影响。

　　标准经济学课程通常以这样的假设作为开端：个人天生具有固定的偏好，这种偏好一成不变且好恶分明。然而在现实社会中，这是不成立的，一个人的品位和偏好是绝不可能一成不变的。父母总是费尽心思"塑造"孩子的人生观和价值观，尽管他们并不总是正确的，他们也并不是完全的成功人士，但大体上的方向也许不会出错。营销行业试图利用广告和宣传来"塑造"人们需求的商品。一个国家的社会和文化将会"塑造"人民的价值取向，而人民也反过来影响和"塑造"国家的社会和文化。人民如何构建经济体系的思想观念在这个过程中发挥着举足轻重的作用，因为人与人之间的关系大多与经济有关。行为经济学的研究结论证实了这一点，银行家实际上有意表现出其道德败坏的特质。实验结果表明，银行家（特别是当此人意识到自己身为银行家的身份时）表现出来的行为特征更加趋向于自私和不诚实，[48] 这种行为特征是由他们的职业所决定的。对经济学家来说也同样如此，选择学习经济学的人也许比其他人更加自私，而随着他们研习的深入，这种自私的特征也会变得更加突出。[49]

　　美国现在所构造的市场经济体系使人民的价值观念更加趋向于利己主义和金钱至上主义，而这种价值观显然与美国个人和社会一直以来树立的理想标准格格不入。当经济和社会体系所宣扬的价值观能够将利己主义和利他主义（如斯密本人所指出的那样）[50] 有机地结合在一起时，这样的组织形式将更有助于促进社会合作。而如今，美国经济和社会体系的性质已经打破了这两者之间的平衡。[51] 随着越来越多的美国人开始缺乏长远的目光，变得自私自利和"唯钱是图"，道德标准也越来越低，这种不良风气也渐渐影响了美国社会的整体氛围。

当以利己主义和金钱至上主义为核心的价值观牵涉到政治时，后果可能会更加严重。"赢者通吃"式的垄断姿态将会或者说已经入侵了美国的政治体制，破坏了行为规范和标准，瓦解了组织达成和解与协商的能力。如果放任其发展，最终将会瓦解国家的凝聚力。

美国社会可以变得比现在更加美好。正如经济学家所强调的那样，万事都需要权衡与取舍，当人们为了共同的目标而奋斗时，在具体细节上也许会存在分歧，但在最核心的基本问题上必将会达成共识。要实现这一目标，就需要全社会的共同参与（即集体行动）。在经济领域上，既要做到规范市场，也需要解决市场无法处理的问题。美国人必须舍弃过去陈旧的刻板印象，意识到市场经济并非无所不能，它无法依靠自身的力量实现自我调节，无法一直保持高效、稳定和公平的状态，而政府干预也并非低效率的代名词。从某种意义上讲，美国人必须拯救资本主义，这种失衡的美式资本主义加上以金钱至上为导向的民主体制，正将美国台面上一息尚存的（公平、竞争性的）市场体制和民主体制推向自我毁灭的深渊。美国已经在错误的道路上迷失了太远，仅仅对经济和政治体系做出细微的调整已经无法弥补过去遗留下来的漏洞。一个新的社会契约亟待建立，让美国焕发生机，引领所有人民走上共同富裕的康庄大道，过上体面的中产阶级式的生活。

本书在接下来将会针对这条康庄大道进行阐述。新生的美国不需要对"市场原教旨主义"的狂热信仰，不需要让全社会卷入混乱的涓滴经济学，也不需要以本土主义和民粹主义为代表的特朗普经济学

（特朗普经济学以"俱乐部式全球化"顶替了国际法治规则，实际上使美国的处境更加恶化）。总有一天时间会证明一切，特朗普的政策将以失败告终，而他的支持者——包括所有企业高层和特朗普声称将会在改革中获益的一线员工阶层，也终有一天能认清现实。没有人能够预知接下来会发生什么，但如果那时还存有一线生机，还留有一根救命的稻草，能使他们摆脱即将毁灭的命运（就如本书阐述的理论一般），我想这些人也许会毫不犹豫地紧握住这根稻草。

第 2 章

经济发展走向低迷

1980 年，美国强大的经济引擎开始发生变化：经济增长放缓，更重要的是国民收入增长放缓，甚至经常下降，而美国人似乎并未察觉。事实上，即使经济未能为大部分人口带来繁荣，金融化、全球化和技术进步的新时代的倡导者仍在吹嘘所谓注定会使美国更加繁荣的"新经济"，而他们所赞美的"新经济"似乎仅仅指更高的 GDP 水平。而与此同时，美国的一些经济领导者，包括历届美联储主席，则开始夸耀所谓的"大稳健"，即美国如何最终掌控了经济周期，而产出和就业的波动从一开始就是资本主义的标志。[1]

2008 年的金融危机表明，美国看似繁荣的经济其实是建立在一座纸牌屋之上的，或者更确切地说，是建立在巨额债务之上的。随着新数据的出炉，人们对经济有了更深入的了解，而长期存在于美国社会的根深蒂固的问题也越来越显著。事实证明，美国一直享誉全球的经济增长速度早已远低于"二战"后的几十年的增长速度。最令人不安的是，所谓的增长仅仅惠及占国民少数的顶层人士。如果 GDP 上升仅仅是因为杰夫·贝佐斯的收入增加了，而其他人的收入水平却仍停滞不前，那么经济就并未达到真正的繁荣。但这与美国今天所处的境况很接近，而且过去 40 年来情况一直如此。在这段时间里，美国底层 90% 的人的平均收入几乎没有变化，而占全美人口 1% 的顶层阶级的平均收入却在飙升。1974 ～ 2014 年美国平均税前收入的历史趋势如图 2-1 所示，图中底端的粗实线代表的是占全美人口 90% 的底层人民的税前平均收入曲线，而顶端的波浪线是位于占全美人口 1% 的顶层阶级的税前平均收入曲线。

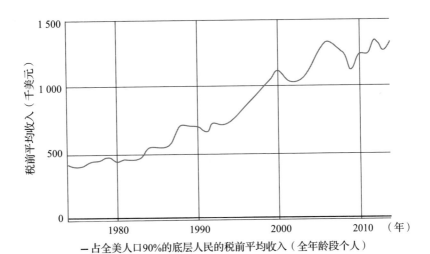

图 2-1　1974 ～ 2014 年美国平均税前收入的历史趋势图

资料来源：世界不平等数据库。

　　有些经济学家甚至不屑于探讨社会不平等的问题。[2] 经济学家指出，只有把经济蛋糕做大，才能有更多财力惠及民生——正如肯尼迪说过的那样，"水涨众船高"。我衷心希望这是真的，但事实并非如此。美国的现实情况是：潮水越汹涌，扁舟常遭殃。

事实上，就算 GDP 的数值上升，美国的经济也不会好转，而与此同时，美国的环境正在恶化，资源正在枯竭。一个依附于过去而不投资未来，或者可以说正在破坏其子孙后代赖以生存的环境的国家，只能以牺牲后代的资源为代价，换取当代人的富足生活。

无论是与过去的美国相比，还是与美国的竞争对手相比，如今的美国在上述这些方面都没能交出令人满意的答卷。很多美国人可能会对此感到相当惊讶，因为他们理所当然地认为美国在各方面都比其他国家更加强大和优秀。然而，这些都只是政客冷漠无情的游说之词。除非有人致力于打造一个特朗普式的"新世界"，否则这些数据就只会始终如一地宣告：美国绝不是排名最靠前的国家，甚至还有一些数据表明，美国与排名最前的国家之间的差距可能比其他数据显示出来的要大得多。

在对美国经济低迷的诸多解释中，有一种说法解释了最根本的问题：美国人并没有真正地理解上一章所论述的"财富的真正来源"。大多数美国人无法抵御金钱的诱惑，他们认为有利可图的赚钱方式必然是好的，却没有意识到利润也可以通过剥削而非创造财富来获得。[3]房地产业的投机行为、拉斯维加斯或大西洋城的赌博业，以盈利为目的的学校可以为少数人创造财富，但不能成为令整个社会持续繁荣与幸福的基石。在过去的 40 年里，美国没有在基础设施、人才培养或技术产业上进行投资，甚至整个美国的投资率也非常低迷，低到与国民产出都不适配。[4]

在随后的章节里，我们将探讨从创造财富到剥削财富这一转变在全球化、金融化和垄断体系中的各种表现形式。然而，我们首先应该更加充分地认识到美国的经济到底出了什么问题，以及为什么特朗普"让美国再次伟大"的主张能获得如此之多的共鸣。

增速放缓

在"二战"结束后的 30 多年，即 1947 ~ 1980 年，美国经济年均增长率为 3.7%；而在过去的 30 多年，即 1980 ~ 2017 年，美国经济年均增长率仅为 2.7%，降低了整整 1 个百分点。[5] 这个巨额降幅接近 30%。

2008 年的危机进一步表明，金融危机前几年记录在册的大部分增长都是不可持续的。它建立在国家不计后果投资的基础之上，这其中房地产市场的过度建设或许就是最好的例证。

国际生活水平的比较

"美国例外论"的其中一部分主张美国人的生活水平比其他国家更高，经济增长率也更高——倒不如说，是美国人已经被引导去相信这一点。人们相信，美国更有效率和生产力。这种信念产生的直接结果就是美国人认为自己应该超越所有人，因此其他国家应该多购买美国的产品，而美国人应该少购买他国的产品。由此产生了另一种认知上的扭曲，也就是说，如果美国的产品没有"主导"市场，那美国的竞争对手肯定在作弊。因此，美国的政策建议直接遵循了上述这些简单的原理：制止他国的作弊行为。如果国际贸易规则不允许美国制止他国作弊，那么规则本身就一定是不正当的。这就是美国实施贸易壁垒的原因，如增加关税（即对进口商品征税）或限制配额（即对可进

口商品数量进行限制）。直到现在，保护美国国内生产商不受外国竞
争影响的保护主义精神显然仍旧在"发光发热"。

上述推理的唯一问题就是推理本身的每一步都存在缺陷。因为所
有推理的基本前提是：美国是最具生产力、生活水平最高的经济体。
（我们将在第 5 章中探讨其他推理环节。）现实情况是，根据联合国公
布的人类发展指数（衡量生活水平的一个广义指标），美国排名第 13
位，略高于英国，而一旦把美国的不平等状况考虑进去，美国的排名
就会下滑到第 24 位。[6]

2018 年，世界银行发布了自己的"人力资本指数"。该指标反映
一个社会对其人民的投资力度，包括在教育、健康和生存能力方面的
投资。[7]美国排名第 24 位，远低于新加坡、日本、韩国等亚洲经济的
领跑者，也远低于北方邻国加拿大（排名第 10 位）以及美国大多数欧
洲的竞争对手。今天美国对人力资本的投资微薄，必然会导致国民未
来生活水平低下。

经济合作与发展组织（Organization of Economic Cooperation and
Development，OECD）作为发达国家的官方智库，每隔几年就会对来
自世界各地的学生进行标准化考试，一些发展中国家的学生也参与了
这些考试。测试结果表明，美国人在数学方面的排名低于平均水平，
在 72 个参加测试的国家中排名第 40 位，而美国人在阅读（第 24 位）
和科学（第 25 位）方面的表现则稍好一点。[8]这种惨淡的表现一贯如
此，美国人未达到基准水平的比例高于 OECD 平均水平，其顶级选手
比例也低于 OECD 平均水平。加拿大、韩国、日本、英国、挪威、立
陶宛和澳大利亚的大学生毕业率（25 ～ 34 岁）都超过了美国，其中
加拿大超过了 25%，韩国则接近 50%。[9]

对人力资本和实物资本的低投资自然会导致较低的生产力增长率。在比较各国的产出水平时，必须要考虑工作时间的差异。美国人的工作时间比其他发达国家的要长，平均每人每年工作 1780 小时，而其他国家的为 1759 小时。与法国（1514 小时）和德国（1356 小时）等一些欧洲国家相比，美国人的工作时间要长得多。[10] 但事实上，并不是这些国家的工作时间短，而是它们的假期更长。在美国，正是较长的工作时间带来了较高的人均收入。事实上，就生产率（每小时产出）而言，在 2010～2016 年经济大衰退后，美国的生产率增长不到发达国家平均水平的一半。[11]

过去 30 年以来，美国经济的增长速度比中国慢得多，[12] 中国比美国储蓄得更多，制造得更多，贸易量也更大。[13]

我经常在中国演讲，当我把大多数美国人的情况（除了那些位于顶层阶级的精英）与统计数据联系起来时，听众都难以置信地看着我。在 40 年前，中国是一个贫穷的国家；而在 60 年前，中国是一个非常贫穷的国家——人均年收入仅为 150 美元，[14] 被世界银行标注为"极度贫困"。在短短 40 年时间里，在全球收入水平基本停滞不前的情况下（除了美国最富有的那批人），中国的收入水平却增长了 10 倍以上，[15] 超过 7.4 亿人摆脱了贫困。[16]

日益严重的不平等现象

美国不仅在经济增长方面不占优势，在解决社会不平等方面也是如此：美国的收入不平等问题比任何其他发达国家的都要严重；而在机会不平等方面，美国的排名也令人失望。显然，这些情况与美国作为"机遇之地"的身份背道而驰。[17]

　　美国人在增长越加缓慢的经济蛋糕中所能分得的份额越来越小，以至于他们的收入水平长期停滞不前。劳动者所能分得的收益比例正在以前所未有的速度急剧下降，尤其是在把那些位居社会顶层阶级的 1% 劳动者排除在外的时候（包括银行家和 CEO，这部分人在统计上被视为"工人"，但并不是我们大多数人所称的"劳动者"）。1980 ～ 2019 年，美国的劳动收入所占份额从 75% 下降到 60%，在短短的 30 年里下降了 15 个百分点。[18]

　　相比之下，少数位于国民收入水平前 10%、1% 甚至前 0.1% 的人，从美国的经济蛋糕中分得了越来越大的份额。在过去的 40 年中，前 1% 的人群所占有的收入份额增加了 1 倍以上，而最顶层的 0.1% 的人所占的份额增加了 4 倍左右。[19]

　　许多富人声称，所有人都将从富人所拥有的财富中受益，因为他们所赚得的利益将通过涓滴效应惠及普通人。但这种情况几乎从未出现过，自 20 世纪 80 年代以来也绝对没有出现过。在之前的内容中，我们讨论了位于社会底层的 90% 的人的收入是如何停滞不前的，其他的统计数据也证实了这一点。在美国，男性的不满情绪似乎特别强烈，这是可以理解的。经通货膨胀调整后，全职男性"工人"的中位收入在过去 40 多年里变化不大，而且事实上，这些得到全职工作的人是比较幸运的，因为大约 15% 的青壮年男性现在仍没有工作。[20] 在社会的最底层，人民的生活情况甚至更加糟糕，经通胀调整后，最底层人民的工资水平与 60 年前大致相同。[21] 然而，美国的总体收入水平并非停滞不前，在过去的 60 年里，美国的人均 GDP 增长了 1 倍以上。"工人"的生产率也并没有就此止步，在过去的 60 年里，美国的生产率增长了 7 倍以上。事实上，在 20 世纪 70 年代中期到 80 年代中期，这个国家发生了一些变化，在变化发生之前，"工人"的薪酬随着生产率的提高而增加。比如说，生产率提高 1%，则"工人"的工资增加 1%。然而在这之后，巨大的差距开始显现，工资的增长不到生产率增长的五分之一，这意味着更大的一部分收入流向了"工人"以外的其他群体。[22]

"工人"之间的工资差距也更加明显，这种差距体现在了各个方面。底层人员的工资水平停滞不前或下降，中层人员被掏空，而高层人员的工资水平则飙升。在企业的内部，与普通"工人"相比，CEO 的工资有了大幅增长。不同企业之间的平均工资差距也有所增加。有很多原因导致了工资不平等问题的加剧，而且这些原因往往是相互关联的，我们将在之后的内容中讨论其中的一部分：全球化和技术进步削弱了社会对技术不熟练"工人"的需求，曾经有助于实现工资均等的工会的力量变弱。市场势力的集中度有所增加，相应地，企业盈利能力的差异也有所增加，盈利能力较高的企业会与员工分享他们所获得的部分收益。[23]

多年以来我一直警告美国社会，富人和穷人之间如此巨大的鸿沟是不可能永远存在下去的，社会需要更加公平的收入分配，而这甚至也符合富人的长远利益。[24]

来自牛津大学的安东尼·阿特金森爵士[25]、巴黎大学的托马斯·皮凯蒂、伯克利大学的伊曼纽尔·塞斯和哈佛大学的拉伊·切蒂等学者提供了大量数据，详细记录了美国社会正在发生的事情，这些想法在不同领域引起了共鸣。贝拉克·奥巴马在一次重要讲话中称不平等现象是美国最为紧迫的问题。[26]

　　不平等问题加剧与社会地位流动性下降相结合的趋势给美国梦、我们的生活方式以及我们在全球的立场构成了根本性的威胁。我在这里提出的不仅仅是一种道德主张，不平等的加剧和社会流动性的降低都会产生实际意义上的困境。

　　然而，美国的政治和经济似乎还有更为紧迫的问题需要面对。经济复苏的速度比奥巴马和他的经济团队所预期的要慢得多，与此同时，国会中的共和党人采取了顽固的立场，奥巴马政府除了简单地保持政府开放以外，几乎不可能通过任何立法。在奥巴马担任总统期间，他没有或许也不能处理不平等问题（即使他认识到了这个问题的重要性）。然而，值得赞扬的是奥巴马推行的《平价医疗法案》（Affordable Care Act，奥巴马医改），该法案帮助解决了社会不平等现象中最为严重的问题之一，即公民无法获得像样的医疗保健。不出所料的是，由于不平等问题被长期搁置，矛盾并没有自然消失，也不可能消失，情况反而变得越来越糟糕了。

种族、民族和性别的不平等

　　前文所述的不平等现象并没有完全囊括美国存在于深层次的矛盾，因为种族、民族和性别所衍生出的一切将不平等的鸿沟进一步撕裂开来，这其中很大一部分源自残酷的歧视问题。50多年前，美国通过了旨在消除这种歧视的民权法案。考虑到美国的历史，如果这个国家要永远凝聚为一个国家，就必须要解决这些矛盾和分歧。（在很大程度上，分析由于种族和性别引发的劳动力市场的排斥现象，以及市场对尝试创造更加包容的环境所产生的反应，是理解美国劳动力市场不平等问题的关键。）

在民权法案通过后的几年里，社会的不平等情况有所改善。但随后不久，旨在支持种族隔离和歧视的势力发动了反击，社会进步停滞了，在某些方面甚至出现了逆转。

约 50 年前的 1968 年，在全国各地发生种族骚乱之后，林登·约翰逊任命了一个委员会为找出和明确导致种族矛盾的根本原因。不幸的是，这个结论今天仍然成立："我们的国家正走向两个社会，一个是黑人的社会，另一个是白人的社会，这两者是相互割裂且不平等的。"[27] 在这个国家里，非裔美国人受到系统性的歧视，他们面临教育和住房不足的问题，并且完全缺失经济机会。对他们来说根本不存在什么美国梦。美国白人对美国黑人的种族偏见是导致这一切问题的罪魁祸首。种族偏见定义了美国的历史，而现在它有可能影响美国的未来。[28]

在美国人开始为消除歧视而斗争的半个世纪后，女性的工资水平仍然只有男性的 83%，黑人男性的工资仅为白人男性的 73%，西班牙裔男性的工资仅为白人男性的 69%。[29]

不平等问题存在于美国社会的方方面面，除了种族和性别以外，还包括健康和财富，最重要的是机会方面的不平等。这些方面存在的不平等问题都比收入分配不平等要严重得多。

健康不平等

没有任何统计数据能比健康方面的统计更直观地概括众多美国人所面临的可怕困境。美国人的预期寿命比其他大多数发达国家的都要低，[30] 比日本短 5 年以上。美国疾病控制中心（Centers for Disease Control）报告称，从 2014 年起，美国人的预期寿命每年都在下降。[31] 尽管在世界其他大部分地区，医学的进步已经导致死亡率下降，[32] 预期寿命延长，但在美国，这一情况依旧不乐观。此外，美国的富人和穷人在预期寿命方面存在巨大的差距，而且这种差距正在急剧扩大。来自布鲁金斯学会的加里·伯特雷斯描述了 1970 年和 1990 年处于 50 岁这一年龄段的女性在不同收入水平之间的预期寿命差异情况："在这 20 年中，美国收入水平前 10% 和后 10% 的女性的预期寿命差距从 3.5 年多一点，增加到了 10 年以上。"[33]

美国与其他发达国家之间，以及美国富人和穷人之间存在的这种健康水平的差距是可以预料的，因为在奥巴马医改出台之前，美国并未承认每个美国人都有权获得医疗保健，而这一权利几乎被其他所有发达国家所认可。

安妮·凯斯和安格斯·迪顿（后者是 2015 年诺贝尔经济学奖获得者）仔细研究了美国已经公开的死亡数据，他们所发现的一些事实轰动了全国：在没有受过大学教育的中年白人男性中，死亡率从 1999 ～ 2013 年（研究所回顾的数据的最后 1 年）呈显著上升趋势。这扭转了该群体整体死亡率下降的倾向，与大多数美国其他年龄段和种族群体以及大多数其他工业化国家的情况背道而驰。[34]

更令人不安的是这部分群体死亡的原因，凯斯和迪顿将其称为"绝望病"：酗酒、吸毒过量和自杀。综合一下我之前曾经描述过的社会现象——中产阶级和底层人民的收入水平停滞不前，再加上大衰退时期大量的失业和减少的住房，死亡率的上升其实不足为奇。[35]

这种与战争或流行病（如艾滋病病毒）无关的预期寿命下降情况在最近只发生过一次。

显然，一个如此绝望的、有着如此之多的人吸食毒品或酗酒的国家，不可能拥有健康的劳动力。如果要衡量一个社会在创造就业和"工人"健康方面表现得如何，参与劳动和工作的人口占劳动适龄人口的比例是一个很好的指标。在这方面，美国的情况比其他许多国家都逊色得多。至少可以说，美国的劳动参与率较低与国民健康统计数据所反映出的糟糕健康状况有直接关系。美国经济顾问委员会（Council of Economic Advisers）的前主席艾伦·克鲁格在最近的一项研究发现，在不参与工作的壮年男性当中，近一半的人有严重的健康问题，其中三分之二的人还在服用止痛药。[36] 但是，美国人糟糕的健康状况并不是由不健康的气候引起的，也并非因为体弱多病的人都移居到这些海岸生活。没有任何一种流行病可以解释为什么美国人比欧洲和其他地区的人的死亡年龄更早，健康状况更差。相反的是，我们在一定程度上搞错了因果关系：美国人的健康状况之所以这么糟糕，是因为美国的经济没有创造更好的就业机会，人们无法拿到像样的工资，于是大家基本放弃了希望，这种对生活的绝望引发了酗酒和吸毒等一系列社会疾病的产生。[37]

财富不平等

在美国，财富的不平等问题甚至比收入不平等问题更加严重。美国最富有的那 1% 的人坐拥全美 40% 以上的财富，几乎是其收入份额的 2 倍。[38]（所谓收入是指个人在任何 1 年中获得的财富的流入，而对大多数美国人来说，财富指人们对资产的所有权，主要包括他们的住房和汽车减去抵押贷款和汽车贷款后剩余的价值。）财富的存在尤其重要，因为它关系着一个人能否获得机会和社会影响力。

如果放眼全球，世界贫富差距的问题甚至更加严重。牛津赈灾会（Oxfam）每年都会发布有关极端不平等现象的统计数据，他们统计大约有多少富豪拥有的财富相当于全球最贫穷的一半人口（大约 39 亿人）

财富的总和。这个数字下降得非常快，到 2017 年时只剩下 26 个人。[39]
如果是在几年前，要装下这些家财万贯的富人需要好几辆大巴车，而
现在只剩下 20 多个人，这实在令人难以想象。这些富豪几乎都是男
性，他们拥有的经济实力相当于中国、印度和非洲所有人财富的总和。

我们曾经描述过两种发家致富的关键途径：一种是创造更多的财
富，另一种则是从他人手中攫取更多的财富。但实际上，仅就积累财
富而言，人们还有第三种敛财的途径：继承。

包括沃尔顿家族（沃尔玛资产的继承者）和科赫兄弟在内的许
多顶尖人士之所以能取得惊人的成就，并不是因为他们废寝忘食地
工作，而是因为他们有幸能继承大笔遗产（至少在一定程度上是如
此）。[40] 美国人倾向于认为美国的财富不平等问题与"老欧洲"国家
不一样。欧洲的财富不平等建立在旧时代土地贵族的宫殿之上，但 21
世纪的美国已经演变成了一个世袭制的富豪统治的国家。

机会不平等

上述关于收入、健康和财富不平等的统计数据已经足够令人沮丧
了。遗憾的是，美国在机会不平等的方面表现得如出一辙，其中部分
原因是客观存在的不平等现象违背了美国人对自身形象的认知和对公
平社会的信念。

正如沃尔顿家族和科赫兄弟的例子一般，上一代人的收入和财富
会转化为下一代人的财富，这意味着家族的优势和劣势会代代相传。
在美国，近五分之一的儿童在贫困中长大，这种情况很容易导致贫困
陷阱。出生在贫困环境中的人难以逃脱贫困。对美国人来说，出生在
"正确"的家庭，在"正确"的社区长大，已经日益成为人生成功的

最重要因素。[41]美国梦所描述的机会平等是一个神话，一个美国年轻人的生活前景几乎比任何其他发达国家的年轻人都更依赖于父母的收入和教育程度。我告诉我的学生，他们的人生中有一个决定发挥了至关重要的作用：选择合适的父母。如果他们不幸做错了选择，他们的人生前景可能会黯然无光。

当然，也有少数人成功地从底层挤入了顶层精英的队伍，但事实上，新闻界对这些案例铺天盖地的报道能更清楚地证实这些都是小概率事件，并非一般规律。美国实际上比其他国家更容易陷入低收入陷阱。如果父母在收入分配体系中处于不利地位，那他们的子女很可能终其一生都处于社会的底层。在学校里，一个出身于上层社会的孩子即使学习成绩不好，也可能比那些出身于下层家庭成绩优异的孩子有更好的发展前途。[42]

经济低增长和社会地位低流动性的结合将会带来毁灭性的后果：正如哈佛大学的一个研究项目"机会洞见"（opportunity insight）在其所称的"衰落的美国梦"中指出的那样，"子女比父母挣得更多的概率正在下降，1940 年出生的孩子中有 90% 比父母赚得多，而今天这个比例仅为 50%"[43]。由皮尤基金会（Pew Foundation）资助的研究项目皮尤流动性项目（Pew Mobility Project）也发现，美国只有一半的人在与父母相同的人生阶段拥有更多的财富。[44]

结论

美国及许多其他发达国家的经济一直表现不佳，如果"经济运转良好"指的是大多数人民生活水平的提高，那么情况则更加不乐观。

当然，低增长、收入停滞和日益严重的不平等问题是相互关联的，至少在一定程度上来说它们都是40年前里根实施的政策所导致的结果。产生这些政策的原因是人们对如何让经济繁荣和发展产生了普遍而深刻的误解。极端的不平等，以及由于缺乏机会而产生的不平等对经济表现的侵蚀尤为严重，这一点毫不奇怪。缺乏机会意味着那些出生于贫困家庭的人并没有充分发挥出他们的潜力，这在道德上是错误的，但这也正说明美国正在浪费其最宝贵的资源，即年轻人的才能。

"让市场来决定一切"的口号从来就没有任何意义，如果一个国家需要构建市场，就必须动用政治力量。美国的右翼政客对此心知肚明，从里根开始，他们重组了美国的市场，以服务于社会的顶层人士。但右翼政客犯了四个关键错误：他们不理解日益严重的不平等问题将掏空美国经济；他们不懂得用长远目光看待问题的重要性；他们不理解集体行动的必要性，即政府为了实现公平和可持续增长必须发挥重要作用；最重要的是，他们没有认识到知识的重要性，即使美国正在倡导建设创新经济；他们同样也没有认识到基础研究的重要性，而这是美国技术进步赖以生存的基础。因此，右翼人士将过去200多年来资本主义成功的关键因素束之高阁，而最终的结果也很容易预料：经济增速放缓，社会不平等现象加剧。

现在，我们对这个问题已经有了更深层次的理解，本书将在下一章探讨导致这些悲惨结果的两个关键因素：第一，人们将两种个人致富手段混作一谈，即混淆创造财富和剥削财富的概念，前者是通过扩大国家经济蛋糕的规模增加财富；第二，我们对剥削缺乏深入理解，首当其冲的就是对"市场势力"的概念理解不足。美国将太多的精力用于剥削他人，而真正用于创造财富的努力却远远不够。

第 3 章

剥削与市场势力

标准的经济学教科书（以及许多政治辞令）都热衷于讨论竞争的重要性。在过去的 40 年里，已经有太多的经济理论和论据被浪费在证明这一类主张上：市场普遍具备竞争性，竞争模型（以及类似模型的变式）能以一种更合理甚至更充分的方式描述经济[1]。也许在很久以前，当无数企业竞相以更低的成本向消费者提供更优质的服务，企业在自我创新与（也许是十分残酷的）市场角逐过程中艰难求生的时候，竞争尚且适用于描述美国当时的经济状况，但今天的美国人却被迫生活在这样一个经济环境中——少数几家大企业能够肆无忌惮地为自己攫取巨额利润，年复一年地霸占着经济和社会的主导地位。

美国科技界新的领军人物甚至已经对竞争一词只字不提。特朗普的顾问之一，硅谷的彼得·蒂尔曾一度直言不讳地表示："竞争是为失败者准备的。"[2] 美国最富有、最聪慧的投资者之一巴菲特也深谙此道。2011 年他曾经这样告知金融危机调查委员会。[3]

> 要判断一个企业经营得好与不好，最重要的标准就是这个企业是否拥有商品的定价权。如果你有能力在与竞争对手保持业务来往的情况下提高商品价格，你就能把生意做得更漂亮。如果你的生意经营得足够好，如拥有一家垄断报业或者一家网络电视台，那么连你的白痴侄子都可以代替你掌管企业事务。[4]

早些时候，巴菲特曾向其他投资者描述一个行业的进入壁垒就像一条护城河。

> （我们）考虑的是这条护城河的宽度以及企业维持其宽度的能力，以确保它难以被其他企业和经营者跨越。我们对企业管理者说，希望他们每年都能拓宽这条河。[5]

巴菲特的评估是正确的，他如此坦率地描述了一个不存在竞争的世界，而这对美国来说无疑是个坏消息。问题在于阻碍竞争产生的因素无处不在，正如我接下来将要说明的一样，在创造、利用和维护市场势力方面，经营者的创意可谓层出不穷，他们以这些工具来拓宽、保卫他们护城河的宽度，然后利用由此产生的（经济或政治上的）力量来剥削他人，用抢夺而来的财富填满他们的金库。美国的商业巨头厌恶竞争的原因是显而易见的，因为竞争将导致他们利润下降，使企业的资本回报率刚好足够维持企业投资的水平，同时他们还要考虑到企业面临的风险。这些商业巨头追求的利润超出了竞争市场所能接受的限度，因此他们有必要修建更宽的护城河，以阻止竞争的产生，并绞尽脑汁地维护他们的既得利益。

现在美国需要的是恢复良性竞争环境，创造一个更加平衡的经济体系，以制度创新来应对来自商业巨头的挑战。在本章的最后一部分，本书将展示美国应该如何实现这一点。

整体概况

让我们从一个简单的问题开始：为什么包括宽带在内的美国电信产品的价格会远高于其他国家，而服务质量却差之千里？[6]事实上，全球大部分创新成果都来自美国。由美国公众买单的研究和教育机构为技术创新提供了大量基础研究。电信技术目前是一项全球性技术，这个行业需要的劳动力很少，因此行业平均工资高并不是电信产品价格过高的原因。答案很简单：是市场势力在作怪。市场势力的增长在很大程度上解释了上一章提出的问题，[7]即世界上看起来最具创新性的经济体（即美国）为何反而增长得很少，而这种聊胜于无的增长又几乎没有给大部分普通人带来福祉。市场势力允许企业收取比平时更高的价格，利用一切手段从消费者身上攫取财富。物价上涨对"工人"来说与工资下跌并没有什么不同。而如果没有市场势力的干扰，超额利润会在竞争的作用下减少，最终消失。但正如我们将看到的那样，超额利润的存在即是美国社会日益严重的不平等现象的根源所在。[8]

市场势力同样默许企业支付更低的工资来压榨劳动力，直接剥削"工人"。它们也可以通过政治手段来压榨劳动力（间接剥削）。市场势力所产生的巨额利润允许企业在美国"金钱驱动"下的政治环境中

"买取"影响力,而这进一步增加了企业的权力和利益,如削弱工会和竞争政策的执行力,放任银行剥削普通人民,或者以更为削弱工人议价能力的方式构建经济全球化体系。

创造财富 v.s. 掠夺财富

国家致富的方式有两种:一种是像殖民帝国那样直接从其他国家掠夺财富,另一种是通过创新和学习来增加财富。而对世界各国来说,后者是创造财富的唯一途径,也是真正的途径。

这个道理对个人也同样适用。就像一个国家能通过殖民手段掠夺他国财富一样,个人也可以通过剥削他人来攫取财富。在缺乏法治的社会中,这通常表现为暴力和不公正的法律制度(如奴隶制度)。而在现代美国社会中,掠夺者的剥削之道则更为"精妙"。例如,他们可以运用市场势力制定高昂的价格,或者利用不透明的价格体系(如医疗保健领域)来达到目的。他们可以进行掠夺性贷款、市场操纵、内幕交易等任何违规操作,而这些操作已成为金融行业特征所在(本书将在第 5 章进一步讨论这个问题)。[9] 攫取财富的主要表现形式是腐败。在欠发达国家,腐败可能只是一叠被密封在白色信封里的现金,而在"美式腐败"中,它的表现形式却极为复杂。例如,通过修改法律条款,确保企业(如国防承包商和制药企业)向政府出售价格过于高昂的产品,或者以过于低廉的价格购买法律上原本属于公众的自然资源(如石油和采矿企业或使用公共土地的木材商)。[10]

或者,个人也可以通过创新来发家致富,如创造新的产品,这样他们就可以在其他人进行模仿创新或创造出更具价值的产品前,在短时间内赚取高额利润。这种通过创新创造财富的过程实际上增加了国家整体经济蛋糕的大小，也是美国社会迫切需要的增加财富的方式。

掠夺只是财富再分配的过程，通常意味着从金字塔的底部抽走部分财富，然后再将其转移到金字塔的顶部。事实上，这个转移过程往往会破坏这部分的财富，如某些金融家搞出的掠夺性贷款、信用卡滥用、市场操纵和内幕交易等违规操作。本书将在后文向读者阐述这些金融精英所用到的其他剥削人民的方式。

市场势力与国民蛋糕的分配

自由市场经济学家喜欢说国民收入蛋糕的分配是非人力能左右的市场力量的结果，说这就像决定人类体重的物理规律。他们的逻辑是：如果体重秤显示一个人超重了，那一定不是重力出了问题，肯定是这个人的饮食习惯不好导致的，人们不能由此就把万有引力推翻了。然而经济定律与物理定律是不同的，因为市场本身是由公共政策所搭建的。现在的大多数市场根本称不上竞争市场，特别是当公共政策已经决定了哪些人能拥有多少市场势力的时候。

自由市场的倡导者也喜欢引用斯密的著作及其论点，即个人和企业在追求自身利益的过程中，被一只"看不见的手"所引导，推动着社会公共利益的产生和增长。但他们却忘记了斯密的告诫："从事同一行业的人们很少聚在一起，即使是为了取乐和消遣，但当他们聚在一起时，会谈的结果通常是一场针对公众的阴谋，或是某种提高价格的合谋。"[11]美国国会正是意识到了这一始终存在的忧患，因此在大约125年前通过了反垄断法，明令禁止企业沆瀣一气，以此抑制反竞争行为的出现。[12]

国民收入的大蛋糕可以被划分为国民劳动收入、资本收益和其他收益，而经济学家所称的租金在其他收益中占据了大部分席位。地租是租金中最典型的例子，但实际上自然资源带来的收益、垄断利润及知识产权（专利和版权）所带来的收益也被视为租金。可以这么说，工作所得的收入和租金之间最明显的区别就是工作能够让收入这块蛋糕变大。在一个完美的市场体系中，人们奋力工作所得的报酬正好等于他们为国家所做的贡献。相比之下，土地或其他资产的所有者仅仅只是因为拥有土地（或其他资产）就能获得租金。土地的供应量是固定的，土地的所有者并没有做任何能让蛋糕变大的工作，但依旧能赚一大笔钱，拿走那些本该流向其他人的资金。垄断也是同样的道理，当垄断的程度增加时，垄断者可以拿走更多的垄断利润（或垄断租金）。然而在这种情况下，国民收入的蛋糕可能会同时缩小，因为垄断者将会限制企业生产商品，使垄断企业生产的产品更加稀缺，从而增强其市场势力。

因此，往好处说，租金对增长和效率的提升毫无帮助；往坏处说，它甚至会给国民经济带来负面影响，因为租金扭曲了经济体制，"排挤"了能真正创造财富的"优良"经济活动。这种通过获取更多租金来追求高收入的经济行为被称为寻租。如果一个国家的人才都追求寻租行为带来的高收益，无论是利用垄断权力谋取暴利，还是在金融领域实施欺诈，或引诱他人从事赌博等不法活动，那么那些愿意参与基础研究，能提供个人真正想要和需要的商品、服务，切实地为国家创造财富的人才将会越来越少。除此之外，如果那些为退休或留给子孙后代的遗产而储蓄的人们都对土地等能产生租金的资产进行投资，那么社会对新的、真正能产生生产力的资产（如提高"工人"生产率的企业和设备）的需求就会降低。

因此，租金的上涨应该引起全体社会成员的关注，特别是当租金的增长引发了负面经济现象的时候，如垄断权力的增强，或者企业增加对普通消费者的剥削，而这些乱象恰好就是美国经济当前的写照。

劳动力和资本所占份额的减少及租金所占份额的增加

社会不平等现象加剧的一个明显特征是工人收入在国民整体收入中所占比例的下降（这一点在上一章已经描述过）。但事实上，劳动力的比重也同样在下降。

资本是国民收入来源的一部分，属于那些以机器、建筑或知识产权（有时也被称为无形资本）等形式储蓄和积累财富的人。虽然无法通过数据直接得到资本总量的数额，但可以通过推算得出具有信服力的结果。例如，我们可以从国民收入数据中找寻资本存量的增长额度。一个国家每年的投资可能增加，但每年也都会有一些陈旧的资本被消耗殆尽。因此，人们可以估算出每年资本的净增加量，并由此推算出任意时刻国民经济的资本总量。

为了得出总的资本回报，我们需要用资本的价值乘以资本回报率。但不幸的是，我们同样也无法找到资本回报率的直接数据来源。我们能观测到的一系列有关数据实际上是资本的实际回报（即由储蓄和投资带来的回报）和市场势力的回报混淆在一起的结果。为了得出准确的结果，我们需要把这两者分离开来。从逻辑上来讲其实很简单，因为无风险资产的回报率（政府必须为政府债券支付的利率）是很容易确定的，问题的关键在于确定补偿风险所需的额外金额，即风险溢价。由于中国等新兴国家，全球储蓄供应增加，资本的无风险收益率下降。特别是在 2008 年金融危机后，全球的实际利率（剔除通货膨胀率后的真实利率）降至零，甚至成为负数。同样，由于风险管理能力提高，资本总体的风险溢价也降低了。[13] 把无风险收益率和风险溢价加在一起，我们就得到了资本总体回报率。由于无风险收益率和风险溢价均低于以往的水平，所以得到的资本总体回报率也比往年更低。现在我们只需要将先前估计的资本价值乘上刚刚得出的资本总体回报率，就能得到资本的总回报。

由此我们可以估算出，今天的收入－资本比率和过去相比已经大大降低。已经有数项研究证实了上述结论，这些研究有的密切关注企业部门，有的则关注制造业，还有一些专注于研究整体经济体系。[14]

如果国民收入蛋糕中劳动和资本的份额都下降了，就意味着租金的份额肯定（而且明显地）上升了。在美国，尽管土地和知识产权的租金有所上涨，但影响租金上涨的主要因素是超额利润，而这部分利润在完全竞争市场中是无法实现的。[15]

如果从另一个角度看这个问题，我们也可以得到完全相同的结果。国民财富是一个国家的资本存量（前文已经描述过，包括厂房、设备、商业和住宅房地产）、土地、知识产权等资产的总价值。研究指出，在大多数发达国家，国民财富的增长都远远超过资本的增长。事实上，在包括美国在内的一些国家，尽管资本－收入比率在下降，但财富－收入比率却在上升。[16] 财富和资本存量实际价值的主要差额在于能产生租金的资产的价值，这些资产的价值与以往相比已经大幅增加，甚至在经由国内生产总值调整后仍然如此。[17]

这些由租金带来的财富究竟源于何处？研究发现，由行使市场势力所带来的超额利润的增长是催生租金财富诞生的主要因素，而利润资本化价值的增长很大一部分来自高科技企业。来自斯坦福大学的莫迪凯·库尔茨教授的最新研究表明，上市企业约 80% 的股权价值来自租金，几乎占总增加值的四分之一，而这些企业大部分集中在 IT 行业。现在的美国经济结构与 30 年前相比已经发生了翻天覆地的变化。[18]

如何解释市场势力和利润的增长

我们并不需要对超额利润的增长表示惊讶。超额利润增长的原因有两方面，就如同硬币有正反两面一般。首先，伴随着工会的衰弱和全球化的推进（这一点将在下一章进行说明），"工人"的权力已被削弱。[19]其次，纵观各行各业，相互竞争的企业的数量正在减少，市场的销售份额越来越集中在排名前 2 名或 3 名内的大型企业。市场集中度一直在提高。[20]1997 ～ 2012 年，[21]有 75% 行业的市场集中度上升了。随着市场集中度的增加，市场势力随之增强。[22]企业利用市场势力来提高商品相对于成本的价格，也就是所谓的"加价"，[23]并通过这个过程攫取高额利润。其结果是大型企业从国民收入蛋糕中分走了越来越多的份额，企业的利润率也再创新高，从平均 10% 升至近年来的16%。[24]据估计，2016 年标准普尔 500 指数覆盖的企业中的 28 家贡献了全体企业利润的 50%，这反映了比过去更加集中的市场势力。[25]

进一步论证市场集中度和市场势力的增强

种种迹象表明，竞争在美国经济中所占的比重已经大不如前。举几个显而易见的例子：当美国人试图办理有线电视、互联网或者电话业务时，他们可以选择的供应商已经只剩下有限的几个行业巨头，这其中的3家在社交网站、家居装修、起搏器制造和啤酒市场分别占了89%、87%、89%和75%的市场份额；有4家企业在干猫粮市场、果冻市场甚至美国航空市场分别霸占了97%、85%及76%的收益。[26] 不仅仅只限于这些规模较大的市场，竞争正在消失的证据也同样遍布于在美国经济体系的各个小行业，如狗粮、电池和棺材市场。[27] 在某些情况下，人们难以察觉市场集中现象的存在，如某一家企业门下拥有大量药店，但却各自以不同的名称进行经营。

当一个行业中只存在一家企业时，垄断就出现了。而如果一个行业中存在大量的企业，并且没有一家企业有能力决定商品的价格，这样的市场环境就可以被称作完全竞争。在完全竞争的经济环境下，一旦其中一家企业的定价稍微比市场价格高出一点点，则这家企业的销售额就会骤降为零。然而在现实世界中，竞争模型只能提供一个偏差极大的近似值，因为现实世界中相互竞争的企业数量远远无法满足完全竞争市场的要求。同样，也很少会出现一家企业没有任何竞争对手的情况。因此垄断模型大多只存在于理论当中，现实的经济环境介于完全竞争和垄断之间。但即使行业中只有少数的几个竞争者，企业对商品的定价也具有一定的影响力。如果企业定的价格高于生产成本，销售量虽然也会减少，但并不会减少太多，因此提高价格依旧是有利可图的。[28] 在通常情况下，一个行业的竞争者越少，市场竞争的程度就会越低，而价格相对于生产成本就会越高。[29] 这种使价格高于生产成本的能力是市场势力作用的结果。

社会各界对技术领域的企业大亨运用市场势力的举措颇有不满，但也有人对此提出了异议。虽然谷歌可能主导着在线搜索引擎的市场，但它仍旧需要和 Facebook 争夺广告收入，就像苹果也必须和三星在智能手机市场上展开竞争一样。本书已经指出，在市场环境下，市场势力几乎无法做到完全的垄断，它总是会受到（竞争的）限制。然而，如果仅仅因为市场上还留存着一定程度的竞争，就对市场势力的存在视若无睹才是荒谬的。只要市场势力依旧存在，行业巨头就有开发和挖掘超额利润的空间。[30]

市场势力不仅仅反映在更高的价格和超额利润上，还体现在企业对待消费者的方式上。例如，有许多大企业强迫其客户放弃使用公共法律体系来裁决经济纠纷（在民主社会，这应该是每个人享有的基本权利），而是改用偏向于企业自身利益的秘密仲裁委员会。[31]事实上，当人们开始接受信用卡、开立银行账户、注册互联网账户，或者选择电信供应商时，大多数人都在不知不觉中放弃了属于自己的权利，这些业务实际上都强加了类似的霸王条款。竞争性市场经济的优越性本在于它可以为人们提供选择的机会，但实际上，在上述这些及其他某些行业中，消费者并没有多少选择的空间。[32]

市场势力在经济社会蔓延的广度和深度还体现在其他方面。在完全竞争市场中，企业无法就同一件商品面向不同的消费者收取不同的价格（即价格歧视），因为价格是由（边际）生产成本决定的，而不是由消费者对商品价值的评价而决定的。然而，这种价格歧视在美国的数字经济领域中已经成了一种司空见惯的现象，本书将会在第 6 章中进一步讨论这个问题。

市场势力的进化

毫无疑问，市场势力已经得到进一步增强。问题是为什么会这样？回忆一下我前面提到的巴菲特的观点，他认为确保一个企业持续盈利的最佳手段是建立能保卫企业的护城河，这些护城河为其他竞争者进入市场设置了障碍，防止利润因为企业与其他进入市场的企业进行竞争而受到侵蚀。对创造和拓宽这些护城河的手段进行翻新，可谓是美国社会近年来最能敛财的一项"创新成果"，这其中也包括对市场势力的开发和拓展。

在一个标准的经济模型中，创造更好的商品并不能保证企业利润的持续增长，因为其他竞争者可能会进入市场争夺利润。当市场进行充分竞争之后，企业应该只能获得正常的资本回报，这些回报仅仅只能补偿企业消耗的资金和承担的风险，而不应该存在超额利润。显然，不会有任何企业期待这样的结果。因此，设立进入壁垒（巴菲特称其为护城河）成了企业创新战略的重要组成部分，由此一来，其他竞争者就无法轻易进入市场，与企业争夺利润。

像微软这样的企业在创造新式进入壁垒和驱逐现有竞争对手方面的手段可谓领先于全球，20 世纪后期的经济发展正是建立在这些"反竞争巨头"的"贡献"上。这其中，于 20 世纪 90 年代发生在互联网领域的浏览器大战颇具启发价值。当时，美国网景企业（简称网景）是互联网领域最大胆的创新者之一。微软担心这家新贵企业可能会以某种方式挑战微软在个人计算机操作系统领域上近乎垄断的地位，便试图将网景赶出市场。因此，微软开发了 IE 浏览器这个为人所诟病的"次品"。IE 显然无法单凭其"硬实力"胜过网景的浏览器，但是凭借微软在个人计算机操作系统市场上的压倒性优势，微软把浏览器和操作系统捆绑在一起，免费赠送给客户，几乎把 IE 浏览器硬塞进了美国境内的每一台个人计算机之中。试问，网景要如何同一个完全免费的浏览器产品进行竞争呢？但即使如此，"白送浏览器"的策略依旧无法达到目的，因此微软创造了所谓的"FUD"概念，即"fear（恐惧）""uncertainty（不确定）""doubt（怀疑）"，质疑网景的浏览器存在互操作性问题，警告消费者安装网景的产品将会对计算机的功能造成损害。[33] 通过一系列反竞争措施，微软最终成功把网景赶出了市场。到了 21 世纪初，网景浏览器几乎完全没人使用了。即使微软的反竞争行为遭到了三大洲有关部门的严令禁止，其在互联网领域仍具有权威性，直到新的进入者（如谷歌和火狐）闯入了浏览器市场。

今天，新的科技巨头也开始滥用市场势力为自己牟取利益。欧洲竞争当局一再发现谷歌这样的商业巨头涉嫌触犯反竞争行为。它首先在互联网搜索引擎上优先显示自己的服务项目，然后在手机市场中滥用权力。欧盟对这两起案件分别处以 28 亿美元和 51 亿美元的创纪录罚款。

滥用专利制度是减少竞争的另一条途径。专利本身就是一个临时的进入壁垒，没有人可以生产与专利产品完全相同的商品。当提到行使专利权的时候，大多数美国人可能想到的都是一个弱小的发明者，为了防止某些大企业窃取自己的创意而寻求法律的保护。事实上，现状绝非如此单纯，专利权实际已经成了一种行之有效的进入壁垒。现如今，几乎每一项发明都需要数百项（甚至上千项）专利的支持。当一家企业创造出一种新产品（如一种新型芯片）时，就有可能在无意中侵犯某一项专利。只有足够大的企业才有时间和资源去把这些专利都重新研究一遍。此外，大企业之间经常互相交易、分享彼此的专利权，因为它们知道如果不这么做，就会陷入永无止境的诉讼泥沼。但对于刚刚进入这个行业的其他竞争者来说，真正的问题就来了。这些新的进入者并不是"专利俱乐部"的成员，它们知道无论它们做什么，无论它们的产品有多少创新价值，无论它们有多么小心翼翼，都会面临被起诉的风险。这些新竞争者没有能使其在法庭上获胜的足够财力。许多潜在的创新者甚至连尝试的勇气都没有，因为他们认为即使（他们的企业或产品）没有什么价值，昂贵的诉讼费用也会让他们倾家荡产。[34] 当面对专利诉讼的威胁时，几乎任何一个年轻的发明者都会感到脊背发凉。

只要随便在网上搜索一下"专利侵权"词条，就能发现无数关于高通和苹果、苹果和三星等企业之间的诉讼案件，涉案金额动辄高达数亿美元。在所有的这些诉讼之中，唯一确定的赢家是辩护律师，而唯一确定的输家则是消费者和其他无数小型企业，因为这些群体根本无力参与竞争。这就是 21 世纪美式资本主义的典型写照。

然而，极具"创新"精神的企业并不会就此停止它们的反竞争行为。为了扩大市场势力的影响力，它们开创了发明新合同形式的先河。例如，信用卡领域新的合同形式不允许商户直接向信用卡客户收取费用。客户为了使用这些经济划算的信用卡，就需要向信用卡企业支付高昂的商业费用。信用卡企业从而有效地回避了价格竞争，[35] 而缺乏竞争意味着占主导地位的信用卡企业（如 Visa、万事达和美国运通）可以向商户收取等同其服务成本数倍的使用费。[36] 当然，信用卡企业的服务成本最终会转移到对应的商品和服务的价格之中，因此，即使信用卡企业向其客户提供奖金和返现福利，实质上也并不能提高客户的福利水平。那些由于支付现金而无法享受信用卡返现福利的人们最终会"补贴"那些使用信用卡（如美国运通）的高收入者。[37] 虽然信用卡的商业费用只占交易成本的 1%～3%，但如果将这个比例乘以价值数万亿美元的交易额，就是数以百亿美元计的财富，而这些巨额财富将直接从消费者的口袋流进金融机构的金库。[38]

每个行业都在如何维持市场势力上展现出了惊人的创造性，美国的制药企业在这方面"成绩斐然"。由于仿制药品企业的产品价格更低，将会影响体量较大的制药企业销售同类产品，因此美国的大型制药企业想方设法地阻止仿制药品企业进入市场。在过去，制药企业只是通过贿赂仿制药品企业的上层来达到目的，但后来它们发现这样做违反了反垄断法。[39] 于是它们找到了一种能有效延长其专利寿命的新方式，即药品专利的"常青化"。[40]

此外，科技巨头采取了另一种富有"创造性"的手段以维持市场势力的稳固，即"抢先兼并"。它们会抢先收购那些具有潜在竞争力的小企业，避免这些企业未来对自己造成威胁，也避免政府怀疑它们以减少竞争为目的进行恶意合并，从而对其发起审查。于是，这些年轻的企业欣然接受大企业的收购，因为金钱的诱惑战胜了创业的梦想，他们可不想冒着巨大的风险和谷歌或者 Facebook 开战。[41]

市场势力扩张的其他原因

在创造和维持市场势力方面，美国企业的创造力自然功不可没，然而，造成市场势力扩张的还有很多其他原因。在一定程度上，市场势力增强正是美国经济发展的结果。例如，消费者更倾向于选择本地声誉较高的细分市场，而正是这种声誉促使企业的市场势力在当地得到扩张。一个地区可能只有一个福特经销商，或只有一个约翰迪尔拖拉机的维修代理商。在某种程度上，一旦客户把他们的汽车或拖拉机交给当地经销商维修，这在无意之中就会增强企业的市场势力。像约翰迪尔这样的企业虽然会因为市场竞争而降低其利润和产品价格，但依旧可以通过这种"迂回"的方式增强自己的市场影响力，从而赚得盆满钵满。

同样，自然垄断行业也扮演了越来越重要的角色。当单个企业控制某个市场比多个企业同时生产更能节省成本时，自然垄断就产生了（例如，在平均成本会随着生产规模的扩大而降低的情况下，很容易形成自然垄断）。[42] 在世界上的任何一个地方，让单独一家企业管理整个地区的水电供应都是最经济划算的。在100多年以前，如钢铁和汽车等许多行业都是由单独几家大型企业主导的。竞争在这几个行业非常有限，因为新进入市场的企业很难达到使成本下降的生产规模。然而，经济全球化扩大了市场的规模。尽管现在想成为一家年产量几十万辆以上的优秀汽车制造商仍然十分困难，但是由于全球市场非常庞大，有许多企业依然可以达到必要的生产规模。[43]

今天，"新经济"体系本身限制了市场竞争。在许多新型创新经济体系下，企业的基本成本集中于前期研发，服务新客户的成本几乎可以忽略不计。[44]

游戏规则的改变

市场势力的扩张在很大程度上源于市场游戏规则的改变。在这些重要的规则之中，有一些法规是为了确保让市场保持竞争力而制定的，如前文提到的反垄断法。新制定的反垄断法标准较低，使市场势力的产生、滥用和"杠杆化"变得更加容易。[45] 与此同时，美国的反垄断法也跟不上经济的发展。

现有规则的落实不力也是造成市场势力扩张的原因之一。[46] 反垄断案件的数量在小布什政府时期创下历史新低，而事实上奥巴马政府的表现也好不到哪里去。2015 年，企业之间的兼并和收购达到了 4.7 万亿美元的历史最高水平。综上所述，尽管不是所有的政策因素都损害了市场竞争，但政府也难脱其咎。不充分的竞争政策允许那些拥有一定影响力的大企业，如谷歌、Facebook 和亚马逊，利用市场势力增强自身的实力，扩大市场势力的影响范围，并使企业在市场中的统治地位更加稳固和持久。

经济增长与市场势力

市场势力会引导社会趋于不平等的机制很容易理解，它也同样会导致经济增长缓慢且效益低下。当然，垄断势力本身是市场体系的一种扭曲，它必然会导致经济效率下滑。[47] 最近，来自伦敦政治经济学院的大卫·巴卡伊及哈佛大学的伊曼纽尔·法尔希提供的一项估计结果显示，一旦去除了由于缺乏竞争引发的价格增长效应，美国的经济生产率将会提高约 40%。[48] 这表明美国的经济已经为此付出了惨重的代价。

设立进入壁垒与市场势力的形成息息相关。相比之下，动态竞争经济的特征是企业的进入（和退出）十分灵活，市场中新企业的比例通常很高。

美国经济中年轻企业的比例要远低于很多国家，落后于一些"老欧洲"国家，如西班牙、瑞典和德国等，也低于一些以巴西为代表的新兴国家，同样也低于过去的美国。这种现状与人们对美国经济的看法是相吻合的。在这样的经济体系下，市场竞争逐渐衰弱，成功的企业筑起了巨大的进入壁垒，仿佛挖了一条宽阔而幽深的护城河，将自己严丝合缝地包围起来。[49]

市场势力的显著增长损害了经济生产力，也同样对消费者需求产生了重大影响。随着财富从经济金字塔的底层流向顶层，社会总消费将会减少。其原因很简单，因为处于社会顶层的富人只会消费他们收入中的一小部分，而底层阶级的穷人几乎要花掉他们所有的收入才能勉强度日。

此外，私人投资的规模正在减少，这是因为随着垄断力量的增强，生产额外产出的额外回报也降低了。由于垄断的存在，随着产出的增加产品的价格会降低，而在竞争市场中，产品的价格基本上不受任何企业的生产水平所影响，因此垄断利润的增长可能远远低于竞争市场利润的增长。这有助于解释近年来的一个反常现象：虽然利率一直居高不下，但投资率（占 GDP 的比例）却在下降，20 世纪六七十年代，投资平均占比为 17.2%。2008 ～ 2017 年，投资平均占比已降至 15.7%。私人投资的减少预示未来美国经济增长的前景令人忧虑。[50]

人们已经注意到了这种负面影响的严重性：企业本应该为了能生产出更优质的产品而自我创新，但实际上，它们将"创新"耗费在了如何维持市场势力的稳固，以及如何更好地剥削消费者上。美国的金融企业在后者上表现尤其出色，而它们也并非在"孤军奋战"。诺贝尔奖得主乔治·阿克洛夫和罗伯特·席勒在 2015 年出版的《钓愚：操纵与欺骗的经济学》（*Phishing for Phools: The Economics of Manipulation and Deception*）一书就有力地证明了这一点。[51] 例如，美国的烟草、制药和食品企业从生产容易使人上瘾的产品中获利（这一点我们已经在前文中描述过），但实际上消费者根本就不需要这些产品，它们会危害人们的健康。

我们曾经认为高利润是美国经济成功运转的标志，以及为高利润意味着更好的产品和更高品质的服务。但现在人们意识到通过更有效地对消费者加以剥削，更好地实施价格歧视来索取"消费者剩余"（即在竞争市场中，个人愿意为一种产品支付的价格与其必须支付的价格之间的差额），企业也可以创造出更高的利润。在这种剥削的影响下，消费者的收入被重新分配，财富流向了新的超级富豪以及他们所拥有和控制的企业。

"工人"的市场势力被削弱

企业对市场势力的利用只是垄断问题的其中一个方面，美国社会还面临着另一个日益严重的麻烦：企业利用其市场势力控制购买其商品和服务的人，尤其是"工人"。[52] 所谓的买方垄断指的是市场上只有一个买家或一个雇主的情况。实际上，就像市场上很少会出现只有一个卖家（垄断企业）的情况一样，只有一个买方的情况也很少出现。上文所提到的垄断势力，指的是某些企业有相当大的市场势力，足以使它们能够将价格提升到远高于竞争市场时的水平，从而获取超额利润。本书曾经指出，美国经济体制的变化（最起码是美国经济体制在某些重要方面的变化）导致了市场势力的扩张。同样，在这里我们所关心的是"工人"的议价能力和工资下降所造成的"工人"市场势力的衰弱。

在标准的竞争模型里，劳动力市场是"原子化"的，分散的"工人"个体的工资由劳动力需求和供给所决定，市场势力是不存在的。某个"工人"辞职对企业没有任何影响，企业可以直接进入劳动力市场再雇用一个工资水平完全相同的"工人"；更重要的是，"工人"也不在乎自己被解雇，他可以再找一份和之前的工作薪酬相当的新工作。

但这种假设并不符合我们所生活的现实世界的情况。事实上，企业可以很容易地在劳动力市场上找到一个新"工人"，也许不如之前的那个，但也不会差太多。然而，被解雇的"工人"通常无法迅速而容易地找到另一份差不多的工作，尤其是在失业率居高不下的时候。即使他们找到了一份工作，也可能必须要搬到另一个城市生活。失业对"工人"和其家庭造成的打击是毁灭性的，他们无法承受长期失业带来的巨大生活压力，每个家庭每月都有房贷、车贷和大笔的其他贷款要还。简而言之，市场势力存在压倒性的不对称，而这种不对称对企业更有利。[53]

大型企业在产品市场（商品和服务市场）上利用市场势力抬高商品价格，使价格远远超过生产成本。而在劳动力市场上，企业也能运用市场势力将工资压低到正常水平之下。

虽然这样做是违法的，但美国的许多主要企业已经（通常是秘密地）联合起来以确保工资维持在低水平。诉讼是曝光这些罪行的唯一途径。在史蒂夫·乔布斯的领导下，苹果与谷歌、英特尔和 Adobe 达成协议，不会"挖走"彼此的任何一名员工——也就是说，他们就在劳动力市场中不进行竞争达成了一致。受到影响的"工人"起诉了这起反竞争的阴谋，诉讼最终以 4.15 亿美元达成和解。同样的情况也发生在迪士尼及许多电影企业身上，这些企业被指控参与非法"反挖角"协议,最后它们也支付了大量和解金。现在,甚至连快餐特许经营协议也有"反挖角"条款。企业彼此心知肚明,在劳动力市场上进行竞争将会提高工资水平。许多雇用合同对接受竞争企业"挖角"的受雇者做出了种种限制,而这也干扰了劳动力市场的正常竞争,降低了"工人"的薪资水平。[54]

斯密深知企业串通在一起抬高价格的危险,他同样也担心企业联合起来降低工资水平。[55]

> 雇主之间的合作总是如此,他们行动默契,以一种恒定的、统一的、联合的方式存在于社会的方方面面,防止"工人"的工资被提高到实际工资水平以上……雇主有时也会进行特别的合作,最终甚至能让"工人"的劳动工资低于实际水平。这些勾当都是在极度缄默和保密中完成的。

斯密似乎完全预料到了 21 世纪商界领袖的行动模式,无论他们是在硅谷的商业大厦之中,还是在好莱坞的大荧幕之后。

进一步佐证雇主市场势力的存在

雇主市场势力存在的证据实际上随处可见,如他们强迫员工轮班工作(早上 4 小时,中间休息 3 小时,晚上再工作 4 小时),或者在受雇者想从事全职工作时,只让他们做兼职,这样就可以不用为这些员工支付健康福利了。他们会将员工的日程安排调到下周,却只在上周结束时通知他们(这被称为"随叫随到"调度)。雇主还能让员工无偿加班。这些都体现了市场势力的存在。[56]这些强加给员工的政策严重破坏了他们的家庭生活,而员工对此无能为力。

各种制度（如削弱工会）[58]、规则、规范和惯例的改变降低了员工的议价能力。例如，当工会试图为员工谈判以争取更好的权益时，企业里的所有员工都会受益，包括那些不属于工会的员工。但是，有一些不在工会中的员工喜欢趁机"搭便车"，享受工会提供的福利但拒绝为之付出。这就是为什么工会经常与这些员工交涉，让他们在限期内加入工会，并要求所有员工都要为支持工会做出贡献。在这种情况下，所有员工就都可以参与和如下事项有关的投票，如工会谈判的立场、对于员工来说什么才是最重要的等。

雇主自然希望可以尽可能便宜地雇到员工，因此他们不喜欢工会。他们想要自由地决定能否解雇员工，确保工作场所保持一种驯服的氛围，将经济波动的成本强加给他们的员工。企业明白任何一个员工在与企业和管理层打交道时都没有讨价还价的能力，但员工一旦联合起来，就可能拥有集体议价的能力。[59]因此，雇主自然会想尽办法削弱工会，其中一个比较简便的手段就是让工会难以收到会费：鼓励员工对工会服务"搭便车"，让员工在享受工会带来的好处的同时（如要求更高的工资）不为工会提供任何支持。一旦失去物力支持，工会在满足员工需求方面的效率自然就会降低。因此，在美国的许多州，企业会求助政府，要求在所谓的"工作权利法"中废除强制要求员工加入工会的条款。"工作权利法"更适合被命名为"'搭便车'权利法"。[60]

工会谈判能力被削弱不仅导致员工的薪资水平降低，[61]也解除了工会对企业内部滥用管理权的限制。例如，管理人员支付给自己过高的工资，这种做法不仅损害了员工的利益，也牺牲了投资者的权益，置企业的未来于不顾。约翰·K.加尔布雷思所描述的在21世纪中叶相互制衡的经济体系已经变成了一种以大型企业和金融机构为主导的经济体系，甚至是一种建立在企业 CEO 和高管权力基础上的经济体系。[62]

抑制市场势力的扩张：21 世纪反垄断法的更迭

19 世纪后期，美国面临着与今天类似的情况，市场势力不断增强，而不平等程度则日益加剧。作为回应，国会颁布了一系列法律限制市场势力的扩张，并打击企业和机构对市场势力的滥用行为。1890年，美国通过了《谢尔曼法》(Sherman Antitrust Act)。在接下来的 25年里，又颁布了其他的立法试图确保市场的竞争性。重要的是，这些法律基于这样一种信念：即经济权力的集中将不可避免地导致政治权力的集中。反垄断政策并非建立在精细的经济分析基础上，它实际上是对社会和民主要求的响应。[63]

有那么一段时间，反垄断法确实在美国发挥了作用。大型垄断企业遭受了冲击，以垄断市场为目的的兼并行为受到了限制。但在随后的几十年里，反垄断事业被交到了一群律师和保守派经济学家手中，他们缩小了反垄断权力的行使范围。这些人不关心市场势力对美国经济以及民主社会带来的严重负面影响，他们只想放任企业和商业利益自由发展。

一些学院派经济学家试图为这种纯粹的夺权行为提供理论支持。在芝加哥大学，米尔顿·弗里德曼召集了一群经济学家，他们认为人们不必担心垄断，因为经济本来就具有竞争属性。[64] 在一个创新经济体制下，垄断权力只会暂时存在，人们会为了能成为垄断者而进行创新，这也能为消费者带来了福利。[65] 这些经济学家的中心理念是"政府是反面角色，而私人部门是正面角色"。政府试图干预市场的任何正当手段（甚至是限制垄断行为）都没有必要，甚至可能会适得其反。于是，反垄断法的执法者反而更担心会导致竞争性下降和经济下行的干预行为的风险（即暂时存在的垄断实际上反映了有效市场的复杂性），而不是允许这种非竞争性行为存在的风险。[66]

芝加哥学派对美国的政治体系和法律体系产生了难以估量的影响。它削弱了反垄断权，因为美国的法院简单地假设市场是充满竞争且有效的，任何看似反竞争的行为实际上只不过是对市场复杂性的有效反应。任何声称某企业从事反竞争行为的个人都要承担巨大的举证责任。一位美国联邦贸易委员会（Federal Trade Commission，一个旨在确保市场维持竞争属性的政府机构）的前员工曾这样说："我们必须投入所有精力来证明水是'湿的'，因此我们没有任何余力来解决竞争中真正存在的问题。"

以一种常见的反竞争行为——掠夺性定价为例。一家大型的主导型企业会采取压低商品价格等行为来驱逐竞争对手。在短期内这家企业会亏损，但在长期内它的损失却能得到弥补。例如，当一家新航空企业进入市场时，美国航空企业将增加产能，降低某些航线的价格，以期在这些航线上继续占据主导地位。通常过不了多久，这个新竞争者就会夹着尾巴灰溜溜地离开，而一旦竞争者消失，企业就将减少产能，航线的价格就会涨回先前水平。这种应对方式非常聪明，而我们通常将这种行为称为"掠夺"。

在芝加哥学派理论中，任何试图将价格提高到成本之上的企图都会立即受到新进入者的猛烈冲击（他们是如此声称的）。因此，大型企业永远不会为掠夺性定价行为买单，因为在它们的逻辑里，企业永远无法通过将价格定在一个更高的竞争水平来弥补它最初降价造成的损失。法院接受了芝加哥学派的理论，对那些声称某企业从事掠夺性定价行为的人加重了举证的负担，这种负担对个人来说实在难以承受。因此，针对大型企业的掠夺性定价行为的诉讼几乎是不可能成功的。[67]

　　美国现在需要做的是改变基于"市场原则上具备竞争性"这种假设前提的推定，同时减轻举证负担。这些以抑制市场竞争为目的的反竞争行为应该被认定是非法的，除非有一系列证据可以表明反竞争的正当性，如：①具备显著的效益，而且这些效益中的相当大一部分是由该企业以外的主体获得的；②这些效益只能以垄断的方式获得。[68]我们将在之后的部分讨论市场的假设推定需要做出的其他改变。

　　政府还必须更积极地采取更多的手段，而不仅仅只是限制合并以及禁止企业的某些反竞争行为。距离美国政府拆解标准石油等占主导地位的企业已经过去了很长一段时间，或许是时候该考虑一下是否应该让 Facebook 放弃 Instagram 和 WhatsApp 了。会引起重大利益冲突的企业并购应该被禁止（如一家互联网供应商试图收购一家娱乐企业），如果这种并购已经被允许，就应该再次进行资产剥离。同样，政府应该禁止具有市场势力的企业从事与其现有客户有利益冲突的商业活动。[69]这些新政策有时也被称为结构性改革。

　　正如我们上面所提到的，市场势力的影响一旦确立就会长期存在，因此在竞争市场恢复之前，政府可能需要对市场加以监管，以确保市场势力不被滥用。例如，《多德－弗兰克法案》的修正案授权美联储对客户的借记卡费用加以监管，但并未要求其对信用卡所收取的更高昂的费用进行监管。[70]

令市场势力无处遁形

综上所述，政府需要重新做出承诺，无论市场势力存在于何处，无论它是如何产生的，政府都必须限制市场势力的过度蔓延，努力恢复市场的竞争性。一家企业如果滥用市场势力，不管这种权力从何而来，其行为都应该是违反反垄断法的。反竞争行为（无论起源于买方垄断还是市场势力）应该被坚决取缔。

在美国，如果一家企业在不从事反竞争行为的情况下通过合法途径获得了市场主导地位，这家企业在使用市场势力的方面就仍有很高的自由度，它不仅可以抬高价格，还能强迫其他人接受反竞争合约。相比之下，在欧洲，像这样的企业会被指责滥用市场势力。

威朗制药（Valeant）是唯一一家获得美国 FDA 批准认证生产非专利药物盐酸曲恩汀（一种针对肝豆状核变性开发的救命药物，这种病又被称作威尔逊病，十分罕见）的大型制药企业。2015 年，威朗制药利用其市场势力人为抬高了盐酸曲恩汀的价格。这种药物在其他国家的售价为 1 美元 / 盒，因此 1 年的供应成本仅为 30 万美元。[71] 而操纵药物价格只是这家制药企业滥用权力的其中一个小例子。[72]

随着标准化反垄断理论的发展，学者发现芝加哥学派通常以一种短期的视角研究消费者的行为。而且，正如我们曾经指出的一样，芝加哥学派理论坚定地假设市场是自然竞争的。因此，即使掠夺性行为的本质是企业通过压低价格将竞争对手排除出市场从而建立自己的主导地位，然后再提高商品价格，但是当法官看待这种行为时，他们通常着眼于消费者在短期内支付的较低的价格（即短期利益），而很少考虑掠夺性定价带来的长期损害。

当涉及买方垄断时，这种集中于消费者短期利益的视角也会遇到问题。沃尔玛的巨大规模使其拥有巨大的影响力，以至于它可以压低支付给供应商的价格。而且在美国那些失业率较高、雇主较少的地方，沃尔玛有能力将员工的工资和工作条件设定在应有的平均水平以下。即使沃尔玛和它的客户分享了其从市场（垄断）势力中所获得的利益，但这对美国经济来说毫无疑问是不利的。因此，仅从对消费者的影响来看待市场势力的合理性是错误的。沃尔玛对利润的强烈追逐已经扭曲了经济体制，而它最终所获得的（包括它与客户分享的部分）要少于整个社会所失去的。

企业兼并

美国的经济发展给标准化反垄断实践带来了新的挑战。传统上，反垄断法的重点应该放在那些通过恶意兼并和收购来创造市场势力的企业上。但在许多行业中，即使市场集中度已经达到十分危险的水平（航空企业和电信企业就是很好的例证），恶意兼并却仍被允许发生，这表明政府需要在这方面加强限制。

当然，许多企业主张它们的兼并行为形成了规模经济和范围经济，由于规模较大的企业生产效率更高（它们如此宣称），扩大规模会使经济社会整体受益。事实上，无论是以横向（相互竞争的企业之间的合并）还是纵向（企业与其服务的供应商或客户进行合并）的方式进行兼并，许多企业兼并的真正目的都是扩张市场势力。[73] 政府应该要求企业提出更多有说服力的证据，说明兼并确实能够提高效率。如果兼并后商品价格上涨，就说明兼并的动力其实来自对扩张市场势力的渴求，需要警惕。

我们也需要更加谨慎地看待企业兼并产生的利益冲突。例如，当一家互联网企业与一家在线娱乐企业兼并后，即使这家互联网企业承诺其处于"中立"立场，人们依然会认为这家被兼并的在线娱乐企业在与其他在线娱乐企业进行竞争时将获得额外优势，因为它可以利用自己在互联网上的市场势力。如果政府能禁止这种会引发内在利益冲突的兼并行为，人们将拥有一个更加具有活力和竞争力的经济环境，所谓的静态效应带来的社会效益与长期的反竞争效应所造成的后果相比是微不足道的。[74]

此外，政府对企业兼并行为的监管必须要考虑到市场未来可能发展的形态。今天，只有当市场竞争程度出现显著下降的时候，兼并才会被叫停。而在一个动态的行业环境中，兼并行为本身也在发展演变，因此我们真正应该注意的是兼并行为给市场环境带来的影响。科技龙头企业非常了解市场规则，它们将这个系统"玩弄于股掌之间"。我们之前曾提到，大型企业会抢先发起兼并行为，在它们的潜在竞争对手体量还很小时进行收购，以此通过反垄断审查，并将未来的威胁扼杀在襁褓之中。例如，Facebook 在 2012 年以 10 亿美元的价格收购了 Instagram，又在 2015 年以 190 亿美元（每个平台用户超过 40 美元）的价格收购了 WhatsApp。可是 Facebook 本身就拥有建造类似平台的技术，即使缺乏这种经验，它也可以聘请有经验的工程师帮助它搭建社交系统。因此，Facebook 愿意出这么多钱进行企业并购的真正原因只有一个——阻止竞争的产生。

政府必须制止类似这样的抢先并购行为，但仅仅如此也并不足以解决所有问题。我们应该禁止任何在可预见的未来以看似合理的手段试图削弱市场竞争程度的并购行为。[75]

新技术与新挑战

即使反垄断法在 20 世纪下半叶的发展过程中没有出现任何问题，但很明显的是，它未能跟上美国不断发展的经济、技术、合同形式以及市场势力前进的步伐。

我们现在对垄断企业使用合同条款等其他一系列措施破坏竞争的操作方法有了更深入的认识。例如，占主导地位的大型企业宣称，它们的竞争对手向合作商提出的价格它们也同样可以满足。这无疑将会给刚刚进入市场的新竞争者带来巨大的打击，因为这些新企业知道它们不可能在"价格战"中胜过大型企业。在上文中，我们曾讨论过企业利用劳务合同中的条款破坏劳动市场的竞争体系。[76] 仲裁条款使员工和客户在被企业剥削后无法获得足够的补偿。商家与信用卡企业之间的商业合同，以及航空企业与计算机预订系统之间的商业合同都破坏了正常的市场竞争秩序，最终导致这些行业的利润水平过高。类似这样的合同都应该被视为反竞争行为，并坚决予以取缔。

这些科技巨头知道如何在不同领域发挥自己的影响力。[77] 亚马逊以数以千计的工作岗位做饵，宣布要在其他城市建立第二个总部，让全国各地的城市"竞相投标"（如通过降低税收的方式吸引亚马逊"落户"，后果当然由其他人承受）。体量较小的企业对此无能为力，因此与当地零售商相比，亚马逊拥有巨大的优势。美国政府需要制定法律框架阻止这种不公平竞争出现。[78]

知识产权与竞争

只有一个领域的垄断是被政府认可的，即当一项专利权被授予时，专利的创造者将获得暂时的垄断权。随着美国的经济结构向知识经济体制转变，知识产权（IPR）将会发挥越来越重要的作用。

垄断的存在意味着知识成果并未得到有效利用，而且商品的价格也高于正常水平。合理的知识产权制度维持了垄断所造成的高昂成本与创新激励所产生的动态收益之间的平衡。但近年来，这种平衡被打破了，因为企业的游说团成功改变了知识产权制度，将其化为增强企业市场势力的工具。以至于到了现在，我们甚至难以判断美国的知识产权制度究竟是在鼓励还是在扼杀创新。[79] 这其中一个典型的例子就是版权寿命的延长。没有证据能证明将版权的有效期延长至作者死亡后 70 年能带来任何正面的创新效应。1998 年通过的《版权期限延长法案》（Copyright Term Extension Act）又被称为 "米老鼠条款"，因为它得到了迪士尼的大力支持。迪士尼依靠这项条款控制了米老鼠的版权。但除此之外，这一条款没有为社会带来任何效益，反而限制了知识的自由流动。[80]

事实上，有证据证明美国现行的知识产权制度不仅导致商品的价格居高不下，甚至也抑制了创新本身。当最高法院裁定个人不能为自然界产生的基因申请专利时，戏剧性的一幕发生了：一项针对乳腺癌的关键基因检测技术（这项检测在此之前曾经申请了专利保护）很快变得更加便宜，检测效果也越来越好。[81]

历史上，反垄断当局对专利权创造、扩大市场势力及延长其作用时限的能力非常敏感。1956 年，反垄断机构迫使 AT&T 将旗下的专利分享给其他企业使用。后来为了限制微软的垄断势力，当局曾提出限制其专利使用期限的提议。[82] 这些限制知识产权的方法具有正面意义，它们不仅可以促进市场进行公平竞争，也可以激励创新行为。

扩大反垄断的打击范围：超越产品市场的市场势力——思想市场

在考虑市场集中度时，媒体是一个值得人们特别关注的行业。[83]传统上，人们会通过衡量狭义上的"广告市场"中的媒体机构的市场势力来衡量媒体集中度造成的影响。由于相关的"广告市场"存在竞争，美国的经济体制允许媒体机构为了减少竞争而选择兼并（如电视台和报刊企业之间的兼并），而媒体的兼并显著地减少了人们获取不同观点和信息的机会。这种倾向毫无疑问是错误的，因为在思想的市场上，没有什么比竞争更加重要。一个健全的民主制度需要民主国家的人们能随时随地获取他们想要的信息。[84]如果媒体被少数垄断企业和富人阶层所控制，那么这些企业和富豪将主导整个国家的思潮。

不幸的是，美国的大部分选民都是通过数量稀少的新闻渠道（一般是电视和网络平台）来获取政治信息的。如今，一种极端而保守的观点正在美国大多数社区的媒体机构中流行。[85]

媒体之间的竞争确实可以改善这种情况。如果一个城市存在其他报社机构，它就会对市议会和主要报刊机构产生牵制作用，让它们不至于失控。更重要的是，兼并后的媒体机构很容易被富有的资本家控制和利用。因此，媒体机构的兼并行为和对市场势力的滥用行为需要更高的限制标准。[86]

此外，关于思想市场上的市场势力，还有一个格外惹人反感的例子——学术出版业的寡头垄断。在本书的第 1 章，我们曾强调过知识是创造财富的核心动力，而知识的进步也需要思想的传播。然而在美国的"市场经济"体系中，知识在很大程度上被委托给了市场，这种市场以一种高度集中和高利润的寡头垄断形式存在。美国一半以上的论文由 5 家主要的出版社发表，而对社会科学学术界来说，发表在这 5 家出版社的论文比重高达 70%。具有讽刺意味的是，出版商获得这些论文是免费的（在某些情况下，它们甚至能拿到报酬），而学术研究的资金通常由政府提供，出版商让学者无偿地进行大部分文字编辑的工作（如要求学者对文章进行反复核查），然后教育机构和图书馆（大部分是由政府资助的）向出版商支付出版费用。显而易见的是，出版业高昂的价格和丰厚的超额利润意味着真正被用于研究的资金减少了。[87]

结论

市场是一种组织产品生产和服务运作的手段，这种观点直到今天依旧深入人心，它是资本主义得以立足的理论基础。然而，在近两个世纪的研究与探索中，我们终于理解了斯密所主张的"看不见的手"总是不知所踪的原因——因为它根本就不存在。[88] 在通常情况下，企业不仅仅忙于创造更好的商品，还热衷于扩张自己的市场势力。而正如我们现在所看到的那样，美国的企业对此可谓得心应手，它们利用市场势力来剥削消费者和"工人"，甚至损害美国的政治体系，而最终导致的结果就是美国的经济增速放缓，即便这个国家被认为是一个"创新经济体"。更糟的是，这种微小的增长也仅仅只造福了这个国家中的一小部分人。事实上，美国的企业领导者甚至想出了利用股东和企业治理规则缺陷的方法，以便向自己支付过于丰厚的薪酬。[89]

美国的经济在反托拉斯法首次出台以后发生了翻天覆地的变化，

而在芝加哥学派的理论开始盛行后，这种变化的剧烈程度更甚于以往。与此同时，人们对经济学的理解也发生了改变。如今的人们能更敏锐地捕捉到现有法律框架存在的缺陷，然而，正如美国的开拓者在最初立法时的顾虑一样，权力和剥削势力仍然是存在于美国政治和经济领域中的一大隐疾，而现在的情况甚至比当初更加严重。美国的竞争法规已经过度萎缩，并且被有关竞争市场的错误假设支配着。时至今日，美国的竞争法规和反托拉斯法都需要进行改革，需要与 21 世纪的现实基础和对现代经济学的深入理解紧密地结合在一起。

　　然而，对市场势力的遏制不仅是经济层面的问题，不只关乎商品的定价权和工资的决定权，还有其他一系列涉及剥削消费者和工人的强权势力。正如我们所看到的那样，市场势力能转化为政治强权。当一个国家的市场势力和财富高度集中时，这个国家就不可能实现真正的民主，而这正是美国的现状。[90] 当这一切反映在社会现实上时，便呈现出另一种更广为人知的结果：强权的反面是人民的无力感。太多的美国人对他们的医疗保险企业、互联网供应商、航空企业、电信企业以及银行机构感到失望透顶，他们对此心怀怨怼却无能为力。这种负面影响充斥着他们的个人生活及美国政治和社会的方方面面。[91] 人们总是感到自己别无选择。例如，无论是作为某家银行的雇员还是消费者，人们都无法在发生纠纷时为自己争取正当权益，最终只能签字放弃公开起诉的权利，面对残酷的现实——美国的仲裁者都是商业大亨的帮凶。

　　实质上，也有很多简单的方法可以削弱和抑制市场势力。我们在这一章中集中讨论了使商品和服务市场更具竞争力的方式。与此同时，美国的法律体系也需要做出重大改变，以限制垄断企业对“工人"的控制。这其中最重要的是增强"工人"集团的凝聚力，激励他们通过集体行动来为自己争取利益。这对消费者团体来说也是同样的。当企业（像它们之前经常做的那样）剥削消费者时，消费者应当共同行动以寻求更好的解决办法，而不是像法院和国会一样缩小集体诉讼范围。[92] 美国还需要遏制企业领导者以牺牲其他利益相关者（包括股东、员工和企业所在的社区）未来的利益为代价谋取私利的权力。[93] 为了实现这一目标，美国必须提高决策的透明度，并赋予不同的声音更多的话语权。[94]

在所有的改革措施中，美国所应追求的目的并不是把一切都做到尽善尽美，而是要遏制 21 世纪"极端美式资本主义"发展的势头。以卡特和里根为代表的美国总统重新定义了资本主义的规则，导致美国的经济体制陷入更不稳定、更低效、更不平等的泥沼，甚至被无处不在的市场势力所支配。[95] 现在，是时候再次改写美国的经济规则了。可以想象的是，这无疑是一次巨大的挑战，因为经济规则的改写需要得到政治上的支持，然而美国经济的不平等已经转化为政治的不平等。我们将在本书的下半部分讨论这个问题，但我们先要更仔细地审视经济全球化和金融全球化对美国经济的市场势力起到的推动作用，以及技术的发展是如何令原本就不乐观的局面雪上加霜的。

第 4 章

美国在全球化上的内斗

全球化是美国经济危机的争论核心。全球化的批判者将美国中产阶级的困境归咎于此，据特朗普说，美国的贸易代表被其他国家那些聪明的谈判者欺骗了。美国签署了"糟糕"的贸易协定，从而导致了就业岗位的流失。[1]这些批判全球化的言论在美国社会引起了巨大的共鸣，在经历了去工业化的地区尤为显著。

与之相反的是，全球化的支持者主张上面的说法完全是无稽之谈，他们认为美国是全球化的受益者。保护主义政策只会给美国的对外贸易带来极大的风险。他们还认为保护主义不仅会损害美国从全球化中得到的利益，而且对那些因为全球化失业或工资水平下降的受害者也不会有任何实质意义上的帮助。不仅仅是这些人，整个美国甚至全世界都会因为保护主义的盛行而被拖入深渊。全球化的倡导者将去工业化的责任和美国存在的社会问题归咎于其他方面：技术进步才是低技能"工人"失业和工资水平下降的真正原因,对全球化的批评是不公正的。

在过去的 20 多年里,我一直从一个完全不同的角度批评全球化的管理模式。作为世界银行的首席经济学家,我发现全球化的游戏规则完全倾向于美国这样的发达国家,而这是以牺牲发展中国家的利益为代价的。一直以来,我们所签署的贸易协定是不公平的,这些协定明显对美国和欧洲更加有利,而发展中国家被置于不利的地位。那些认为美国的贸易代表在谈判过程中被其他国家欺瞒的观点实在可笑,因为在 20 世纪后期的国际贸易谈判中,美国几乎获得了想要的一切。[2] 美国不顾发展中国家的反对,保护了发达国家的知识产权,而对发展中国家的知识产权置之不理。美国也成功迫使各个国家对美国的金融企业开放市场,甚至强迫各国接受了那些搞垮了美国金融体系的高风险金融衍生品和其他金融产品。

诚然,美国的"工人"一直处境堪忧,低技能"工人"的工资水平更是显著下降。全球化只是导致"工人"处境变差的其中一部分因素,而且这在一定程度上是美国跟其他国家进行贸易谈判的结果。在全球化的洪流中,美国真正需要解决的问题是如何更好地管理全球化,以及想清楚美国希望从全球化中获得什么。美国签署的贸易协定是以牺牲发达国家和发展中国家"工人"的利益为代价,为大型企业作嫁衣。美国没有帮助那些正在被全球化伤害的"工人",没有尽到一个国家应尽的职责。全球化的果实本应该分享给所有人,然而美国的企业实在过于贪婪。赢家从来不希望输家能分一杯羹,他们甚至乐于看到"工人"的工资水平下降,因为这意味着美国的"工人"正与发展中国家的"工人"展开竞争,这增加了企业的利润。

在这场针对全球化的论战中，特朗普看上去和我站在同一立场，但事实并非如此。从根源上来讲，我相信法律的重要性，国际贸易如果想要正常运作，就需要一个真正建立在规则和制度之上的国际贸易管理体系。这就好比一个国家的经济制度如果不完整，社会便无法运转。[3]但是特朗普却希望一切回到丛林法则时代，这意味着如果两个国家出现贸易纠纷，谁的拳头大谁就是赢家。特朗普的逻辑是这样的：既然美国比任何一个国家都要强大，美国就应该赢到最后，然后美国就可以拥有只对自己有利的国际贸易霸权。可惜的是，他漏掉了两个关键点：首先，没有一个国家会希望加入这个由美国主导的贸易体系，甘愿被美国剥削，它们完全可以选择和其他更加友善的贸易伙伴发展经贸关系。其次，其他国家可以选择结成联盟。

一方面，特朗普对全球化的指责是错误的，无论是不公平的贸易规则还是非法移民都并非全球化的过错。另一方面，全球化的拥护者也不应该忽视全球化对国民收入水平的负面影响，一味地将所有责任归咎于技术进步。事实上，将美国推入绝境的罪魁祸首恰恰是美国自己，因为美国没有处理好全球化和科技发展带来的冲击。而如果美国应对得当，所有人都本应在这个过程中受益。美国的确需要一个合理公正的国际贸易环境，但眼下最重要的任务是更好地应对全球化和技术发展带来的对经济和社会的挑战。当然，实际上还有一种替代方案，我将会在本书的后半部分做出阐述。

在这一章中，我会简要评述为什么全球化没有达到预期的效果，以及为什么特朗普只会让事态变得更糟。我提出了一个全球化的备选方案，它同时适用于发达国家和贫困国家，尤其适用于所有疲于奔命的底层工人，但对于那些已经接管了全球化进程的大型跨国企业来说，这个方法就不一定适用了。

全球化带来的痛楚

全球化的发展影响了就业情况和工资水平，对低技能"工人"造成的冲击更是显而易见的。当像美国这样的发达国家进口技术含量较低的劳动密集型产品时，美国本土对低技能劳动力的需求就会下降，这仅仅是因为美国生产的劳动密集型产品减少了。如果要实现充分就业，就必须降低（经通胀调整后的）低技能"工人"的工资水平。[4]如果工资下降得不够多，失业率就会上升。就是这么简单，任何懂得一点供需规律的人都会明白这个简单的道理。在政府不出面的情况下，全球化的确会损害低技能"工人"的收益。

贸易的倡导者强调，贸易增加了国家的GDP总量。在比较优势的作用下（无论是专业化分工还是资源禀赋的影响），所有人都将在不知不觉中获益——这又是一个信仰涓滴经济学的例子。涓滴经济学的信徒认为，一国整体国力的增强意味着每个人的境况都得到了改善，赢家愿意向输家分享自己的收益，所有人都会变得更好——这当然是不可能的。在高度自我中心的"美式资本主义"体系下，赢家不可能让出自己的利益。

此外，全球化的拥护者强调出口可以创造就业，但是他们忽略了进口也将削减就业机会。如果没有很好地维持贸易均衡，进口的劳动密集型产品比出口的更多，那么贸易就将削减劳动密集型产业的就业机会。

如果货币政策降低了利率水平，而较低的利率又增加了投资或消费，美国就可能恢复充分就业状态。但有时货币政策并不奏效，至少在实现充分就业方面效果有限。[5]

即使货币政策和财政政策可以使经济恢复到充分就业水平，全球化也往往会在短期内导致失业率上升，因为进口减少就业的速度远大于出口创造就业的速度，特别是当银行并不会将大量贷款发放给寻求机会（如新的贸易协定）的新兴企业时。[6]

此外，贸易条款和税法有效地鼓励了企业将生产加工部门转移到国外，导致本土居民失业率上升。不仅仅是企业需要缴纳的税金降低了，贸易条款也让美国的企业在国外享有比国内更安全的财产权。[7]这些贸易条款通常会保护企业在境外不受境外规则变化的影响，而这些保护在美国本土是不存在的。如果一项境外的法规在调整后损害了企业的利益，那无论是在现在还是将来，根据标准投资协议的规定，企业都可以提起诉讼，而且诉讼将由一个对企业十分友好的仲裁小组进行审理。[8]

从历史上来看，对于那些仍将企业设在美国本土而没有将其转移到工资水平低得多的发展中国家的美国企业，它们这么做的原因之一在于位于本土"更有安全感"。因为美国政府不会一时兴起突然没收它们的财产，而产权安全一直是美国的优势之一。然而，贸易协定改变了这一点。美国投资者把钱投到墨西哥或其他签署贸易协定的国家能获得更多保护。外国政府不仅无法随意没收美国企业的资产而不给予其任何补偿，也不能对条款动任何手脚。相比之下，美国政府可以在不提供任何补偿的情况下改变监管规定。因此，美国已经将法治和产权安全带来的关键制度优势拱手相让。

到底是什么让一个国家如此轻易地放弃了这么多比较优势？归根结底是因为企业。企业要求签订这些条款，是因为这些规定符合企业的短期利益。这些规定不仅给企业带来了国外的廉价劳动力，也削弱了本地"工人"的议价能力，从而让本地廉价劳动力的工资水平进一步降低。这就是为什么企业倾向于转移到境外，因为这是企业剥削劳动力的最好方式。[9] 如果企业想要削弱"工人"的议价能力，转移到境外就是一个绝佳方案。

全球化以另一种形式损害了美国普通人的利益，即削减了国家的税收。跨国企业成功地确保了它们不会因为跨国操作而被多次纳税，但是没有政策可以保证它们不逃税。全球化给企业开了一个"后门"，让企业有了可以与国家进行博弈的资本。例如，企业会与政府谈判，除非政府提供更低的税率，否则企业就将迁往境外。已经有不少这样做了的企业可以作为这个论点的证据。[10] 当然，跨国企业并不满足于此，在拿到很低的税率之后，企业会转而向其他国家威胁——如果它们不降低税收，那么就没有生意可做了。大型跨国企业乐此不疲地进行这种"竞争"。[11]

降低企业所得税税率以提升国际竞争力的方法是共和党提出来的。2017 年，共和党将企业所得税税率从 35% 砍到了 21%，[12] 这与 2001 年和 2003 年共和党削减资本利得税和股息税的做法如出一辙。遗憾的是，共和党在 21 世纪初所实行的减税政策并没有发挥作用，减税并没有带来更高的储蓄水平，也没有带来劳动力供应的增加，更没有加快经济增长。[13] 因此，人们无法指望同样的套路在 2017 年会带来什么好处。实际上，我们有理由相信美国的收入水平反而会在减税后的 10 年里降低。[14] 因为吸引企业投资的最重要因素是受教育程度较高的劳动力和完备的基础设施，但这些都需要政府税收的投入。

跨国企业倾向于搭国家的便车，它们希望国家为这些基本"公共产品"提供资金。

似乎是认为这些恶性逐底竞争还不够糟糕，美国企业还利用税法中晦涩难懂的条款（通常是由企业派出的游说团写入的）减少纳税的金额。它们所缴的税率远低于官方规定的税率，在某些情况下甚至接近于零。美国对跨国企业征收的实际税率大幅下降，到 2012 年仅为官方最高税率的一半多一点。[15] 谷歌和苹果假称其巨额利润来源于部分在爱尔兰的员工，这些利润仅以 0.005% 的税率征税。[16] 原本拆穿这些漏洞并非难事，这也是 2017 年税收法案的初衷。然而，在制定新税法的过程中，企业掌握了主动权，导致这一初衷并没有实现，情况急转直下。之前，税法中存在一项保护规定——最低税率，但在改革后，替代性最低税率遭到废除，而它本可以限制企业逃税避税。

但是对美国企业和超级富豪而言，低税率和税法中的漏洞还不能满足他们的胃口。巴拿马和英属维尔京群岛是专属富人阶层的"避税天堂"。[17] 实际上，只要切断这些地区的银行与美国金融体系的联系，这些"天堂"就将立刻失去立足之地，除非它们愿意遵守美国金融机构的透明度规定和其他相关监管规定。然而，正如我们一再强调的那样，这些改革在经济上很容易实现，难点在于政治上的改革和富人阶层庞大的影响力，因为富人会想尽一切办法来保护自己的"利益"。美国和欧洲的银行参与了"避税天堂"的建设，将其包装为面向富豪和它们自己的"服务"的一部分[18]。

全球化和技术进步真的是罪魁祸首吗

正如前文所述，全球化的拥趸者将失业和工资水平的下降归咎于技术进步。技术进步的确有可能减少对劳动力的需求，尤其是使那些技术水平有限的"工人"失业，继而导致工资水平降低和失业率升高。[19]许多经济学家试图量化分析全球化导致失业率上升或工资下降的比例，但这两者是密切结合在一起的，我认为我们基本不可能得出精确的结果。关键的是如果没有政府的帮助，即使技术水平维持不变，全球化本身也会严重损害美国工人阶级的利益。随着技术水平不断进步，"工人"承受着难以想象的痛苦，全球化的到来可谓雪上加霜。

然而，政府（尤其是美国政府）非但没有帮助"工人"，反而加重了"工人"的生活负担。全球化降低了"工人"的议价能力，随之而来的立法又削弱了工会和"工人"的权力，进一步遏制了"工人"的话语权。为了追上经济增长的步伐，提升最低工资水平也许可以保护底层人民的利益，但实际上，最低工资水平并没有随着通货膨胀而提高。[20]

简而言之，今天美国存在的问题是政策、技术和全球化共同作用的产物。人们已经清楚地意识到，工会本身就无力对抗技术进步和全球化的冲击，更不用说被削弱的工会了。那么为什么还要向一个甚至已经无法阻止实际工资下降的工会缴纳会费呢？工会地位的下降导致贸易协定的制定出现偏颇，关于最低工资的调整也无人问津。没有人站出来为"工人"说话，没有人敢去挑战企业巨大的影响力。贸易协定本身反映了一国经济势力的失衡，而这也是导致经济失衡的原因之一。美国不合时宜的全球化管理模式加剧了矛盾的升级，而技术革新带来的去工业化狂潮进一步将"工人"推向了万劫不复的深渊。

21 世纪的贸易协定

过去的 60 年里，各国的关税水平大幅降低。今天，贸易谈判的主题通常集中在其他问题上，包括规则的制定、非关税贸易壁垒[21]、知识产权和对外投资。2016 年签署的《泛太平洋伙伴关系协定》（简称 TPP）正说明了这一点。这项协定囊括的国家的贸易额占据了全球的 44%，但是特朗普在上任的第一天便将它束之高阁。这项协定的名称中并没有"贸易"一词，这通常意味着贸易并不是该协定的核心。[22] 根据政府的估算，如果全面实施 TPP，协定对美国经济增长的净影响仅会为 GDP 的 0.15%。其他一些比较客观的评估认为，即使数字这么低，也有相当大的夸大成分。[23]

如果 TPP 及其他近期达成的协定并不注重贸易，那么它们到底有什么意义呢？事实上，它们涉及投资、知识产权、监管及企业关心的一系列问题。如今，围绕着这些问题所展开的新斗争与过去在关税贸易谈判中出现的利益冲突有着明显的区别。在这之前，较低的关税使东道国生产者的利益与他国生产者的利益发生了冲突，市场竞争导致产品的价格下降，消费者成了最大的受益者。而最近，矛盾的焦点往往不再是两个国家之间的利益冲突，而是两国的消费者和两国商业利益之间的冲突。普通人民希望能得到国家的保护，免于受到不安全和不健康的产品带来的危害。而各大企业只想着利润的最大化，一些别有用心的企业甚至希望政府能加入它们的行列，为新一轮的逐底竞争推波助澜。

寻求法规协调（即寻求共同标准）通常意味着在尽可能低的标准上达成一致。这种协调方式的成本非常高，但好处十分有限，尤其是在企业肆意妄为但共同标准要求很低的情况下。很多欧洲人担心转基因食品的危害，他们希望这类产品能够被禁止销售，或者至少能被清楚地标示出来。美国企业说商标会阻止欧洲人购买美国的产品，这确实是正确的，但是美国因此认为商标是一种贸易壁垒就大错特错了。每个国家都应该有权以自己认为合适的方式保护自己的人民、环境和经济。披露转基因食品信息体现了国家对人民真正的关切，而非贸易保护主义。同样，在过去 25 年里，美国的贸易政策强迫各国向美国开放金融衍生品市场（这些金融产品在 2008 年的金融危机中发挥了"核心作用"），以此提高美国金融机构的利润，毫不在乎这些金融产品是否会给这些国家带来经济危机。许多国家抵制金融衍生品的动机也并不是保护主义，而是为了保全本国经济不受危险的金融衍生品的毒害。我相信各国政府都应该享有自我保护的权力，并对那些反对贸易协定的国家表示同情，因为这些协定正试图以各种方式限制一国政府的权力。

知识产权

知识产权是当今贸易问题中不可小觑的一部分。大型制药企业正试图利用知识产权条款阻止更加便宜的仿制药品出现，如尽其所能地推迟仿制药品制药企业进入市场的时间。一直以来，跨国企业都希望能在知识产权方面达成一个强有力的国际协定。1995 年，跨国企业在《与贸易有关的知识产权协定》（TRIPS）中尝到了一丝甜头，[24] 签订这项协定的动机并不是刺激创新。在第 3 章中，我们已经了解到知识产权是如何产生垄断权力，并如何为企业牟取暴利的。设计不当的知识产权制度不仅不会刺激创新，反而会抑制创新的产生。制定 TRIPS 实际上是为了增加大型制药企业及其他几个行业的利润，[25] 确保资金可

以从发展中国家和新兴市场源源不断地流到美国。[26] 因此，它完全称
不上是一个公平的协定。甚至在知识产权领域，TRIPS 也不承认发展
中国家的知识产权，无论是蕴含在丰富的生物多样性中的遗传资源，
还是传承下来的传统文化知识，[27] 即使有无数人为保护这些知识付出
了辛勤的努力，TRIPS 也一概置之不理。

保护主义并不是出路

全球化（特别是管理不善的贸易自由化）导致了去工业化、失业
和不平等，而特朗普的保护主义政策无法解决任何问题。相反，那些
欠缺考虑的政策盲目地破坏了国际规则，让事情变得更糟了。重新
发起关于贸易协定的谈判既不会减少贸易赤字，也不会带来制造业就
业市场的复苏，这是因为贸易逆差在很大程度上是由宏观经济因素而
不是贸易协定决定的。宏观经济因素决定了汇率（即一种货币相对于
另一种货币的价值），而汇率对一国的进出口来说相当重要。简单来
说，当美元的价值上升时，美国的出口就减少了，但美国的进口则会
增加。[28]

当一个国家（如美国）的储蓄非常少，以至于其微薄的投资甚至
超过了储蓄的总量时，它就不得不从境外引入资本。当境外资本涌入
国内时，由于投资者需要将外国货币兑换成本国货币，此时本国货
币就会升值。也就是说，当境外资本涌入美国时，美元相对于欧元等
货币就会升值，美国的商品和服务对欧洲来说就会变得更加昂贵，继
而导致美国的出口减少。这同时也意味着来自欧洲的进口产品变得更
加便宜，因此美国进口的欧洲产品量将会增加。于是真正的问题出现

了：随着美国进口的增加，与进口产品相竞争的行业的就业率下降，这就诞生了"保护"这些企业的需求。国家可以通过限制进口产品的数量或对外国进口产品征收关税来保护本国企业。在高度竞争的市场上，即使是低关税也能行之有效地把外国产品拒之门外。[29]

由于一国贸易逆差刚好等于国内储蓄和投资之间的差额，所以真正能决定贸易逆差的是那些能够对国民储蓄或投资产生影响的政策。因此，2017 年的税收法案要比任何双边协定都更能影响美国的贸易逆差。在税收法案通过以后，美国政府未来的赤字大大增加，同时美国必须从国外引入的融资资金也增加了。境外资本的流入将提升美元的价值，从而增加贸易逆差。这昭示了一个简单的关系，财政赤字通常会导致贸易逆差增加。[30]无论特朗普在贸易协定谈判中取得了怎样的成绩，这个事实都不会改变。

贸易协定固然十分重要，但更重要的是贸易协定中的贸易模式，而不是贸易逆差。即使在多边贸易逆差（一国总体贸易逆差，即进出口总值之间的差额）基本保持不变的情况下，贸易模式的转变也会反过来影响双边贸易逆差（即任何两个国家之间的贸易逆差）。例如，假设美国对中国征收 25% 的关税，那么美国从中国进口的服装就会减少，而从马来西亚等其他国家进口的服装将会增加。而且，由于马来西亚等国生产的服装比中国生产的服装要稍贵一些（否则美国早就从马来西亚进口服装了），美国的服装成本将会增加，反过来导致美国人的生活水平下降。

需要注意的是，即使特朗普在贸易协定的谈判上取得了成功，制造业返回美国的可能性也依旧相当有限。[31]即使有部分制造业回到了美国，也大多是高度资本密集型工厂，而这些工厂只需要很少的"工人"。此外，谁也无法保证新的工作机会将会准确且及时地出现在需要它们的地方。保护主义无法拯救那些因为制造业外迁而失去工作的人。

来看看美国、加拿大和墨西哥新签订的贸易协定。它的目的是限制美国从墨西哥进口的汽车零部件的数量。即使协定如期生效，美国的汽车也只会变得更加昂贵，市场吸引力也将下降。美国的汽车零部件生产线可能会提供更多的工作岗位，但由于美国制造汽车的销量将会下降，故而生产汽车企业的"工人"会面临被裁员的危险。

再举一个例子，让我们来看看美国在 2018 年对中国的太阳能电池板征收的高关税。这项政策并不会带来美国煤矿工业的复苏，甚至也不可能催生出美国的太阳能电池板行业。中国在太阳能电池板生产领域已经处于领先地位，考虑到美国国内高昂的劳动力成本，美国实在很难迎头赶上。所以更有可能的情形是美国依然会进口中国生产的产品，然而高关税会让这些产品更加昂贵，降低太阳能电池板对美国消费者的吸引力。而这将给安装太阳能电池板的行业带来灭顶之灾。太阳能电池板行业是一个新兴且蓬勃发展的朝阳行业，在新的高关税政策出台之前，从事相关岗位的美国人的数量是美国煤矿从业人员的两倍以上。像"关税将导致绿色行业的就业率降低"这样的预测似乎得到了证实，这也意味着关税抑制了环境友好型能源企业的生产力。

全球化固然会导致就业率降低，但在特朗普草率地推行去全球化的过程中，美国的失业率还在继续上升。现在，世界已经建立了高效的全球供应链，明智的国家懂得如何利用它们。如果执意要脱离全球供应链，美国企业的竞争力将会大打折扣。最重要的是，重新调整的成本非常高。适应全球化的确非常困难，美国（尤其是美国的"工人")经历了难以想象的苦难,但如果在此时走上去全球化的道路,美国将为此付出高昂的代价。[32]

21 世纪的全球合作

保护主义不仅不能帮助美国实现经济复苏,而且也无法拯救去工业化的受害者,反而会对美国的贸易伙伴和全球经济产生深远的负面影响。过去 70 多年以来,国际社会为了促进贸易往来,建立了一个以规则为基础的贸易与合作体系。美国在这一体系的创建过程中发挥了核心作用,而美国这样做并不是出于无私奉献的精神,而是因为美国相信这样的体系有利于世界各国(包括美国)的发展。人们认为贸易和交流能加强各国之间的关系,有助于世界和平,驱散战争留下的阴霾。而贸易和交流也同样有助于发展经济,一个以规则为基础,管理制度完善的全球化体系将为所有国家带来福音。总体来看,美国经济从中是获益的,但是美国并没有确保经济增长的成果被公平分配给了所有人。

"贸易战"和全球合作

这套建立在规则基础之上的全球贸易体系正在受到攻击。当特朗普首次暗示他要打"贸易战"时,全世界都不太相信这种事会发生。毕竟贸易战对其来说有害无益,而企业更是首当其冲。长期以来,企业利益似乎一直左右着美国的国际经济政策,但特朗普向来以不按常理出牌闻名。最初,小范围的贸易摩擦集中在钢铁、铝、洗衣机和太阳能电池板领域,在 2018 年逐渐演变成一场全面的"贸易战"。当美国对来自某发展中国家的 2000 亿美元的商品征收关税时,该国开始了贸易反制。特朗普坚信美国能笑到最后，仅仅是因为美国从他国进口的产品比出口的更多。但这条推论是错误的，因为真正决定胜负的是"贸易战"中双方可利用的手段、决心、造成伤害的能力、化解伤害的能力，以及全国人民对国家的支持。

相较于美国，经济管制程度较高的国家能更明确地向设定好的目标前进，而且也能更有效地为那些将受到损害的行业提供反补贴措施。一些发展中国家一直想要摆脱对出口的依赖，而美国至今为止的所作所为只是加快了其摆脱依赖的步伐，增强了其提高技术水平的决心。

除了贸易方面，美国依旧需要和其他国家在各个领域进行国际合作。例如，美国需要其他国家在美国处理核问题的立场上给予支持；在和俄罗斯打交道时，美国也需要欧洲的帮助。但如果美国被卷入了"贸易战"，这些合作便很可能成为空谈。

多样化价值体系下的全球化

"贸易战"的威胁背后实质上隐藏着针对全球贸易体系的强烈不满，而这些不满情绪不仅仅来自那些由于国家应对不善而蒙受损失的受害者。许多全球化的倡导者认为我们可以建立一个覆盖全球的自由贸易体系。在这个体系下，价值观迥异的国家可以和平共处。价值观对一个国家的经济（和比较优势）有着深远影响。在相对不那么自由的国家，人工智能或许可以得到更好的发展。大数据在人工智能领域发挥着重要作用，而发展中国家在收集和使用数据方面的限制相对较为宽松。在美国，因犯几乎占据美国工业劳动力的 5%，而因犯的劳动所得通常远远低于美国的最低工资水平。欧洲人是否可以或者应该对此提出异议，抱怨美国使用囚犯作为劳动力是一种不公平的竞争优势？此外，美国也未能对碳排放量加以限制，这是否也是不公平的竞争优势？

美国人曾以为所有国家都应在美国身上看到希望的光芒。

然而，随之而来的一连串事实打破了美国人的幻想。在 2008 年金融危机发生之前，美国人还没有察觉到美式资本主义的局限性；在特朗普当选之前，美国人还未意识到美式民主的狭隘之处，没有发觉其他国家可能正朝着另一个方向前进。中国独特的经济模式——中国特色社会主义市场经济，已经被证明十分稳健。在 2008 年金融危机席卷全球的时候，这个国家表现得比其他任何一个国家都优秀得多。尽管目前的增长速度有所放缓，但中国的经济增长率是欧洲的 3 倍以上，是美国的 2 倍。事实证明，中国取得的成果及其规模庞大的对外援助计划，吸引了许多正在考虑为自己选择经济模式的第三世界国家。40 年前，当中国开始向市场经济转型时，没有人会想到这个国家在不到半个世纪的时间里成长得如此迅速。

我们现在面对的现实是，不同的国家将以完全不同的方式来构建经济体系，而这反映了不同国家的价值观和信仰。并不是所有人都想要实现有企业强权和人与人之间待遇不平等问题的美式资本主义。一个不受约束的、没有价值观的全球化体系是行不通的，但也不能完全交由某个国家来制定全球化的游戏规则。我们必须在和平共处的基础上找到一种新的全球化形式。人们亟须认识到，即使有着明显不同的经济制度，国家之间依然存在广泛的商业合作机会。国际社会需要建立一系列以法律法规形式存在的最低限度的经贸规则，就如同最基本的交通规则一般。美国不应该强迫其他国家采用美国的监管体系，而其他国家也同样不能强迫美国接受他国的监管规则。如果能有一套全球性的、多边的且被所有国家承认的规章制度，无论是对美国还是整个世界来说都再好不过了。

调整我们的全球化

保护主义无法解决美国及世界上任何一个国家遭遇的困境。然而直到现在，还没有一个国家拿得出一项值得推广的全球化管理方案。美国没有必要在未来的几十年里重复过去 30 年来的老路，这个世界已经不需要更多的苦难和政治动荡了。

人们已经发现，过去的全球化管理建立在一系列错误理念上。例如，人人皆为赢家（但事实上如果没有政府干预，大部分人都是输家）；全球化只是为了实现经济发展（实际上，全球化的管理方式推动了企业的政治议程，削弱了"工人"的议价能力，增加了企业的权限，特别是在某些特定领域）。有些国家以"全球化的名义"或者打着"保持国家竞争力"的旗号，逼迫"工人"接受更低的工资和更糟糕的工作条件，还削减了他们赖以生存的基本服务。这样的政策怎么可能提高"工人"的生活水平呢？人们现在已经意识到发达工业国家的经济增长效应被夸大了，而经济分配效应的影响却被过度低估了。

当然，一些新兴市场经济体采用了合理的管理方式，最终取得了喜人的成果。它们避免了国际游资带来的不稳定因素（热钱流入流出），鼓励外商投资，并通过某种方式缩小了自己与发达国家之间的"知识鸿沟"。它们也鼓励出口，在总体上保持汇率的稳定，并在发展的早期阶段确保本币价值略低于原本的水平（近年来这种情况已不多

见）。最重要的是，尽管它们也存在贫富差距增加的情况，但其几乎
保证了所有人都在全球化的过程中获益。

　　人们很容易这样说：诸如这样的经济体是以牺牲发达国家的利益
为代价发展经济的。这个观点是错误的。一般来说，如果政府有能力
管控风险和机遇，贸易确实会让多国共同受益。但如果政府不采取适
当的弥补措施，就可能会损害国家内部大多数人的利益。美国政府没
有采取必要的措施，而结果我们都已经看在眼里。[33]

　　全球化的影响力不仅仅局限在经济层面。随着医学知识在全球
范围内传播，人类在延长预期寿命的研究上取得了可观的进展，性别
平等意识伴随着思想的传播进一步得到巩固。人们也已经看到，全球
性的避税和逃税行为从国家手中抢走了提供公共服务所需的税收。与
此同时，不当的全球化管理方法也常常会对社区造成损害，有时甚至
会撼动一个国家的根基。当地的商店通常是整个社区的顶梁柱，但随
着全球化的发展，这些本地商店正面临被大型连锁商店赶出市场的威
胁，因为连锁商店在境外廉价商品方面具有明显优势。另外，连锁商
店的主管对企业的忠诚度要高于对社区的忠诚度，而且主管也通常不
会在一个地方停留太久，因此他们很难融入当地的环境。

　　当前全球化规则的发展远远没有达到理想中的程度，这些规则
以牺牲"工人"、消费者、环境和经济为代价保护了企业的利益。大
型制药企业以牺牲全世界人民的生命为代价，为其昂贵的药物赢得了
更多的专利保护。由大型企业主导的知识产权制度为它们提供了更有
利的竞争环境，它们可以将企业的短期利益置于生命和环境之上，甚
至不在乎创新和经济长期增长。随着全球化进一步发展，跨国企业更
容易逃税避税，更多的税收负担落在了工人和中小型企业的身上。同

样，投资协议为境外投资者提供的更加优厚的产权保护条款实际上也毫无存在的意义。

寻找改革的突破口还是比较很简单的。例如，美国的投资协议应该集中在一件事情上——确保美国企业不受歧视。[34] 贸易协定中的知识产权条款应该将重点放在非专利药品的可获性上，而不是确保大型制药企业可获得高额利润。此外，美国应该更加注意跨国企业利用全球化进行的逃税和避税行为。

几乎可以肯定的是，如果人们能从更开放和民主的出发点思考，最终一定能达成更加完善的国际贸易规则。目前，这些协定是由美国贸易代表（USTR）私下秘密（但也不是完全保密）谈判达成的。虽然美国国会的议员经常被拒之门外，美国贸易代表甚至拒绝表明自己的谈判立场，但事实上，大企业的代表人物是可以坐上他们的谈判席的。[35]

然而最重要的是，无论国际贸易规则将何去何从，美国必须帮助本国的普通人适应不断变化的经济环境，无论这些改变来自全球化还是技术进步。[36] 市场本身并不擅长转型，也不擅长转变经济。

斯堪的纳维亚半岛的一些国家（如瑞典和挪威）已经帮助本国人民实现了经济的转型。这些国家的经济更有活力，政治体制更易于改革，人民的生活水平也更高一些。想要达到类似的程度，美国必须制定积极的劳动力市场政策，帮助人民寻找新的工作，重新进行工作培训。新制定的产业政策必须确保社会创造新工作的速度和工作岗位流失的速度一样快，并帮助那些失业率较高的区域找到新的经济机会。[37] 良好的社会保障制度也是不可或缺的一环，它可以避免人民陷入困境。遗憾的是，在美国最需要这些政策的时候，那些管理全球化和美国经济体制的官员正要求削减这些项目的预算，据说是为了应对"全球化竞争"。

至少从经济学的角度来说，重写全球化的规则和管理全球化都算不上困难。在本书的第 9 章，我会阐述一些管理全球化和技术革新的方法。在合理的管控之下，绝大多数人都可以在全球化和技术进步的过程中获益。

第 5 章

金融与美国危机

金融是当今社会很多政治经济问题的症结所在。经济危机爆发 10 年后，美国经济增速放缓，社会阶级的不平等性也日益突出。然而，处在这样的时代背景之下，美国的社会资源（包括最为优秀的一批青年才俊）却并没有投向实体经济的巩固和建设，反倒源源不断地涌入金融部门。金融本应该是达成经济目的的手段，它的功能是提高商品和服务的生产效率。而反观美国的现状，金融已然成了目的本身。为了使美国的经济体系恢复正常，金融必须要回归原本服务于社会的职能，而不是像现在这样，让社会资源服务金融行业。

自从美国建国以来，美国人总是担心银行的强权会削弱民主的力量，这就是为什么美国的舆论普遍反对建立第一国民银行（First National Bank）——安德鲁·杰克逊于 1836 年终结了其为期 20 年的经营历史。近年来的一系列事实表明，美国人对银行权力过大的担忧是完全有其道理的。为了避免重蹈 2008 年金融危机的覆辙，美国尝试对银行实施监管，超过四分之三的美国民众支持政府对银行采取强有力的监管措施。

然而，美国的 10 大银行之所以能凌驾于 3.5 亿美国人之上，是因为"上有政策，下有对策"。针对每个美国国会议员，狡诈的银行家都会派出 5 人进行游说工作，这也能解释为什么美国政府花了 2 年时间才通过了《多德 – 弗兰克法案》（最终于 2010 年签署通过）。这项法案的本意是铲除金融危机的祸根，但实施的结果却与其初衷有着天壤之别。还未等到该法案实行，来自各大银行的游说人员便一拥而上，采取各种手段来限制政府监管的规模。最终，银行家的"努力"取得了丰硕的战果。2018 年以后，美国政府对绝大多数银行的监管态度又回到了金融危机前的睁一只眼闭一只眼的状态。[1]

同样，银行的影响力也体现在 2008 年金融危机过后政府对银行实施的财政救援之中。尽管银行就是经济危机的罪魁祸首，然而美国政府不仅没有追究其任何责任，反倒向其慷慨解囊。而对那些因为银行家的贪婪而蒙受损失的"工人"和平民，政府却十分吝惜自己的钱包。当奥巴马与其财政部部长蒂姆·盖特纳制定经济复苏的方案时，只有那些被记录在会面日志上的人（即大银行家）才有资格坐在谈判桌上。这一切都表明，真正拥有话语权的一直都是那些"大而不倒"的金融机构，而苦苦挣扎的普通人民从来都没有与政府谈判的资格。[2]

由于信贷相当于美国的经济命脉，政府需要维持信贷的流动，所以无法对濒临破产的银行置之不理。然而，即使放任那些贪婪的银行家、银行股东和债券持有者自取灭亡，政府仍然能够挽救银行产业。在资本主义的游戏规则之下，当任何一家企业（包括银行在内）无法

偿还所欠债务时，其股东和债券持有者自然会为此付出代价，而纳税
人并没有义务出资挽救他们。[3]

　　进一步讲，即使纳税人向破产的银行注入大量资金，成功挽救了
债券持有人和银行股东，他们也本可以就此向银行开出硬性条件，要
求银行将这些救助金用于援助美国的中小企业和平民阶层。然而，事
与愿违的是，大部分救助金都作为奖金钻进了银行家的口袋。过去 10
年以来，银行在美国人心目中早已丧失了威信。遗憾的是，奥巴马
和他的团队却仍旧信任它们。奥巴马政府认为，只要给这些银行（及
其股东和债券持有者）足够的资金，在涓滴效应的作用下，财富将以
某种方式从富人阶层手中一点一滴地渗入社会底层，最终使所有人受
益。但事实绝非如此，在美国经济复苏的头 3 年里，增长所创造的
91% 的财富都流向了国家财富最多的前 1% 精英阶层。当数百万人失
去赖以维生的手段被迫流落街头的时候，作为罪魁祸首的银行家却赚
得盆满钵满。这一切既谈不上效率，也毫无公平可言，所谓的民主的
天平早已为银行的强权而失衡。

阻止金融部门危害社会

　　目前，银行用以扩张的手段不仅体现在其不计后果的掠夺性贷款
业务中，也包括滥用信用支付，以及对市场势力的过度开发和利用。
尽管西方的金融改革大多致力于阻止银行系统进一步危害社会，然而
在 2008 年金融危机过后的几年之中，银行却变得愈加肆意妄为起来。
例如，美国银行中资产排名第三的富国银行（Wells Fargo）会在未经
客户同意的情况下私自为其开设账户。多家银行暗自操纵外汇和利率

市场，而相关评级机构和大多数投资银行"暗通款曲"，合作实施大规模的诈骗行为。

普遍存在的道德败坏问题使美国社会面临最重要，也是最艰难的挑战：如何改变金融的不规范性和固有文化。[4]美国的司法系统对大规模的诈骗和违约行为的惩戒毫无威慑作用，银行家对此早已心知肚明，他们大可以直接撕毁协议，拒绝履行已经签署的合同，[5]公然挑衅法律的权威。与此同时，银行家也知道，属于平民百姓的"正义"总是姗姗来迟。因此，哪怕是在最不利的情况下，银行也可以寄希望于那些偏袒自己的法官，指望他们网开一面。即使败诉了，最多也不过只是缴纳相应的罚款而已，银行家很有可能是笑到最后的人。也许美国的政党会因为银行施舍的一点小钱上钩，爽快地放弃抵抗，毕竟填满政客的口袋对大银行来说轻而易举。因此，对银行而言，这种官司几乎是稳赚不赔的买卖，而对那些依赖合同担保的受害者来说，法院的裁决已经毫无意义，正应了那句谚语：迟来的正义非正义（Justice delayed is justice denied）。

最重要的是，经济体系如果没有信誉作为基石就无法正常运转，而银行系统更是如此。人们愿意将自己的收入交给银行保管，愿意购买那些复杂的金融产品，是因为人们相信银行会在他们需要的时候将钱交还给他们，也相信银行不会欺骗他们。遗憾的是，美国的银行一次又一次地证明了它们并不值得信任，并拖累了整个经济体的运转。这些银行家是如此短视，甚至不屑于使用任何伪装来经营名誉，正如彼得·蒂尔（支付服务 PayPal 的创始人）所说：只有输家才会选择竞争。高盛集团的 CEO 劳尔德·贝兰克梵也如此强调，对银行来说，信誉早已成为过时的古董，尽管它曾经被视为一家银行最重要的资产。依照这样的理念，高盛集团设计了一款注定会失败的证券产品，它们将预期会下跌的证券卖给客户，以"做空"的手段赚取中间差价。当然，高盛集团没有告诉客户这款产品是这样被设计的，它正是在利用金融知识牟取暴利。如果你认为这是不道德的，那么你可能是美国那 99% 的人中的一员，怀抱着陈旧的思考方式，仍旧生活在美国过去的幻象之中。"只有傻瓜才会信任银行家。"贝兰克梵如是说，他们就这样终结了以诚信为根基的银行家时代。[6]

美国的金融部门基本不考虑下一个季度的事情，这种短视属性也削弱了美国的经济。[7]正像高盛集团和富国银行对它们的投资者和普通客户所做的一样，短视的银行巨头在追逐短期利润的过程中放弃了对长期声誉的经营。正是因为银行缺乏远见（以及对逃脱刑罚心存侥幸），很多信用评级机构和投资银行都开始欺诈客户。

功能紊乱的金融机构和经济体系

中介是金融机构的核心职能之一，即让社会资源从资源过剩的部门转向资源匮乏的部门。这项职能很久之前就已经存在了。例如，在一个简单的原始农业经济体系中，农民会将多余的种子提供给自己的邻居。而在现代社会中，金融中介应当从那些为了退休金、房屋首付和高等教育费用而在银行储蓄的家庭那里提取资金，然后投资给企业。但是，伴随着银行业的发展，越来越多的金融中介从储蓄者和（希望扩张并以此提供就业岗位的）企业之间的资金链条关系中转移出来，转而充当储蓄者和（希望消费能大于收入的）家庭之间的媒介，如信用卡贷款。信用卡业务的利润之所以如此丰厚，是因为它可以利用客户的过度消费倾向，向他们收取高利贷利息、滞纳金（即使客户如期还款）、透支费等其他千奇百怪的费用。

随着放松管制的实行，银行的掠夺行为更加肆无忌惮了，它们可以利用强势的市场势力同时向商家和消费者索取高额费用。此外，在贷款方面，银行发现贷款给个体消费者相比于贷给中小企业更容易赚钱。因此，中小企业贷款越来越困难，尤其是从大型银行那里贷款。2016年，中小企业的贷款额（未经通货膨胀调整）仍比2008年金融危机时低了约14%。在一些欧洲国家，贷款额的下降幅度甚至更为严重。[8]

在长期储蓄者和长期投资者之间，有一个尽职尽责的中介机构无疑至关重要，而不幸的是，美国的银行未能扮演好这个角色。放眼全球，长期储蓄者比比皆是，如养老金、大学与基金会捐赠基金，以及用来栽培后代的国家主权财富基金。很多至关重要的投资也都是长线投资，如基础设施的建设，以及为了应对全球气候变化，对世界能源系统的改造和革新。然而，缺乏远见的金融市场横亘在长期投资者和储蓄者之间。这些银行家根本不进行长期资产配置，他们想要的是能够迅速产生收益的短期项目，显然也不会设计有助于管理长期风险的金融产品。

尽管越来越多专注于长期发展的上市跨国开发银行填补了金融市场的缺口，如世界银行（World Bank）、亚洲基础设施投资银行（Asian Infrastructure Investment Bank，又称亚投行）、金砖国家新开发银行（New Development Bank，又称金砖银行[9]）和非洲开发银行（African Development Bank）等，但遗憾的是，它们并没有足够的资本来弥补功能失调的私人金融体系造成的空白。

更少的金融中介、更多的投机行为，以及更强势的市场势力

银行会转向比中介业务更有利可图的项目，如大型赌博活动。虽然在拉斯维加斯，赌博仅仅被称作赌博，但是在华尔街，赌博被裹上了一层华丽甜美的糖衣——金融衍生品（derivative）或者信用违约互换（credit default swap）。金融衍生品和信用违约互换的本质就是赌博，只是金融衍生品的下注对象是利率、汇率及油价等，而信用违约互换则以信用事件下注，赌一家企业或银行是否会破产（或濒临破产）。这可不是像老虎机那样的小打小闹，它们都是百万美元级别的赌注，而这个规模巨大的"博彩市场"之所以能生存到现在，在很大程度上是因为得到了美国政府的部分担保，如果这个"赌局"损失过大，美国政府就会帮助银行摆脱困境。这就是银行进行"一边倒"的赌博的另一种机制：一旦银行赢了，它们可以直接拿钱走人，而一旦它们输了，美国政府就会出面买单。所以归根结底，是美国政府的纵容导致了银行的嗜赌如命。因为银行家知道，只要有政府做靠山，不管怎样他们都赔不了。

《多德－弗兰克法案》试图阻止这种由政府担保的赌博行为，因为政府"包庇"银行的代价实在太过昂贵了。在政府的担保下，美国国际集团（American International Group，AIG）获得了 1800 亿美元的紧急援助金，而这个金额超过了美国政府 10 年以来所有针对儿童福利项目的扶贫补助。[10]

银行如此厚颜无耻地用公款来为自己买单的行为着实令人大跌眼镜，如在 2014 年，花旗集团（Citigroup）的说客起草了一项条款，这项条款作为一项必须通过的（为政府融资的）法案的修正案，恢复了银行的赌博权，而政府实际上承担了银行造成的损失。[11]

令人惊讶的是，银行甚至拒绝承担与发放抵押贷款相关的风险。在金融危机爆发10年后，房地产泡沫崩塌12年后，政府仍然要承担绝大多数的抵押贷款业务。银行家希望能通过发放抵押贷款攫取利润，但又不想为自己的失误承担相应的责任，他们希望由政府来弥补不良贷款所造成的损失。在一个资本主义国家，私人部门却声称它们无法提供抵押贷款并承担相应的风险，这是多么讽刺。因此，每一项旨在改革抵押贷款市场的提案都会被银行阻挠，因为银行坚持认为它们没有能力或不愿承担与发放抵押贷款相关的风险。

大企业的兼并和收购是银行的另一条"致富之道"。在兼并的过程中，原本规模庞大的企业将会更上一层楼，从而增加了原本已经很高的市场集中度和市场势力，一次兼并和收购就可以为银行带来数亿美元的营收。在本书第3章，我们已经讨论了过于集中的权力对经济和社会造成的不良影响。在竞争经济向垄断经济转型的过程中，银行即使没有煽风点火，也是大企业的帮凶。

而银行还有同样危害社会的第三条财路，即帮助跨国企业和富人逃税避税，将资金从高税收地区转移到低税收地区，不断打法律的擦边球。[12]与此同时，银行还阻碍对全球税收和金融体系的改革。以上这几条导致美国每年存在数十亿美元的税收漏洞。

如下是一个银行为避税制造便利的例子。苹果和金融部门早有合作，它的聪明才智不仅体现在其广受消费者喜爱的电子产品上，在避税这一点上也发挥得淋漓尽致。一些苹果的股东对企业的巨额利润垂涎若渴，如果按照美国2017年之前的税法，位于境外的资产是不需要缴税的，但一旦资金转入境内，就必须依照盈利缴纳企业税。因此，苹果转向了金融市场，通过在金融市场上借款支付股息，苹果做到了"鱼与熊掌兼得"：既避了税，股东又成功分得了大笔股息，可谓皆大欢喜。

在这里，让我们再提一遍之前苹果将利润转移到爱尔兰的例子，就像通过金融机构进行避税一样，苹果毫无"社会责任感"可言。尽管苹果的成长仰赖于美国政府对其技术和资金的投入，但是和那些贪婪的大银行一样，苹果只会索取，却不愿意付出，即便它很会自我包装，看似把企业责任看得很重。在我看来，企业的首要社会责任就是向国家纳税。

更多的金融脱媒

如今的金融机构不仅未能履行其将资金从家庭转移到企业的中介职能，甚至反行其道，将企业的资金转移给家庭，因此美国的富人变得更加富裕。金融机构从企业汲取资金的其中一种方式是利用避税优势，[13] 让银行通过贷款的方式帮助企业从市场上回购股票，就像苹果那样，让资金从企业流向金融市场。由于企业资金流失，用于投资未来的资金自然就减少了，能够创造的就业机会也将会减少。当然，这个过程的受益人是企业的股东，而股东中的大多数都是非常富有的人。[14] 金融市场中股票回购的规模非常大，以至于近几年来，其回购规模甚至超过了非金融企业的投资（资本形成额），这种情况与"二战"之后几乎没有回购的现象形成了鲜明的对比。[15] 在共和党的税法于 2017 年 12 月通过之后，股票回购出现了井喷式增长，有望在 2018 年再创新高。[16]

从传统银行到功能紊乱的金融系统

过去的金融系统并不像今天这样杂乱无章。金融业在 GDP 中的占比从 1945 年的 2.5% 上涨到金融危机时的 8% 的过程中，经济环境并没有改善。实际上，经济增长的放缓导致经济变得更加不稳定，这种不稳定在 75 年以来最严重的金融危机中达到了顶峰。

　　过去 25 年以来，随着金融业逐渐脱离传统银行业，金融制度的缺陷逐渐暴露出来。传统的银行业务包括个人将存款存在银行，银行再把存款借给企业，企业再用这些钱雇用更多的工人或购买更多的机器——资金通常会流向那些对资金利用率最高的企业。银行并没有试图榨干借款者身上的最后一分钱，因为它知道过高的利率会打消负责任的借款者的贷款积极性，也会助长盲目冒险的苗头。[17]进一步讲，银行和借款者有着长线关系，因此银行可以为企业保驾护航。这种银行业务叫作关系型银行业务。

　　如今银行业务早已面目全非。过去，银行家的工作虽然看上去枯燥乏味，但他们备受他人尊敬，是所在社区的支柱。银行家希望人们相信自己是清正廉洁的，并为此付出了很多努力，确保自己值得信任，有足够的能力帮助他人管理钱财。过去的银行家同样承担着不良贷款的风险，如果他们没能做好自己的工作，借款者不能按时还款，那么银行家将会承担相应损失。

　　21 世纪，新的"发放 – 销售"模式（originate-to-distribute model，OTD 模式）[⊖]支配了整个银行产业。[18]在这个模式下，银行首先向借款者发起贷款，再将其转嫁给其他银行，由其他银行来承担不良贷款的风险。因此，银行的利润并不来自存贷利差，而是来自资金转移过程中每个阶段所收取的费用。

由政府担保的借贷模式

　　银行可以贷出的额度远大于它存款的额度，甚至不受限制。如

　　⊖　国内也译为"贷款并证券化模式"。——译者注

此一来，它的运作模式便与之前提到的"简单农业经济模式"完全不一样。在之前的模式下，只有当其他农夫有充裕的种子存入"种子银行"用于他人借贷的时候，"种子银行"才能把存入的种子借给那些想要播种更多的农民。但是几百年以来，银行意识到它可以无中生有地创造账目，因为真正会被使用的资金只有存入银行的一小部分。由此我们演变出了部分准备金银行制度，而银行所持有的准备金只是它们所欠债务的一小部分。如今，这一模式之所以能有效运转，是因为银行依靠政府确保资金储备的充足。政府会对储备之外的资产进行审慎管理，并在储备不足时介入干预。

即便贷款不是银行最盈利的业务，银行家也借此大发横财，这不仅仅是因为银行家所设立的贷款利率要高于存款利率，更是因为他们可以无中生有地放贷给客户。银行可以擅自声称在其账本中的某人拥有 10 万美元的存款，从某种意义上来说，银行欠存款人这笔钱。而如果将这笔钱贷出去，就等同于银行无形中创造了一项有等同价值的资产，即这笔价值 10 万美元的贷款本身。存款人重视这笔存款，是因为社会上的其他人会接受自己开出的支票；而社会之所以愿意接受这种支票，是因为银行得到了美国政府的支持。实际上，银行利用人们对美国政府的信任，通过套现来攫取财富，这意味着银行的失败要由纳税人买单。由于银行业利润丰厚，而且贷款业务越多，回报越高，银行家有足够的动力劝说政府，让政府相信银行不需要太多的准备金储备。[19]这是发生在 2008 年金融危机之后的大型利益争夺战之一，因为银行的准备金越少，银行的利润就越高，而纳税人承担的风险就越大。不过，从社会的角度来说，这不单单意味着银行把风险转移给了政府。反向思考一下，假如准备金增加，银行面临的放贷风险将会越来越大，银行家将更加谨慎地放贷，从而发放品质更高（更安全）的贷款，美国的经济将表现得更好。

私人利益和社会利益的脱节

银行当然只在乎盈利与否，对国家经济的宏观表现没有丝毫兴趣，在这一点上，私人利益和社会利益并没有很好地结合在一起。因此，美联储前主席艾伦·格林斯潘在国会面前就金融危机的起源作证时表示，他本以为银行家能更好地管控风险。这种言论体现了他逻辑中的一个致命漏洞，而这个漏洞导致全球经济损失了数万亿美元。[20] 格林斯潘看起来对这个漏洞造成的恶果感到震惊无比，而我更惊讶于他竟会如此震惊。因为任何有经济学常识的人，以及任何理解美国银行和银行家立场的人都应该知道，银行有充分的动机参与危险的投机活动，格林斯潘应该对此心知肚明。[21]

金融机构本身成了里根时代教条的受害者。这种教条认为，企业应该追求股东利益的最大化，从而所有的利益相关者乃至整个社会经济都能从中受益。[22] 但是这些股东已经不再是那些真正关注企业长远发展的长线投资人了，他们是短期投机者，只注重企业当天的股价，试图榨干每一笔短期利润，基本不把企业长远的发展看在眼里。为了鼓励这种短期的投机行为，一系列激励机制应运而生，这些机制很"漂亮"地完成了自己的使命——创造了 75 年以来最严重的金融崩溃。

蔓延至其他经济领域的危机

金融机构自身的弊病已经足够让人抓耳挠腮了，而不幸的是，其他产业竟然争相效仿金融业的运行模式。它们试图照搬金融业注重短期回报的高薪酬和激励机制，把企业当前的股市表现置于长期发展之上。此外，不可避免的是，企业受到了投资者观念的影响，如果企业的投资者是鼠目寸光的庸人，那企业也终将"近墨者黑"。因此，金融部门携带着美式资本主义的病毒之一，逐步感染了整个美国经济体系。在这个被感染的体制下，以季度为基础的对人力、技术和工厂进行的长期投资不复存在。一个无法向长远目标发展的经济体注定无法实现快速的经济增长。

结论

金融部门在诸多方面印证了美国经济存在的问题。这个产业一直是寻租的典型案例——银行家以牺牲社会其他阶层的福利为代价谋求私人利益的最大化。这显然是一场负和博弈，即社会承受的损失远远大于银行家的私人收益。银行家剥削了那些不懂经济学知识的人，这没什么值得骄傲的，而且他们还会互相剥削。因此，美国经济在许多方面都受到了损害，本可以用于创造财富的资源被当作剥削他人的砝码，并且金融业不断膨胀，吸引了一批美国最优秀的人才加入其中。而最终这个国家展现出来的却是缓慢的增长、不稳定的经济发展，以及更加尖锐的不平等问题。金融业也同样揭露了不受约束的市场会招致的恶果：银行家肆无忌惮追求自身利益最大化的行为并没有给全社会带来福祉，反而导致了 75 年以来最严重的金融危机。

在美国以金钱为驱动的政治中，银行家用他们的钱财制定了有利于他们的游戏规则（如放松管制），从而获取更多财富。而当这一算盘落空时，银行家又利用自身的影响力赢得了世界历史上规模最大的公共救助，同时对那些被掠夺的人（普通的房产所有者和"工人"）不管不问，任由他们自生自灭。

对财富的热爱并不一定是万恶之源，但金融一定是许多国家种种弊病的根源。以金钱为中心的短视与道德败坏的风气通过贪婪的银行家逐步蔓延至美国的经济、政治和社会的各个领域，它改变了美国社会的本质，使许多美国人变得更加物质主义、自私以及缺乏远见。

纵览美国政坛，美国选民对银行和金融机构的不当行为积怨已久。奥巴马政府没能让银行为其错误的行为负责，反而提供了价值近万亿美元的救助金，这导致美国人对政府信任的幻灭和抗议运动的崛起，首先兴起的是茶党运动，而后特朗普政权又乘虚而入。[23] 讽刺的是，尽管特朗普"剑指"华尔街，声称要"抽干沼泽"（drain the swamp），但他组建的内阁中依然有数量空前的金融大亨。

美国人对大银行感到愤怒是有道理的。银行利用市场势力危害社会，绑架了整个美国经济，而如果失去了市场和政府的庇护，这些银行不可能侥幸逃过罪责。在一个高效且公平竞争的市场上，一家（像现在的银行一样）遭受公众质疑的企业根本无法存活下去。然而这些银行不仅存活了下来，还创下了赚取利润的新纪录。[24] 美国社会不仅没有因为银行家的过错而惩治他们，反而救他们于水火之中，甚至在某些情况下还给予其奖赏。过去几十年以来，美国金融业的情况已经证明，这种对罪恶的纵容必然会对个人和机构产生严重的不良影响。有观点认为，因为美国政府未能有效地处理金融业的不良行为，美国的政治体系正为此付出代价。这一观点表明，无论是民主党还是共和党的政客都更倾向于与银行家打交道，而非政治和金融体系所要服务的对象（即美国民众）。

金融对一国经济来说依然是不可或缺的一部分，因为国家需要信贷来扶持和发展经济，创造新的就业岗位。尽管金融十分重要，但它并不需要如此庞大的金融体系作为支撑。今天的金融部门太过臃肿了，它做了太多不该做的事，却没有尽到应尽的责任。金融并没有发挥自己的职能为社会服务，它实质上在为自己榨取利润。

人们已经目睹了银行的各种花招，尽管每天银行总是能想出新的掠夺方案。舆论普遍认为，通过对银行的直接剥削和不计后果的放贷行为进行管控，可以有效降低银行业对人民和社会的损害。要做到这一点实际上并不难，[25] 美国需要制定全面的监管规则，防止银行规模过大，相互联系过于紧密。一旦银行的规模过于庞大，它就有可能从事投机活动、操纵市场，以及利用市场势力进行掠夺性行为。

银行最本质的失职并不是诈骗和剥削他人，或者采取盲目的投机行为使全球经济陷入瘫痪，而是没有履行它真正的职责——在企业寻求资金以发展，进而促进经济增长时，以合理的条件为其提供融资。大多数促进经济增长的项目都是需要长期投入的，但是银行的急功近利使它将注意力集中在更容易获利的短期项目上。很多试图阻止银行恶行的努力都以隔靴搔痒告终，因为人们忽略了一件关键的事：确保金融部门做真正该做的事。

限制银行通过投机和滥用权力来牟取利益虽然可以鼓励金融机构回到它的本职工作上来，但还远远不够，美国还需要提高金融部门的竞争性。

在任何一个国家中，政府都必须为社会鞠躬尽瘁，它必须积极地为中小新兴企业、长期投资项目（包括基础设施建设）及高风险的科技项目提供融资服务。然而，即便有反歧视法规，银行依然对其服务对象充满歧视。即便是在资本主义程度较高的国家——美国，政府长期以来也一直积极参与金融服务的供应。现在，美国政府也许不得不在这其中扮演更为积极的角色，而这能否实现在很大程度上取决于美国在监管改革方面取得的成果，以及银行自身在改革方面的表现。相比于实行监管，迫使私人金融部门以公平竞争和更负责任的态度提供金融服务，同时政府通过公共部门提供融资渠道（如发放抵押贷款），与私人部门形成竞争关系，也许能更有效地遏制私人金融部门的剥削行为。

金融改革的难点在于政治领域，而非经济领域。在一个以金钱利益为驱动力的政治体系中，金融作为资金的来源，将不可避免地拥有巨大的政治权力。不幸的是，银行家会利用自己的政治影响力，不择手段地打压一切针对他们的监管措施。因此，尽管从经济角度上看这一问题似乎很好解决，但是从政治角度上看则困难重重。这一困境也证实了美国建国初期有人提出的忧虑，即大型的金融机构政治影响力过大。这也是本书最后一部分将要探讨的主题：如果美国想要实现必要的经济改革，首先需要改革政治制度。

第 6 章

新技术带来的挑战

　　硅谷和与之相关的科学技术进步已然成了美国创新和创业精神的象征。那些像史蒂夫·乔布斯和马克·扎克伯格一样的传奇人物将他们打造的产品销往全球各地，这些产品深受人们的喜爱。与此同时，技术进步也打通了人与人之间的物理交流障碍。英特尔生产的芯片使电子产品的运算速度让世界上最聪明的大脑也望尘莫及。人工智能（AI）不仅可以在诸如国际象棋等简单的游戏中轻松击败人类，在围棋等更复杂的游戏中也能做到。要知道在围棋中，所有可能的走法加起来比全宇宙原子的总量还多。[1]而作为"美国精神"的集中体现，比尔·盖茨无疑是最好的化身。他已经积累了大约1350亿美元的财富，并开始向慈善机构捐赠大量的资金，致力于在世界各地抗击疾病，还试图改善美国的教育产业。

　　然而，这些看似美好的表象背后也有黑暗的一面，如科技巨头对就业市场产生的负面影响。新兴产业的兴起伴随着权力的滥用，从拓展市场势力到侵犯个人隐私，最后升级为操纵政治。

高科技时代的零失业现象

新技术的引入往往会导致很多忧虑产生。比如，在 20 世纪初，人们发明了比人类更为强大的机器。如今，机器在处理程式化的工作时要比人类更有效率。伴随着人工智能的快速发展，人类即将面对一个更加棘手的挑战：机器不仅能比人类更高效地执行程序化的任务，在某些特定领域，它们的学习能力甚至比人类更强。

由此可见，机器在很多至关重要的工作岗位上的适应性超越了人类，对工人进行更好的教育和工作培训只是一种短期的权宜之计，现在计算机已经开始淘汰放射科的医生了。因此，即便人们拥有医学博士学位也不意味着他们能稳定就业。我预计在几年之内，自动驾驶车辆将取代人类司机。我们必须慎重对待这个问题，因为世界上有千千万万的司机，而且这些司机往往只有高中甚至高中以下的文凭。

令人担忧的是，这些即将取代人力劳动的机器将会压低"工人"的工资水平，尤其是低技能"工人"的工资水平，并增加失业率。虽然人们自然会想到通过提升技术水准来抵抗这种趋势，但是在很多技术领域，仅仅提升技术水平还远远不够。在搭载人工智能的情况下，机器可以更高效地学习复杂的任务，甚至比受过良好教育的人类表现得更好。

有些人对未来依然保持乐观。因为过去每次经济结构转型的时候，市场似乎总会创造新的就业机会。此外，这些"技术乐观主义者"声称科技进步的速度被夸大了。事实上,科技进步的结果确实没有体现在宏观数据之中,近几年生产力的增长明显低于 20 世纪 90 年代和"二战"之后的数十年。关于这一点,来自西北大学(Northwestern University)的罗伯特·戈登在他的畅销书《美国增长的起落》(*The Rise and Fall of American Growth: The US Standard of Living Since the Civil War*)中也提出了相关主张,他认为人类创新的步伐实质上已经有所放缓。[2] 没错,Facebook 和谷歌非常方便,但是这些创新产品远远无法与电力的发明,甚至室内厕所和清洁水相媲美,后者在改善人类健康、延长人类寿命方面发挥了至关重要的作用。

但是这些过去的经验可能无法成为未来的借鉴。半个多世纪以前,著名数学家约翰·冯·诺依曼[3] 曾提出,也许有一天,生产一台机器的成本会低于雇用或训练一个"工人"的成本,而这些机器将由其他学习如何生产机器的机器来生产。从企业的角度考虑,让机器替代人力的关键原因并不仅仅是机器提高了生产率。机器的设计、制造和管理比人力资源管理要容易和便宜得多。比如,机器不会像人类那样罢工,也不需要专门设立一个人力资源部门来照顾人们的需求,而且机器不会被感情因素左右。正如之前我们所提到的关于放射科医生被机器取代的例子一样,诺依曼的预言正在成为现实。考虑到人工智能在过去 5 年所取得的进步,在未来,机器能取代的工作的范围和种类只会不断加速扩大。[4]

在某些领域,人工智能的进步并不会取代劳动力,反而会提升人们的工作效率,这种创新往往被称为智能辅助创新。类似这样的创新形式可以增加社会对劳动力的需求,提高人们的工资水平。过去很多科技方面的革新都是智能辅助创新，但是我对此并不持乐观态度。就业问题在过去十分严峻，未来很可能会朝着更加糟糕的方向发展。相关经济学文献曾经提出，技术革命可能会以"两极化"的形式发展，即社会未来的就业增长将分为两类：一类是技术门槛极高的工作，而另一类是技术门槛非常低，且工资相对较低的工作。[5]

当机器生产取代了劳动力，失业率将会随之上升。有一个杜撰出来的故事很完美地描述了我们将会遭遇的困境。福特的主管和工会主席并肩俯视着新落成的汽车工厂，那里的大部分工作都是由机器完成的。"你打算怎么让那些机器支付你们工会的会费？"福特的主管挖苦道，"这些机器不会成为你们之中的一员。"工会主席如此回答道："你要怎样才能让它们买你的车呢？"[6]

就业机会的流失会导致消费需求降低，如果没有强有力的政府进行干预，经济可能会长期陷入停滞状态。最讽刺的是，如果这种情况真的发生，技术进步可能会摧毁经济，而不会为全人类带来福祉。有些人认为，这正是美国在大萧条之前发生的情形。[7]农业技术的飞速发展导致一些商品的价格急速下跌，从而为大萧条的爆发埋下了祸根。[8]结果，1929～1932年，农业净收入实际下降了70%以上。[9]农民的收入迅速减少，与之相对应的是农民的财富也相应减少了。然后，伴随着农村土地和房屋的贬值，一个可怕的恶性循环开始了：失业的农民负担不起迁往城市的费用，当收入下降时，他们只好更勤奋地工作，生产出更多产品，结果适得其反，农产品的价格被压得更低。

此外，由于收入减少，这些农民买不起城市生产的商品，如汽车。[10]因此，农民所遭受的苦难很快向城市蔓延，新一轮痛苦的循环开始了：城市收入水平的降低导致城市对农产品的需求量降低，从而再次压低了农产品的价格，农民所承受的负担进一步加重。如此循环往复，经济陷入了低水平均衡陷阱（low-level equilibrium trap），这是"二战"的产物。在战后阶段，政府大力推动农民从乡村走向城市，训练他们，让他们足以在城市工作，从而带来了"二战"后的繁荣。

以上经验带来的教训就是，如果无法合理管控科技创新的步伐，技术进步不仅不会为人类带来繁荣，反而会酿成难以想象的灾祸。如今在比较好的经济大环境下，我们对管理面临技术革新的经济体有了更深入的认识。保持劳动力市场充分就业是重中之重。当积极的货币政策（如降低利率或增加信贷供应）不起作用时，我们可以使用积极的财政政策（即减税或增加政府支出，特别是增加公共投资）来达成这一目的。货币政策和财政政策都会刺激总需求，只要有足够的刺激，经济总能恢复到充分就业的状态。[11]

因此高科技对就业市场带来的冲击实质上是一个政治问题。盲目的意识形态会让财政刺激的具体实施变得十分困难，尤其是当这种意识形态和肮脏腐败的政治体系相结合时。[12] 这种情况在大衰退时期就已经发生过了。尽管美联储把利率降到了零，但这并没有使劳动力市场恢复到充分就业水平。即便如此，共和党和其他财政鹰派人士仍拒绝采取充分的财政刺激措施。他们的拒绝尤其令人难以接受，因为当时的政府完全能够以负的实际利率（考虑到物价的上涨）筹得资金，在国家急需资金的时候，他们错过了进行公共投资的大好时机。

过度依赖货币政策会导致另一个更深层次的问题，在资金成本十分低廉的情况下，追求利润的企业更倾向于投资能代替劳动力的机器。另外，企业必须在资金有限的情况下决定如何更好地分配资源，尽量削减成本。由于美联储将利率长期维持在低水平状态，资本相对于劳动力显得尤为低廉，因此，企业倾向于减少劳动力也就不足为奇了。在这种情况下，本来已经不足以维持充分就业的劳动力需求进一步降低。[13]

低收入与不平等问题

仅仅实现充分就业可能还不够。因为如果机器取代了劳动力，那么无论如何，劳动力市场对劳动力的需求都会下降。因此，根据供给与需求定律，如果要使经济恢复到充分就业状态，"工人"的工资水平就必须下降。这意味着如果没有政府的干预，经济在很大程度上将会更加难以为继。[14]

当然，从原则上说，全球化和技术进步还是有利于人类社会的。全球化和技术进步增加了国家经济蛋糕的规模，可以利用的资源增加了，因此每个人都会从中获利。但是，机器取代劳动力所导致的结果并不止于此。劳动力（尤其是低技术水平的劳动力）需求减少会导致平均工资水平降低，此时即使国民整体收入增加，"工人"的收入也会减少。涓滴经济学是行不通的，就像它对全球化的解释也是行不通的一样。

但是政府可以通过四项基本政策让大部分人都得到好处：①确保经济规则的公平性，保证规则不会对"工人"不利，并且防止科技巨头利用技术扩张市场势力（后文将提到）。加强"工人"的议价能力，削弱企业的垄断权力，有利于创造一个更有效率、更平等的经济环境。②在制定知识产权法规的时候，应该让技术进步带来的成果被更广泛地分享给社会，因为这些成果大多建立在由政府资助的基础研究的基础上。③累进税制和支出政策有助于实现收入的再分配。④我们需要认识到政府在经济结构从制造业向服务业转变的过程中所起的作用。这一变化与一个世纪前经济结构从农业转向制造业时发生的结构性变化是类似的。

在如今经济结构转型的过程中，政府必须要付出更多努力，因为政府资金的支持对医疗和教育这样正在扩张中的服务部门是至关重要的。如果政府用合理的工资[15]聘请更多的"工人"来照顾老弱病残，雇用更多的教育工作者来培养年轻人，那么整个经济体的平均收入将会上涨。如果整个社会重视弱势群体的状况，人们自然愿意付出更多成本。例如，如果人们希望子孙后代能接受更好的教育，就需要提高教师的薪资水平，更高的工资能吸引更多人才从事教学工作。虽然美国需要征收更高的税收来实现相应的公款支出，但是由于科技进步扩大了经济蛋糕的规模，增加税收并不会增加人民的负担，反而能令资本家和致力于创新的工作者更加富裕。

简而言之，只要有政治意愿，技术进步带来的失业和工资水平下降等"工人"目前所遭遇的困境就将迎刃而解。在本书的第二部分我将对此展开详细讨论。

市场势力与人工智能

在前文中，我已经着重强调过市场势力正在侵蚀美国经济的多个部门，而且市场势力的扩张可能会导致经济效益降低，社会不平等问题加剧。而这些问题和其所导致的结果在高科技产业中表现得尤为突出，其原因我在本书第 3 章已解释过了。

大数据技术让像谷歌、亚马逊和 Facebook 一样的科技巨头掌握了大量客户的资料，而人工智能则进一步扩大了它们的市场势力。只要这些企业继续维持数据垄断，那么它们将会比任何人都了解自己的客户（它们也没有动机将这些数据共享给其他人）。大数据技术的拥护者认为，企业可以根据收集的数据为客户设计更能满足其需要的产品，并根据每个客户的要求进行定制。他们还认为大数据能够推进医疗保健的发展，为所有人提供量身定制的医疗服务。搜索引擎企业声称它们可以使用这些数据更精确地投放广告，因此人们能更方便地获得他们需要的信息。[16] 以上都是大数据比较积极的一面，然而科技龙头企业也能利用这些数据，以牺牲客户的利益为代价，通过人工智能技术增强自己的市场势力，攫取更多利润。

这些新兴科技巨头所掌握的潜在市场势力要比 20 世纪初垄断企业所掌握的更加强大和危险。曾经，以 Swift、标准石油（Standard Oil）、美国烟草（American Tobacco）、美国制糖（American Sugar Refining Company）及美国钢铁（US Steel）等为首的垄断企业可以利用其市场势力随意操纵食品、石油、烟草、糖和钢铁的价格。然而，现在已经不仅仅是提高商品价格这么简单了。

Facebook 可以通过改变算法来左右客户看到的信息，市场势力的影响力由此可见一斑。一种新的算法可能会导致某个媒体迅速衰落，也可能创造（甚至最终终结）一种新的、受众更加广泛的传媒渠道（如 Facebook Live）。

由于这些科技巨头的市场势力过于庞大，竞争监管机构必须对此采取措施，传统的反垄断手段已经不足以应付现状，对于这些致力于拓展市场势力的龙头企业，政府必须跟上它们"创新"的步伐。比如，就像我们之前曾经提到过的，美国是时候考虑将 WhatsApp 和 Instagram 从 Facebook 中分离出来了。同时，美国也要限制利益冲突的范围，如限制谷歌的在线商店在与那些在其平台上做广告的商家竞争时爆发的利益冲突。

美国必须进一步加强对高新技术的管理，如限制数据的访问和使用权限。接下来，我将分享一些可供参考的想法。

大数据与客户定位

由于人工智能和大数据采集了消费者的偏好信息及愿意支付的价格，企业被赋予了价格歧视的权力，它们可以向那些对产品价值评价更高的消费者或选择空间较小的消费者收取更多费用。[17] 价格歧视不仅有失公允，而且给经济的运转效率拖了后腿，因为标准经济理论是建立在无歧视性定价的基础上的。[18] 对于同一件商品，每个人所支付的价格应该是相同的，但是人工智能和大数据可以令不同的人支付不同的价格。

因此，大数据和人工智能让高科技企业分了更大一杯羹，而社会其余成员（如普通消费者）的处境却更加艰难。例如，史泰博（Staples）已经被证明可以得知在特定邮政编码区域的居民区附近是否有与其类型相同的商店，如果该地区没有的话，史泰博就可以对网上订单收取更高的费用。[19] 保险企业也同样知道客户的邮政编码，并且会根据邮政编码收取不同的保费。它们不仅根据客户的邮政编码收取不同的费用，而且利用市场势力榨取更多利益。事实上，像上述这样通过邮政编码区别定价的案例主要针对的是少数族裔，因此人工智能和大数据已经被证明是施行种族歧视的新道具。

21 世纪的数字经济扩大了企业对目标消费群体的影响力，[20] 使它们可以轻易地找到消费者的弱点。例如，人工智能可以辨别出容易对赌博上瘾的人，人们可能会被别有用心的组织蛊惑去拉斯维加斯或者就近的赌场（赌博）。正如社会学家泽内普·图费克奇反复强调的那样，人工智能可以利用人们对诸如新鞋、手提包或者海滨旅行等非理性的渴望，向消费者提供有针对性的信息，导致人们大肆挥霍金钱，使感性的自我压倒理性的自我。[21] 诺贝尔奖得主理查德·塞勒在他的研究中描述了人们内心中感性自我和理性自我斗争的过程。新技术放大了人类软弱的一面，而更让人担心的是，大数据和人工智能可以帮助企业近乎完美地洞察人类的弱点，并据此调整未来的战略方向，以实现更大程度上的利益最大化。

大数据在很多科研领域中也十分有价值。一家基因企业收集的数据越多，它就越有能力分析一个人的 DNA，并检测出某些特定基因序列。追求利益最大化的企业倾向于尽可能多地收集个人数据，拒绝将这些数据分享给其他人。从下面一则故事中可以看出，在企业追求利润的过程中，生命的凋亡只是另一种形式的附带损害。"人类基因组计划"始于 1990 年，是一个致力于破译人类基因序列的伟大国际工程。该工程于 2003 年圆满结束。但是一些私人企业意识到，如果它们能走在这个项目的前面，就可以将破译出来的基因编码申请专利，进而牟取暴利。例如，犹他州的麦利亚德（Myriad）公司获得了 BRCA1 和 BRCA2 两种基因的专利，并开发了一项基因测试技术来检测这两种基因的携带者。这项检测十分有价值，因为携带这些基因的女性罹患乳腺癌的概率很高。麦利亚德公司开始漫天要价，诊断费用从 2500 美元涨到 4000 美元，后者相当于整个基因组测序的成本。高昂的价格超出了很多人的承受范围，但麦利亚德公司的诊断不仅价格昂贵，其检测技术也和其他所有测试技术一样并不完美。与此同时，耶鲁大学的科学家开发了一种号称结果更准确的检测技术，他们愿意以低廉的价格向公众提供基因诊断服务。而作为该专利的"拥有者"，麦利亚德公司却不愿意他们这么做。它之所以拒绝，并非仅仅因为利润受到损失，而是因为它需要数据。幸运的是，这个故事的结局是圆满的。分子病理学协会起诉了麦利亚德公司，协会认为天然的基因是不应该获得专利保护的。2013 年 6 月 13 日，在一次历史性的判决中，美国最高法院一致做出裁决，否决了麦利亚德公司的基因专利。[22] 自那以后，基因诊断检测的价格下降了，而且质量上升了。这个例子将专利对技术创新产生的负面影响体现得淋漓尽致。

当然，为了摸清客户的偏好，以便于榨干每个客户的最大价值，企业必须掌握大量数据，这意味人们会丧失个人隐私。虽然有些人会认为，只要没做什么见不得人的事，有没有隐私其实没什么关系，但这种想法毫无疑问是错误的。因为任何一个收集了大量关于他人数据的人（或者组织）都有可能将部分信息泄露出去，个人信息的安全性将受到威胁。如今，大数据及信息技术的进步可以让企业和政府轻松地构建一个巨大的电子档案库。

有些人对此感到庆幸，因为美国的大数据技术掌握在像谷歌、Facebook 或亚马逊这样的私人企业手中，而非政府。我并不认为这是件好事，一旦考虑到网络安全的问题，公共和私人之间的界限就变得十分模糊。爱德华·斯诺登的爆料告诉人们，美国政府已经掌握了大量个人的信息，而且美国国家安全局可以轻易获取任何私人企业拥有的数据。[23] 此外，有关 Facebook 收集大量客户数据的意图、它将部分数据披露给其他机构的举动（如剑桥分析公司），以及它为保护数据所采取的安全措施（是否到位）——这一切都让人感到毛骨悚然。

简而言之，我们必须关注个人隐私。在这个时代，隐私和权力是密不可分的。拥有大数据技术的企业早就明白了这个道理，而作为它的狩猎对象，大多数消费者似乎对此无知无觉。

这种科技强权有很多种表现形式。人们已经注意到像 Facebook、亚马逊和谷歌这样的信息巨头会通过信息优势来巩固自己的市场占有率，排挤竞争对手，并将自己的市场势力渗透到其他各个领域。由于这些企业在数据上占据绝对优势，竞争对手几乎没有进入市场的空间。经济理论和过去的历史告诉人们，"老牌"垄断者缺乏创新的动力，它们更乐于巩固和拓展自己的市场势力，而不会耗费精力研究如何更好地为他人服务。[24]

规范数据及其用途

如果大量数据被掌握在少数企业手中，由此而来的市场势力、个人隐私和安全问题将会引发社会动荡。这应该引起我们的关注。在应对这些问题时，政府可以采取行动的空间其实很大，如更合理地分配数据的所有权，规范数据的用途。[25]

欧洲已经开始进行类似的尝试。[26] 有些科技巨头企业抱怨说，欧洲官员采取这些措施是因为他们"反美"。这样的解读当然是错误的。欧洲之所以采取行动，是因为欧洲的法律要求政府维持市场的竞争性，而且整个欧洲对个人隐私是极为看重的。美国在这方面一直落于下风，至少有部分原因在于科技巨头的政治影响力。[27]

关于要如何限制科技巨头的垄断权力和对权力的滥用，有一种主张是将私人数据的所有权直接赋予个人。这意味着企业如果想使用这部分私人数据，必须向数据的所有者支付一定费用，而数据所有者也可以拒绝企业的请求，以免企业通过获取数据对自己进行剥削。而这也意味着，至少数据价值其中的一部分归个人所有，而非科技企业。欧洲已经开始试水类似的措施，试图在一定程度上给予个人掌握私人数据的权力，如谷歌必须要获得客户明确的同意才能使用其数据。自由市场的拥护者则支持另一种解决方案：让客户自己决定。因此，一些互联网企业提出，如果客户允许它们使用数据，互联网企业将对这些客户提供一小部分折扣，而大多数客户也欣然支持这项提议。一家企业的负责人曾向我吹嘘他能够以多么低廉的价格获得如此有价值的数据，并最终成功地将这些数据转化为大笔财富。

面对这种情况，有些人说：顺其自然吧。每个人都可以自由决定别人是否可以使用自己的数据。但在社会生活的许多领域，我们会作为一个社会整体对个人的选择加以约束。在一些情况下，我们的社会严令禁止个人做出即便是只会对自己产生危害的行为，如参与传销或出售器官。同样的道理也适用于个人数据的使用权，特别值得注意的是，当一个人的数据与其他人的数据相结合时，将会创造出更有利于企业剥削消费者的环境。消费者实际上并不理解自己的数据有什么价值，他们也没有想过当自己的数据被一些心术不正的人利用时会发生什么，更不清楚企业对他们的隐私和安全漠视到了什么地步。大多数人甚至不知道产品责任法是什么，也不知道数据被泄露的后果是什么。考虑到美国现有的法律体系并不公正，想要伸张正义就必须付出很大代价。艾可菲（Equifax）的丑闻揭示了美国企业的虚伪。这家企

业在未获得客户允许的情况下大量收集个人数据，其在 2017 年发生
了一次大规模的数据泄露事件。由于系统遭到入侵，1.5 亿美国人的
私人信息转眼间被黑客盗走。更过分的是，艾可菲不仅未能确保数据
的安全，还试图利用数据泄露本身赚钱，受害者如果想要查明自己的
数据是否泄露，就必须签署弃权书。[28]

对企业实施数据监管可以有很多种不同的形式。软性监管只会
要求透明度，并对企业披露的隐私和安全政策进行审查，以确保其准
确性。硬性监管需要更有力度的监督和禁令，如禁止贩卖和滥用客
户数据，这样我们至少可以确保客户知道自己的数据被如何使用。此
外，我们必须对数据的汇总加以限制。人们必须意识到，随着企业掌
握的数据总量增加，个人的隐私和权益越来越有可能受到侵害。我们
可以对数据的使用实行"知情同意"制度，但问题是必须对合理使用
数据的方式做出定义，并确保个人意愿得到充分的尊重。例如，很
多人以为自己在 Facebook 上设置的隐私等级已经很高了，但实际上
Facebook 依然能高度自由地使用他们的个人数据。

政府对监管措施的加强可以更进一步，如规定企业在使用个人数
据时需要支付的最低价格，甚至禁止企业在超出一定时间之后存储客
户的个人资料。[29]

设立一个审查程序也许是不错的选择。任何持有大量个人数据的
企业都必须向审查小组披露这些信息的使用情况。考虑到一些科技巨
头不堪入目的诚信记录，任何欺骗行为都必须受到严厉的惩罚。

还可以考虑对数据的使用或存储进行征税。允许人们收集、存储
和使用大量数据的技术本身也给征税带来了很多便利。我们可以要求

数据只能以"集合体"的形式存在，而且这些被存储的数据没有单独的标识符（即以匿名数据的形式存储）。允许研究人员收集相关的数据用以分析消费者的行为模式，但这些数据不能直接指向特定的个人。[30]

我们甚至可以更进一步，将数据视为一种公共产品，要求所有存储的数据（无论是否经过处理）都向社会开放，从而削弱科技巨头利用数据优势得以巩固的垄断地位。但这种做法将会引发关于隐私问题的争论：少数几家大型科技企业利用大数据增强了自己的市场势力，但如果人们想要通过公开数据的方式打破僵局，那最终会出现一个巨大的"公共数据池"。然而这意味着人们的隐私会受到更严重的威胁，也给了商家更多可乘之机。进入市场的企业将会争先恐后地利用公共信息为自己捞取更多利益，包括用上文提及的各种手段收集数据以剥削消费者，这反而会增加企业滥用数据的可能性。因此，即使要公开所有数据，政府也必须对数据的用途做出限制，并且避免数据过度集中化。

新技术及其对民主的威胁

相比于新技术对经济和隐私构成的潜在威胁，美国更应该担忧的是其对民主造成的危害。新兴技术本身是一把双刃剑。支持者强调了其积极的一面，他们认为新技术创造了一个更大的公共空间，人们可以在此各抒己见，每个人都拥有话语权。然而，我们渐渐看到了其更为阴暗险恶的一面。新兴技术不仅可以提高一国的经济利润，也可以用来操纵舆论，使人们对与之相异的观点产生怀疑。财力雄厚的资本家更容易操纵舆论，如罗伯特·默瑟家族及其他资助剑桥分析公司的资本家就曾经在 2016 年秘密操纵美国大选。因此，新技术为那些对于权力和财富永不满足的野心家开了一道大门。

虽然人们已经提出了很多改革方案，但遗憾的是没有一个可以真正付诸现实。有些国家把对舆论的整顿集中在社交平台上，如德国。考虑到德国有过控制舆论的历史，其在这方面采取的强硬立场就并不令人感到十分意外了。在某些情况下，简单地延缓互联网的速度可以有效降低错误信息传播或流行的机会，防止言论大规模扩散。与此同时，政府可以对言论的真实性进行核查，并将已经核查过的项目标记出来。

人们应当要求社交媒体披露那些自称"真实新闻"的付费广告的来源，这将有助于制止境外势力对美国本土的选举操纵，即使这会让Facebook 和 Twitter 损失一些利润。为了防止银行沦为洗钱的渠道，美国曾要求银行了解它们的客户，而对于如 Facebook 和 Twitter 之类的社交媒体，美国也应当提出类似的要求。

社交媒体平台和出版商很像，因为它们都是新闻和广告的载体。然而报纸会对其刊载的内容负责，而掌握着社交媒体的科技巨头则会利用自己的政治影响力来逃避这一责任。[31] 试想一下，如果它们能肩负起自己的职责，谨慎地发布信息，加大内容审核的投入，那么网络环境将会更加诚信和安全。[32] 美国也可以尝试培养消费者对信息的鉴别能力。以意大利为代表的一些国家正在大范围地加强公共媒体（包括社交媒体）方面的教育，通过这种教育，人们明辨是非的能力得到了提升。[33]

一个积极的、被大众所信任的媒体机构应当及时曝光发生的事件。正如前文所说，集体行为最重要的部分在于做出集体决定时整个过程的完整性，以及这些决定背后的合理依据。媒体是公共产品，它需要获得公众的支持。很多国家，如瑞典和英国，都有积极独立且深受人们信任的媒体机构，这些媒体机构都是由政府投资建设的。尽管如此，很多右翼人士仍企图打压这些媒体，也许是因为他们害怕真相曝光，又或者是因为他们更青睐由富人控制的媒体（如默多克控制的福克斯新闻），毕竟富人更有可能和他们站在一起。一个国家不能任由资本操纵自己的媒体，应该积极探索和建立有效的、独立的、资金充足的公共媒体机构。

不幸的是，那些利用新兴技术来操纵政治的利益集团深知美国监管框架的局限性，而且不遗余力地利用美国法规中的漏洞。这是一场战争，而破坏民主的那一方似乎在这个关键时刻占了上风。

民主之所以落败是因为人们在维护言论自由的过程中走入了歧途。即便是最深知言论自由原则的美国最高法院也明白，一个人不能在拥挤的剧院里高喊"着火了"（出自 1919 年的申克诉美国案）。在为公众赢得知情权的战争中，为了防止虚假信息对民主的腐蚀，美国政府必须提出更有力的举措。

最后，像 Facebook 这样掌握并滥用市场势力的社交平台已经过于臃肿了，以至于对社会的整体福利产生了负面影响。曾经，当标准石油变得过于庞大和强势时，美国便将其拆分成几部分。由于标准石油的规模经济并不显著，将其拆分的经济成本相对较小。然而 Facebook 更接近于我们之前曾经提过的"自然垄断"，[34] 既难以被拆分，又难以进行规范管理。此外，拆分可能会使监管工作变得更加困难。也许将 Facebook 公有化是唯一的解决方式，借此 Facebook 将不得不接受公众的严密监督。[35]

然而，这项举措的反对者担心共同监管将会阻碍创新的产生。尽管我相信美国可以同时做到加强监管和促进创新，但是美国人依然需要扪心自问，为什么人们会如此在意"监管会遏制创新"。正如前文所提到的那样，技术创新所蕴含的社会价值可能远远低于硅谷企业所宣传的。更严格的公共监督（甚至公共所有权）可以将创新引入更具建设性的领域。虽然对企业来说，通过更精妙的手段将广告投放给目标消费者，或者更高效地榨取更多消费者剩余能为其带来大量利润，但是若这样做，社会利益和个人利益实际上发生了冲突，歧视性定价给社会带来的危害要远甚于私人所得的好处。[36]

在美国以及任何一个国家，我相信在保障人们公开透明化参与的前提下，强有力的法规和国会的监管可以约束社交平台的行为，使国家免于遭受隐私泄露、政治操纵和市场势力带来的恶果。要知道，即使是在制度建设比较薄弱的国家，人们也依然会担心权力被滥用。同时，美国也要在监管机制有效的前提下支持真正有价值的创新事业。[37] 在未来几年，这些可能是关乎美国民主和社会存亡的重要因素。

人工智能时代的全球化

世界各国对隐私和网络安全的不同看法可能是未来全球化的最大障碍。一些人认为，随着美国和其他国家建立了不同的法律体系，世界正在走向一个"分裂的网络"。[38]

在科技巨头施加的影响之下，美国可能会（在特朗普的领导下）要求世界上所有的国家都接受美国的标准，并要求欧洲废除旨在保护隐私的一系列规定。[39] 然而，这个视角实在是过于狭隘了。欧洲对隐私的关注是有充分理由的，无论美国政府是出于对美国人真正的关切，试图为自己的人民争取权益，还是受到金钱驱动的政治力量的驱使，受制于高新技术企业的强权威慑，欧洲都没有理由屈从于美国政府的要求。因此我建议，美国应当加入欧洲的行列，建立一个强有力的隐私保护机制，如果有必要的话，还应当找出一种有效的手段来抵消其他国家使用大数据技术的优势。[40]

结论

本章阐述了一些新兴技术如何进一步加剧了前几章所提出的所有社会矛盾，尤其是关于就业、工资水平、不平等以及市场势力的。技术进步也为社会带来了新的困境，如个人隐私泄露和网络安全问题。尽管解决方案尚不清晰，但是有一点是相当明确的：不能把这些问题都丢给市场处理。

我们已经在前几章讨论过市场经济（即美国的资本主义制度）如何塑造了现在的美国。美式资本主义让大部分美国人变得更加自私自利，甚至失去道德底线。同样，在讨论技术带来的挑战时，我们需要理解技术进步如何重新塑造了美国人及其社会身份。

越来越多的证据表明，新兴技术正以多种方式影响个人及其与他人的互动。人们集中注意力的时长正在缩短，在这样的情况下根本无法解决难题。人与人之间的交往越来越有限，社交圈子的固化越来越严重，导致社会两极化程度加深，人们彼此之间的芥蒂增多，想找到共同点也越来越困难。久而久之，社会合作会变得更加遥不可及。在社会矫正机制不完善的时候，欺凌现象将会越演越烈，从而将人们最差的一面无限放大，这种情形常常出现。因此，虽然人们仍在表面上与他人维系着看似更加友好的关系，但社会互动的深度和质量也许正在不断下降。

在这种情况下，就连那些驰骋于科技界的成功人士也开始感到不安，因为没有人知道美国将会被引向何方。然而，已成事实的是美国已经被划分为两个相互敌对的阵营，而且两者看待世界的视角是完全不同的。它们甚至可以为了一个另类事实（alternative fact）争得头破血流，美国内部越来越难以就可行政策的制定达成共识。[41]

本书想表达的中心思想是：美国现在所面临的所有问题，本来或者至少在一定程度上不至于发展到今天这个程度。技术进步本应是一种恩惠，它本该至少能确保每个人都过上体面的生活，满足每个人最基本的生活需求。但是，如果美国不采取强有力的集体行动，技术进步很可能会进一步拉开贫富差距，导致大部分人陷入贫困的深渊。在接下来的章节里，我将着重讨论为什么美国人必须齐心协力，为什么单靠市场和个人的力量是不行的。

第 7 章

为什么需要政府

集体行动能达成个体独自工作无法达成的成就，这一基本原则早就得到了人们的认可。大规模集体行动的必要性在依赖灌溉的古代农耕社会就得以印证。在那个时代，所有人都从用于灌溉的运河当中受益，而从运河的修筑到后期维护，人们都以集体组织的形式参与并提供资金。此外，在许多水资源有限的地区，人们必须制定公平分配水资源的规则。同样地，在规则的执行与监督上也必须采取集体行动。早期的集体行动起源于对外敌的防卫，人民会团结起来保护自己的族群免受掠夺者的侵害。通过集体的共同努力，个人能够获得仅凭自身难以获取的庇护。

美国宪法昭示了各独立州的人民理解集体行动的必要性。正如其宪法序言所述：

　　我们美利坚合众国的人民，为了组织一个更完善的联邦，树立正义，保障国内的安宁，建立共同的国防，增进全民福利和确保我们自己及我们后代能安享自由带来的幸福，乃为美利坚合众国制定和确立这一部宪法。

　　要实现这些目标，全体美国人必须集体行动起来。为了共同的利益，美国人必须团结，这不仅仅指人民的自愿联合，还有政府及其背后所有潜在利益集团的支持。社会福利的提高不仅仅是由农民和商人在自由主义梦想里尽情追求利益的过程中实现的，还需要一个职责分明但权力有限的政府作为后盾。

　　有时，这种集体行动似乎与美国推崇的个人主义相抵触，美国的个人主义认为美国人（或者至少是美国人当中最成功的人）是依靠个人奋斗而获得成功的，如果个人不受政府的管束，应该会获得更大的成就。但其实，这个概念在很大程度上只是一个神话。从字面意义上讲，没有人是完全独立存在的，而且单从群居生物的进化繁衍过程来讲，个体之间也不可能完全没有合作。即使是美国人中最富有成就，能被称作天才的那类人也会意识到，他们的成就是站在前人的肩膀上才得以实现的。[1]一个简单的思维实验就能让那些想要反驳的人无话可说：如果我的父母出生在巴布亚新几内亚独立国或者刚果民主共和国的一个偏远村庄，那么我是否还能取得像今天一样的成就？每一个美国企业都受益于美国的法治和基础设施建设，以及数百年以来人类的智慧所创造和累积的技术。如果没有过去50年来累积的大量发明和创造成果，史蒂夫·乔布斯就不可能创造出iPhone，而这些发明大多是由公共部门资助的。

　　因此，一个运作良好的社会系统需要在个人主义和集体行动之间取得平衡。而令人担忧的是，今天的美国正在滑向天平的一侧，即过分强调个人主义的价值。

在这一章中，我想探讨集体行动的必要性和局限性。我们已经在前几章解释了全球化和金融化过程中所产生的问题。在大型企业实力增长的同时，"工人"的状况却逐渐恶化，即"富人越来越富，穷人越来越穷"。这类社会问题将会带来严重的不良后果。我们已经看到不平等的加剧如何导致经济增长放缓，而大部分人的情况实际上是随着时间的推移逐渐恶化的。我们已经看到技术进步有可能让事情变得更糟，但这一切都不是不可避免的。这些变化本可以以不同的方式加以管理，这样就会有更多的赢家和更少的输家。市场只是被动地依照游戏规则运行，所以美国需要改变游戏规则——通过集体行动改革市场经济。本书每章都为不同的情况提供了有针对性的建议。在本章中，我将通过解释一系列基本原则来把所有这些因素串联在一起，引领读者思考集体行动应该在经济社会中扮演的角色。在阐述了总体原则之后，我们将看到在国家不断发展经济的过程中，社会对政府的需求将会越来越大，这与许多右翼人士所追求的越来越小的政府相悖。

集体行动的必要性

在过去的半个世纪里，经济学家对于这种情况——有时集体行动对于确保社会总体目标的达成是必要的，而在这些情况下市场并不能自发产生公平且有效的结果有了更深刻的理解。[2] 例如，本书反复强调，社会利益回报和个人利益回报之间普遍存在冲突。比如，如果没有相应的规章制度监管，人们几乎不会在计算经济效益的时候考虑污染的成本。市场本身产生了太多的污染、不平等和失业，但关于这方面的基础研究实在太少了。

如国防等全体人民都能从中受益的商品被称为公共产品，[3] 而大多数公共产品必须通过集体行动才能生产出来。如果美国依靠私人部门提供公共产品，就会出现供应不足的问题。私人或企业只会考虑自己的利益，不会关注社会利益。[4]

国防只是其中最为典型的例子，当然也还有其他例子：良好的运河系统可以提高水稻的经济效益；高质量的道路、机场、电力、水和卫生设施等基础建设提高了人民的生活水平。

技术进步也是公共产品的一种。本书的第 1 章就强调了技术进步是提高生活水平最重要的源泉。晶体管和激光等技术创新给人类社会带来了许多益处。这就是基础研究必须由政府出资的原因。

在整个社会中，一个高效且公平的、为所有人民着想的政府是最重要的公共产品之一。[5] 如果我们要建设一个良好的政府，公众就必须支持从事公共利益的个人和机构，包括独立的媒体及智库。

在许多其他领域，如果市场不能发挥作用，集体行动就可以参与进来，提高人民的生活水平。我们之所以有各种社会保险体制（如退休年金、医疗养老、失业保险），原因其实很简单：它们所保障的都是对个人来说非常重大的风险。但在政府出现之前，市场要么拒绝为这些风险提供保险，要么只有在收取的费用足够高的情况下才提供保险服务，这意味着人们将会付出高昂的成本。[6]

充满活力的经济体总是复杂而多变的，而市场本身无法很好地管理这些变化。随着人口结构的显著变化，美国目前正从制造业经济转向全球化、城市化和服务创新化的新经济。

协调一个庞大而复杂的经济体是很困难的。在政府管理宏观经济的积极政策出台之前，社会经常会处于长期的高失业率状态。凯恩斯主义政策缩短了经济衰退的时间，延长了经济增长的时间。今天，几乎每个国家都有一个由政府管理的中央银行，并且大多数国家都认同稳定经济是政府的职责。

即使市场本身是有效和稳定的，但市场调节的结果也可能（往往）是社会无法接受的。因为太多的人濒于温饱的边缘，太多的财富只流向少数人。政府的一项基本职能是确保机会平等和社会公正。资本市场固有的缺陷意味着那些不幸出生在贫困家庭中的人依靠他们自己或父母的资源，将永远无法发挥出他们真正的价值。这意味着社会既是不公平的，也是低效率的。

政府干预是社会经济活动中必不可少的一部分，这点应该没有争议。然而，真正复杂的是政府要如何组织这些社会经济活动。在某些领域，政府已经被证明是比私人部门更有效率的参与者，如通过社会保障提供养老金或通过联邦医疗保险提供健康保险。[7]

在某些情况下，公私合营已经被证明是为社会提供服务的有效方式（如基础设施服务）。比如，如果私人企业提供在公有土地上修建公路的资金，它们将拥有这条公路 30 年的经营权，而 30 年之后这条公路将会移交给国家管理。然而，合作的风险通常由政府承担，这些私人企业会卷走利润。当出价过低时，企业会放弃执行合同；而当出价超过成本时，企业就会执行合同从而保留超额利润。这是一个只赢不输的赌局。[8]

这些例子背后的道理是，我们需要政府对社会组织生产和提供服务的方式持更开放的态度。对于这一点，任何反对都没有任何意义。那些认为私人部门永远比政府优秀的观点是错误的，也是非常危险的。[9]

法规与编写游戏规则

对美国来说，私人部门在制造业发挥了核心作用。然而，这并不意味着私人部门能够为所欲为。它需要被社会监管。人们必须理解为什么私人部门需要被监管，何时需要监管，如何更好地进行监管，以及为什么在许多领域，真正的问题并不是监管过度，而是监管不足。

在一个人们相互依赖的社会中，监督和管理必须存在。[10]因为一个人的行为会影响其他人，如果没有规章制度，就没有人会在意自己会给其他人带来什么影响。[11]一家排放污染物的企业，会缩短每个呼吸空气的人的寿命，并增加他们罹患肺病的风险。尽管这个企业排放的污染量并不大，但是如果排放同样污染量的企业有数百万家，后果是不堪设想的。显然，一个没有道德良知，只专注于盈利的企业，是不会花这些本应花的钱来控制污染的。

摩西十诫是一个为结构相对简单的社会设计的规则，以确保人们可以和平地生活在一起。红绿灯是一种简单的管理机制，允许不同方向的车辆轮流通行。只需要去某个发展中国家的一些大城市，观察一下由于没有这些规定而导致的混乱，就能看到这一规则和其他规章制度的好处。

现代社会运作所需要的规章制度显然是更加复杂的。银行知道如何通过具有掠夺性和欺骗性的贷款利用他人。一些大型银行可以毫无顾忌地进行投机活动，因为它们知道自己的规模足够庞大，不可能轻易地倒闭，而且一旦遇到问题，政府就会施以援手。2008 年美国政府不得不救助银行就是典型的例子。因此，社会当然要阻止银行利用高风险投机活动来为自己敛财。而银行则主张要解除对自己的监管措施，即取消那些限制它们投机敛财的监管政策。

在银行的奔走疾呼下，相关法律被成功制定。这些法律规定在破产的情况下，银行的金融衍生品（在 2008 年对经济产生巨大冲击的高风险金融产品）应先于"工人"或任何人得到偿付。银行家终于如愿以偿，他们成功地将银行的特权置于任何法律法规之上。在 2008 年的金融危机以及其他经济危机中，银行恬不知耻地要求政府进行救助。

因此，银行大力推动的"去监管化"运动实质上是为了建立一个"亲银行式"的监管制度。美国需要解决的问题应该是如何监管，而不是放松监管。任何国家、任何经济都离不开法律法规。银行希望得到的是"不需要承担任何责任"的权利，以及一套让银行可以自由地剥削他人、从事高风险活动而不需要对后果负责的规则和政策。

一个人的自由可能是另一个人的不自由。一个人污染环境的权利与另一个人不想死于污染的权利是相冲突的。金融市场自由化赋予了银行剥削他人的权利——从某种意义上说，它也开放了银行向我们所有人勒索钱财的权利，因为随之而来的金融危机迫使美国拿出了约 1 万亿美元来处理银行造成的麻烦。

每个社会都深受那些自私自利的人或集团所害。这些人寻求致富的手段并不是创造更好的产品，或者从事一些有益于社会的事业，而是剥削他人。他们会利用市场势力和信息不对称，从那些脆弱、贫穷或者受教育程度较低的人群下手。举一个经典的例子：肉类加工产业试图剥削消费者，向他们出售腐肉，直到厄普顿·辛克莱在 1906 年出版的《丛林》（*The Jungle*）一书揭露了这一事件。这本书的出版引起了巨大的轰动，该行业随后被要求进行监管，以便恢复人们对肉类加工品的信任。再举一个例子，几乎所有人都愿意做任何事情来确保其孩子不会饿死，确保他们有必需的药物——即使是支付高昂的利息为代价。这就是为什么那么多的国家和宗教都有法律和戒律来防止高利贷，也是为什么一个更人道、更富有的社会会尽其所能，以避免人们处于这种极端的境地，免受他人的剥削。更普遍地说，当议价能力存在太高的不对称性时，我们应该关注这个问题。

监管制度的批评者认为，美国的法律体系已经有足够的威慑作用，如伯纳德·麦道夫等已被定罪的罪犯就足以警示那些想要通过剥削他人敛财的人了。但是事实并非如此：美国需要制定监管法规，让不良行为从一开始就难以发生。防止这些行为出现比事后收拾残局要好，因为损失永远无法完全得到弥补，麦道夫的例子本身就说明了这一点。因此，美国应该制定规章制度以应对五花八门的掠夺性行为。例如，营利性学校利用人们对"出人头地"的追求来获取利益，却不提供任何有价值的知识产品；还有经济危机前抵押贷款市场的掠夺性贷款，以及近几年出现的发薪日贷款等。这些掠夺性行为都给人们的财产安全造成了极大的威胁。

简而言之，美国需要监管制度，而这是为了保证市场以（人们所希望的）竞争形式运行。交易应该在信息对等的条件下进行，交易双方都不应该试图利用另一方。如果人们对市场的监管缺乏信心，市场甚至可能会不复存在，就像没有人愿意购买一只会欺骗股民钱财的股票一般。

监管流程

设计一个良好、高效的监管体系是有一定难度的，但美国十分擅长将专业知识融入制衡体系之中。如果可以的话，美国希望尽可能地避免监管过程的政治化。在制定监管规则的过程中，国会将确定制定监管规定的目标和目的，并将制定法规的责任赋予独立但可靠的机构，而这些机构将尽可能公正地执行国会的意图（至少理论上如此）。美国甚至制定了规章制度，以保证监管规则在制定和执行过程中都是公平有效的。例如，所有主要的规定都需要进行成本－收益分析，以此对法规的收益和成本做出权衡。通常来说，收益都将是成本的好几倍。此外，该规定必须进行"通知和接受社会评论"环节，但整个过程都是公开透明的。对该法规持反对看法的人可以在这个流程中提出他们的意见，评论人士也可以提出完善和修改的建议。（当然，特殊利益集团的重要性将远远超过普通公众，这将导致一个比理想情况更加商业化的监管框架出现。[12]）随后，提出该规定的机构必须对社会评论做出回应，并在修订后发布一个最终版本。那些不喜欢这项规定的人可以在法庭上对它提出质疑，例如，主张这项规定与国会的初衷不一致，或违反一些政府规则、规章或命令，又或者是颁布这项规定的过程出了问题。

简而言之，美国在监管过程中采取了大量民主保障措施。但这也并不意味着每条规则都是符合理想的。在通常情况下，人们无法预料市场将会如何演变，而且世界的发展方向与人们的预期也会有所出入。世界是在不断变化的，一条在之前行得通的规则未来不一定奏效。[13] 人类所有制度都是容易出错的，而美国在构建有效框架方面已做得十分出色。[14]

修复监管条例及其基本原则

总体来说，需要加强监管美国经济，至少在某些关键领域。美国的经济一直在快速变化，因此监管制度必须跟上经济发展的步伐。例如，20 年前，人们对碳排放超标带来的危险无知无觉，而现在人们已经意识到了。美国急需要制定相关的法规来限制碳的过量排放。20 年前，肥胖并不是一个需要社会关注的问题，而现在的美国人希望自己的孩子远离容易上瘾的高糖高盐食品，因为正是这些高糖和高盐食品导致肥胖症成为一种普遍性的疾病。20 年前，美国不存在阿片类药物危机（opioid crisis），而今天制药企业在一定程度上是这场危机的罪魁祸首。20 年前，美国还没有出现一大批营利性教育机构，现在这些教育机构专门剥削学生，瞄准他们手中的政府贷款。[15]

关于网络中立性的冲突就是一个生动的例子，它充分说明了监管的必要性，揭露了企业在利益的驱使下操纵网络的恶行。

美国有三个主要的互联网供应商：康卡斯特（Comcast）、特许通讯（Charter）及美国电话电报（AT&T）。这三家企业互相竞争，都是美国互联网市场的主导者。所谓的网络中立性是指互联网的主导企业必须平等对待所有客户，尤其不能给予任何人网速特权。[16] 2015 年，联邦通信委员会（Federal Communications Commission，FCC）发布了《开放互联网法令》（Open Internet Order），网络中立性就此写入了美国的法律，这使得互联网实际上成了一种公共事业，并且避免了客

户之间的歧视（因此有了网络中立性一词）。但就在两年后的 2017 年
12 月，特朗普任命的 FCC 主席阿吉特·帕伊废除了《开放互联网法
令》。现在，没有任何法律法规可以限制互联网供应商给不同的在线
业务提供网速上的优待了。[17]

　　网络中立性的消亡是最近才发生的事，所以现在也很难说其结果
将会如何。但令人担忧的是，许多消费者和经济学家都一直认为互联
网本质上是一种公共事业。但在失去监管的情况下，互联网市场就会
遵循弱肉强食的丛林法则，强者将会霸占上风。在这种情况下，大型
企业将与互联网供应商达成更"有深度"的协议。企业将利用互联网
赋予的特权，控制互联网传播的信息（如娱乐）以加强自身的市场势
力，从而为自身带来更多利益。

　　流媒体视频服务就是一个很好的例子，它生动地揭示了网络中立
性的丧失可能会损害市场竞争，甚至对那些看起来很强大的大型企业
也不利。

　　奈飞是一家数据密集型企业，它对客户的吸引力源于视频的快速
无缝传输，这对大量数据的传输速度有着很高的要求。因此，互联网
接入速度放缓将对奈飞的生存能力造成严重的打击。如果一家互联网
提供商拥有自己的视频流媒体服务并与奈飞竞争，那么它可能会切断
奈飞的宽带接入，从而扩大自己的竞争优势。

　　没有了网络中立性法案，具有垄断性质的互联网供应商就可以要
求奈飞等客户支付额外费用才能获得高速服务，从而榨取很大一部分
利润。如果奈飞不让步（如支付"赎金"），互联网供应商就可以随意
降低其网络速度。

网络中立性法案的批评者总是声称市场会解决这类问题，因为如果消费者得不到想要的东西，他们就将转投另一家可以以较快的速度向其提供流媒体服务的供应商。但由于美国只有三大全国性互联网供应商，客户的选择其实非常有限，甚至在美国的很多地区，想要使用宽带上网的消费者只有一个选择。[18] 这在一定程度上印证了凯恩斯的观点，即使从长远来看确实会有更可靠的互联网供应商进入市场，但这段时间实际上相当漫长，可能需要等到我们这代人退出历史舞台，而如奈飞这样的企业是不可能等待这么长时间的。互联网供应商拥有如此强大的市场势力，对整个行业的创新都会构成阻碍。如果放任不管，其结果只能是社会不平等现象加剧，创新行为减少，国家经济增长放缓。[19]

政府失灵

我们已经解释了为什么集体行动是必要的，但这并不意味着集体行动就一定能成功。集体行动有多种形式和许多不同的层次。许多非政府组织和慈善机构致力于公益事业，像哈佛大学和哥伦比亚大学这样的非营利性大学是国家最成功的组织之一。捐款是这些大学主要的收入来源。在资金的支持下，大学通过基础研究生产知识，并将其传授给人们的子孙后代。

不过，政府依然是集体行动中最重要的机构。[20] 但问题是：政府所拥有的能够改善社会民生的权力可能会被一些团体或个人利用，这些个人或团体会以牺牲他人为代价攫取利益。与市场失灵相对应，这种情况有时候被称为政府失灵。政府行为的批判者声称依靠政府去解决市场失灵是一件比市场失灵本身都要糟糕的事情，而且政府失灵几乎无处不在。当然，这一观点是错误的。正如本书一直强调的那样：没有政府，人们将无法生存。人类无法退回没有任何监管制度的丛林社会，因此政府必须对此采取行动。问题是，如何确保政府的所作所为符合整个社会的利益？世界上最成功的国家是那些已经找到这个问题答案的国家，强大而有效的政府在这个过程中发挥了核心作用。例如，一些东亚国家就在几十年内快速地从贫穷的发展中国家发展为拥有强大新兴市场的国家，而政府在这个过程中发挥了主导作用。[21] 同样，在美国历史上，政府在经济发展过程中也扮演着举足轻重的角色。[22] 通过研究政府干预何时成功、何时失败，经济学家对如何防止政府失灵有了更深入的理解。许多政府失灵都与"俘获"有关，即私人企业和富有的个人利用金钱和影响力去干预政府决策，以满足私人部门的利益。美国必须时刻提防这种可能性，并制定相关规则和制度，尽量避免这种现象出现。

美国的一部分开国元勋认识到，具有批判性和独立性的媒体是健全民主制度的重要组成部分。民主的一个重要特征就是透明度高。

我在本书中展示了很多批评者反对政府的观点，这些观点通常把对政府的怀疑和对市场的（显然是不合理的）过分信任结合在一起。早些时候，我提到了"市场原教旨主义"（有时也被称为新自由主义）：这一观念认为不受约束的市场本身是有效和稳定的。如果我们让市场自己发挥作用去推动经济增长，每个人都会受益（即涓滴经济学）。在本书的前几章中，我已经说明了这种观点的狭隘之处，除非 2008 年的危机、前所未有的高失业率和严重的社会不平等现象都不能作为足够的论据。如果没有大规模的政府干预，这些问题都只会变得更糟。

正如我已经指出的那样，市场必须建立在规则和规章之上——至少也要防止个人或集团剥削他人，或者将私人成本强加于他人（如通过污染转嫁成本与危害），并且这些规章制度必须公开制定。

市场无法通过自身调节做到的事情其实很多，如对环境的保护；对教育、研究或基础设施进行足够的投资；为人们提供重要的社会保险。

政府应该扮演什么角色

21世纪，美国的"现实政治"十分严峻：那些主张维护人们生活标准，与我在本书中阐述过的想法不谋而合的人必须说服剩下的那部分人——有一些政策远比美国现在的路线（如特朗普所主张的本土主义和保护主义，以及里根在大约40年以前为美国设定的"市场原教旨主义"路线）更符合美国人的利益和价值观。不幸的是，很多时候像堕胎自由和同性恋平权这样的社会问题阻碍了国家解决基本的经济问题，即美国如何才能实现平等的增长。[23]

今天，阻碍人们接受这些想法的主要障碍是人们对政府缺乏信任。即使集体行动是可取的，右翼人士也助长了公众对政府的不信任。

只有当人们相信政治制度是公平的，相信美国的领导者不仅仅是在为自己工作时，信任才会出现。没有什么比虚伪和领导者的出尔反尔更能摧毁信任了。早在特朗普上任之前，美国的精英和政治领导者的所作所为，就给今天民众对政治的不信任创造了条件，因为他们所制定的政策似乎只对他们自己有利。20世纪八九十年代所推行的政策的真正赢家是精英阶层，他们曾经声称所有人都将从中受益的口号已经被证明是自私自利的无稽之谈。2008年，在这些政策引发的大衰退中，精英阶层只顾着拯救自己，银行家保住了奖金和工作，而数百万普通人流离失所，数千万人失去了工作。[24] 美国社会出了严重的问题，这不是市场发展过程中的自然现象，更不是一场千年一遇的"大洪水"。然而，尽管银行和银行家几乎每天都有新的不当行为被曝光，但基本没有人被追究责任。如果这都不算是违法，那什么才算呢？政府不得已抓了几个"示范"案例来充当门面，这些银行表面看也许是小型的中资银行，但其所有人其实都是中产阶级银行家，他们并不是金融危机的罪魁祸首。但是大银行的领导者，那些因银行的"成功"而获得丰厚回报的人，他们数十亿美元的利润似乎对金融危机是免疫的。他们因为银行带来的利润而居功自傲，却不承认他们犯下的罪行。[25]

美国创造了一个体系，在这个体系中，正义的缺失似乎与收入、财富和权力的不平等一样普遍。也难怪那么多美国人对此感到愤怒了。

然而，这种情况也并非不可避免。人们的愤怒本可以对准那些造成今日困境的罪魁祸首。这些"罪人"鼓吹自由的全球化和金融化，却同时反对累进税、转移支付和对失业工人提供救助，而这些工人正是因为全球化而失业的，或是因为金融化、金融自由化及其后果而遭受伤害的。[26] 但是，为什么美国人开始倾向于攻击那些与自己的利益更为一致的人？这是一个肯定会在未来几年里争论不休的问题。也许是因为克林顿和奥巴马这两个民主党人看起来最虚伪，至少共和党人没有假装关心普通工人。也或许他们只是运气不好，一位擅长煽动他人的政治家出现，清晰地向群众讲述了"精明的"上层阶级背叛普通美国人的故事，并利用这个故事策划对共和党的敌意接管。然而，这并不是真正的敌意接管，因为共和党的绝大多数人都支持特朗普的偏执、厌女症、本土主义和保护主义。他们甚至为了得到自己想要的东西（通过减税削减富人和企业的开支，放松监管），史无先例地在和平时期增加与应对经济衰退毫无关系的财政赤字。在与魔鬼讨价还价的过程中，这些人首先考虑的是自己的价值观和优先事项。

思想到底是如何传播的？又如何在某处或某时生根发芽？人们至今还没有找到确定的答案。即使有一些先决条件导致某种结果更有可能发生，但这种结果也并非完全不可避免。德国也并不是必然会经历希特勒的噩梦，商界精英有很多次机会可以站出来对抗他。时至今日，我们已经无法确定他们这样做会发生什么，但也许历史的进程会有所改变。半个世纪以后，会不会有人对美国今天的商界发出类似的疑问呢？

对政府的需求日益增加

美国 21 世纪与 20 世纪的经济有着明显不同，而美国现在的状态甚至与斯密在《共和国的黎明》一书中所描绘的更为不同。这些变化使得政府必须发挥比以往更大的作用。在下面我将阐述经济转型的六种形式，而每种形式都需要美国采取更多的集体行动。

创新经济。知识的生产不同于钢铁或其他普通商品的生产。市场本身不会对基础研究进行足够的投资，而基础研究是所有其他行业进步的源泉——这就是为什么政府至少要在资助基础研究的方面发挥重要作用。

城市经济。随着工业化的发展，美国的社会进入后工业时代，并且城市化程度逐渐加深。虽然城市具有明显的优势，但却难以管理。人与人之间的距离被拉近，一个人的所作所为会对其他人产生巨大影

响。如果没有交通规则，就会出现交通堵塞和难以计数的事故。如果
没有环境和健康法规，人类的城市将会像早期人类社会那样，人均寿
命短，疾病四处蔓延。噪声污染将降低生活的幸福感，一些新兴市场
国家没有合适城市规划的地区体现了没有分区的城市是多么令人不适。

受环境限制的经济。在斯密生活的时代，很少有人意识到环境的
脆弱性。今天，我们正在挑战生物圈所能承受的极限。如果仅仅依靠市
场自身调节，城市将变得不适合居住：想想伦敦和洛杉矶的黄色浓雾
吧！市场本身无法清洁这些城市，只有政府的监管才能迫使人们改变行
为。这种改变对每个个体和企业来说成本很低，却有益于整个社会。

复杂的经济。管理斯密理论中的农场和大头针工厂，与管理后工
业和信息时代的全球化、金融化的创新型经济体是不同的。在斯密的
时代，经济波动主要与天气有关。然而，在过去的 200 年里，商业活
动的大幅波动导致社会付出了巨大的成本。2008 年的危机并非天灾，
而是人祸，是美国的经济制度本身对美国的反击。美国的制度让美国
民众失望了，直到现在人们仍为其在经济和政治方面造成的苦果感到
震惊。一个更加复杂、关系更加密切、每个市场参与者都试图榨干最
后一美元利润的经济制度，已经被证明是更加脆弱的。[27]

不断变化的经济。美国的经济总是在变化。美国的经济经历了从
农业到制造业，再从制造业过渡到服务业的过程。美国已然迈入全球
化和金融化的进程之中。现在，美国必须学会如何在全球范围内管理
复杂的城市经济，并应对人口加速老龄化的问题，这对美国的收入分
配和福利制度提出了新的挑战。正如我所指出的那样，市场本身无法
很好地应对经济转型：这在一定程度上是因为那些处于衰退中的行业
或地区缺乏资源，无法进行必要的投资，难以进入或发展新兴行业。

在密歇根州的底特律以及我的家乡——印第安纳州的加里，汽车行业的由盛转衰，就体现了放任市场自行调节所酿成的恶果。一些国家（如瑞典）会帮助普通人和处于发展压力之下的地区来适应不断变化的经济，这些国家有更有活力的经济和更开放的政体。

在全球化经济下，一个国家的内部环境往往取决于外部环境。各个国家将会更依赖彼此，也更多地暴露在风险中，这种风险往往超出大多数人能应对的范围。因此，美国有必要采取集体行动来管理这种相互依存的关系，并控制这种风险。然而，经济全球化的速度已经超过了政治全球化的速度（即经济全球化制度的发展）。全球化带来的负担仍然落在每个国家身上，但随着这一负担加重，国家的反应能力也在下降，特别是在保守派认为它不应该做出反应的情况下。全球化本身就在一定程度上导致了国家应对能力的下降：它为避税和逃税提供了新的机会，一些人（错误地）认为，要在全球化的世界中竞争，就必须削减税收和政府项目支出。

结论

在本章中，我们描述了集体行动的必要性。当人们齐心协力地行动时，我们的境遇会比单打独斗时要好得多。人们聚在一起以各种各样的方式合作，如创办合伙企业和有限责任企业来进行生产活动，通过俱乐部和社会组织推动社会化进程，建立志愿协会和非政府组织，为信仰的事业而共同努力。当劳动者的利益受到企业侵害时，他们知道单独行动无法得到赔偿，[28] 于是他们组成工会参与集体谈判与集体诉讼——这些都是集体行动。企业的应对策略和权利之一是通过让这种集体行动更加困难，使"工人"难以加入工会，个人难以提起集体诉讼或向公共法院提起诉讼。

政府是合作最重要的方式之一。政府和所有其他形式合作的区别是它是否具有强制性：政府可以迫使人们和机构不做（如携带枪支，这可能会导致你邻居的死亡或带来其他危害）或做某事（如纳税，因为有税收收入，国家才有资金建立军队来保卫自己的人民）。

因为在现代社会中，人们有太多的方式可以互相帮助或相互伤害，政府不可避免地变得庞大和复杂。因为搭便车问题——很多人或组织都受益于公共商品和服务，军队、警察和消防保护，政府实验室提供的基本知识，被保护的环境，但并没有支付与这些公共服务建设投入等额的费用，因此国家必须收税。政府应该做什么、不应该做什么、如何做，以及谁应该为此买单，这些决定都必须通过政治程序来做出。

政治制度和市场制度一样复杂：它们既有好的一面，也有坏的一面。它们可以用来重新分配财富，从穷人到中产阶级再到富人；它们可以用来加强、维持社会稳定，但也会恶化现有的权力关系；它们可能会加剧社会不公，而不是减轻不公；它们可以是剥削的工具，而不是防止剥削的工具。

建立公共机构以提高政府成为一股强大力量的可能性，从一开始就是民主国家面临的挑战。这也是当今美国面临的挑战。本书下一章将介绍一些关键的改革措施，以确保我们的民主制度对大多数人而不仅是对少数上层人士有益。接下来的章节展示了重建的民主，以及我们应该如何重建我们的经济，使它更有竞争力，更有活力，更加平等，以使大多数美国人再次过上中产阶级的生活。

第二部分

重建美国的政治与经济：
未来之路

第 8 章

恢复美国的民主

美国是代议制民主国家，其立国之本是将强有力的制衡机制和《人权法案》纳入国家体制，以确保少数人的权利受到多数人的保护。但实际上，这个国家已经发展为一个少数人比多数派拥有更多权力的国家。总统选举制度造成了这样的局面：21 世纪上任的三位总统中，有两位都以很少的票数胜出选举。众议院作为政府的分支机构，原本应该确实反映人们的意愿，但其实际上却为了某些政党的选举私利，进行了选区改划。因此，在 2012 年选举中，即使民主党比共和党多获得了 140 万张选票，却仍然无法在众议院取得多数席位。参议院出于平等的原则特意给予每个州同等的权重，却由于美国的人口相对集中，反而加剧了少数党控制的问题——至少从整体上来看如此。美国曾经在建立现代民主社会和民主制度方面处于世界领先地位。然而，鉴于这些问题的存在，现在美国似乎已经落后了。如果总统和立法机构能够安分守己，现在的情况可能会有所不同：他们应该表现得更谦虚一些，毕竟他们并没有得到大多数美国人的支持。但相反的是，他们创造了一种新的极端："赢家通吃"政治。这种由少数人占主导地位的统治显然是不民主的。它使选民丧失了对政客的信心，并且在国内外引发了人们对美国政府合法性的质疑。如枪支管制、最低工资和更严格的金融法规等提议获得了大多数美国人的支持，却无法被付诸实践。本书前文简要讨论过 2017 年的税收法案。通常，减税法案会获得压倒性的支持。然而，这一次选民意识到了这是"为了富人而进行的减税"，是以社会中坚力量以及下一代的利益为代价的。因此，大多数人认为这项政策是换汤不换药，也是迄今为止所有减税政策中最不利于人们的一个。[1]

越来越明确的一点是，共和党人的目标是少数人对多数人的永久统治。这对他们来说是当务之急，因为他们所倡导的政策——从累退税（向富人征税的税率低于其他人）到削减社会保障和医疗保险，以及更频繁地削减政府开支，都令大多数选民感到厌恶。因此共和党人必须确保多数党无法掌控权力。而且，即使多数党获得了权力，共和党也必须确保那些利好多数党的政策无法落地实施。正如杜克大学历史学教授南希·麦克莱恩所说的那样，共和党必须"给民主戴上镣铐"。[2]

我们应当对共和党至今为止的政治议程和实施进度进行评估。这样才能清楚地了解美国究竟需要怎样的政治改革，而这也是我主张的持久性经济改革的先决条件。本章将重点关注三个关键：确保投票的公正性，维持有效的三权分立机制以及削弱金钱的政治影响力。

选举改革与政治进程

那些曾经旨在保护少数人权利的制度如今早已被扭曲。在公平的民主制度中，保护少数人的权利很重要，但保护多数人的权利也同等重要。

对少数人来说，要想让少数人的政治意愿优先于多数人，首先必须控制选举。[3] 美国选举中充满分歧（关于谁被允许投票以及谁可以作为党派代表）的政治斗争早已屡见不鲜。举个最早的例子：在最初制定宪法时，南部各州的代表要求将奴隶看作五分之三的自由人。[4] 因为奴隶无法投票，他们的投票权归奴隶主所有。借此，这些南方代表成功地扩大了自己的政治影响力。

而随着近来党派偏见的升级，这场斗争又发生了令人不快的转折。共和党人试图剥夺他们认为可能不支持他们的人的选举权。实际上，美国剥夺人民选举权的历史由来已久，其中最典型的例子之一就是不允许被定罪的重罪犯投票，这项法律在许多州都存在。可能有很多种动机实施大规模的监禁，[5] 但显然，其中一个路人皆知的目的就是大范围地剥夺选举权：2016 年，约有 7.4% 的非裔美国人（总计 220 万）无法在总统选举中投票，因为这些州的法律不允许非裔美国人参与。[6]

在一些由共和党控制的州，[7] 共和党还试图通过使工人更难以登记或难以进入投票站来控制选举。共和党人不能像曾经实行种族隔离的南方各州一样征收人头税，但他们可以增加登记和投票的成本，这同样可以起到威慑作用。作为人民的基本权利，选民的注册登记本应与驾照的注册登记一样简单。而相反的是，共和党会尽可能地给选民制造麻烦，如要求他们提供难以获得的身份证明文件。

从历史上看，没有哪个政党不想剥夺人民的选举权：当民主党控制南方各州时，正如我们已经指出的那样，他们试图阻止非裔美国人和穷人参与投票。但是不管怎样，有一点论点是明确的：非常不幸，直到今天，剥夺人民的选举权在很大程度上只是党派斗争的手段之一。[8]

对参与选举施加限制使普通人更加难以进行投票，如缩短投票站的工作时间（印第安纳州在晚上 6 点关闭投票站）[9]，令选民的注册登记变得困难，减少投票站的数量或把投票站设立在偏远地区。美国是为数不多的星期日不进行投票的国家之一。然而，大多数人星期日都有空，因为大家这一天不需要工作。

选举制度在其他方面也有很多不公平之处。例如，前文提到过的选区改划让某些选票的分量比其他选票更重一些。[10]

有六项改革方案可以对现状有所改善：①在星期日投票（也可让选民邮寄选票或将投票日设为假日）；②给参与投票的人以奖金（或像澳大利亚那样对不参与投票的人进行罚款）；③简化选民的注册登记手续；④在服刑人员出狱后恢复其投票权；⑤对所有选区一视同仁，禁止选区改划；⑥确保拥有美国梦的人（那些在美国长大的年轻人，除了美国他们没有别的家）具有获得美国人身份的途径。

这些改革都基于一套简单的原则：每个美国人都应该投票，而每张选票都应平等地被计数。美国人的投票比例非常低，[11] 上述这些改革措施都将改善这一状况。这些措施还将削弱金钱的力量——在任何竞选活动中，候选人都需要确定哪些人可能支持自己，并确保这些人实际上投票了。而在投票率低下的美国，要做这项工作实际上需要非常高的成本。

我们知道投票有时间成本，而这一成本对普通工作者的影响往往是最显著的。投票本应是一种选民美德，更高的选举参与率有望带来一个更能代表民意的政府。在一个有奖励金规定的社会，激励人民行使其民主权利似乎只需要付出很小的代价，这与那些通过横施障碍阻碍人民行使民主权利的行为形成了鲜明的对比。

"无代表不纳税"是点燃美国独立战争的伟大口号。但独立战争200年后，美国建立了一套系统——对美国大量的人征税，但有那么一部分纳税人从来没有代表权。例如，如前所述的服刑出狱人员，以及临时移民，更不用说那些哥伦比亚特区或波多黎各的人了。

开车穿过加利福尼亚州的中央山谷，可以看到移民们在农田弯腰劳作：他们住在双排拖车里，喝着被污染的水，经受着高患病率的折磨，并且在政治上孤立无援。[12] 许多人是早期频繁往返美国边界的人们的后代——他们没有获得政治权利的途径。在某种程度上，这幅景象让人想起南北战争前的南方棉花庄园。更糟糕的是，我们的政治和经济体系正一同维持着这些极端不公正的现象：大规模监禁提供廉价的罪犯劳动力，并确保可能投票给民主党的人没有投票的权利。临时移民劳动力没有获得美国人身份的途径，因此这些人的不满不会对政治进程造成什么影响，至少单靠他们自己不会。尽管他们可能年复一年地回到美国，而且美国是他们的唯一生计来源，但他们的身份仍然是临时移民，因为美国不会允许他们成为永久居民，这会给予他们美国人身份和发言权。雇主也喜欢这种安排，因为这种尴尬身份的存在不仅提供了廉价和易管理的劳动力来源，而且那些工人的低工资也有助于拉低其他地方和其他被雇用者的工资。

防止政治权力滥用：维护权力制衡机制

长期实行民主制度的经验表明了权力制衡机制的重要性。[13]民主就是确保任何个人或团体都没有过大的权力——事实上，美国《人权法案》就旨在确保大多数人也不能剥夺少数人的某些自由。之所以这样设置，是因为过大的权力经常被滥用。阿克顿勋爵的著名论断"权力容易腐败，绝对的权力绝对腐败"，也是源于所有个人和机构都容易犯错。权力制衡机制是防止权力聚集和滥用的核心机制。美国政府人员和专业人员的官僚系统对于防止公共流程的过度政治化至关重要，而特朗普对官僚系统采取了一系列削弱举措，这是令人震惊和惶恐的。例如，他提议让政府拥有解雇人员的自由裁量权，而这将扭转一个多世纪以来政府非政治化的努力。美国的政策，包括管理国家的规则和条例是通过司法程序制定的。这些政策的执行应该是公平和客观的，应该交由非政治官僚机构来管理。美国的优势之一是其官僚机构的能力和信用，但特朗普正试图削弱这个优势。[14]右翼势力长期以来一直批评政府无能，并且试图做出一些削弱政府的改革方案——也许他们做出"改革"的目的是将政府引向更弱小和更政治化的方向，从而使政府真正地变得无能。

毫无疑问，抵制削弱制度化的企图是进步的政治议程至关重要的一部分。事实上，我们得到的教训是，需要保证权力制衡机制的稳固，并且强化和扩展专业公务员制度和独立机构的作用。我们需要更多地思考如何在保持民主问责制的同时防止政治化，并且提高政府的专业性、高效性和高产性。[15]世界上有一些国家的实例已经表明，这是可以做到的。

司法系统

特朗普对司法系统的攻击尤其尖刻。一个又一个法庭裁定他对穆斯林的旅行禁令是滥用权力，因为这侵犯了人民的基本权利。面对法庭的反对裁决，他和其他总统一样提出了上诉，但他不仅仅只是提出上诉而已，他还试图攻击法院本身，而其目的是削弱人们对司法机构及其作为公平仲裁者角色的信心。[16]

然而，最高法院并不是从特朗普当选总统时才开始失去公平公正的仲裁者的地位的。相反，这是一个逐渐的过程，是共和党人长期战略的结果，即让最高法院挤满那些可能根据他们的意识形态和当权派精英利益做出裁决的法官。这一策略似乎也取得了成效：在过去20年里，最高法院做出了一系列具有强烈党派性决策。当然，总统都希望法院支持他们的观点。然而，在传统意义上，各国总统也知道让法院作为公平公正的仲裁者的重要性。小布什曾任命了一名非常不合格的法官——克拉伦斯·托马斯，从而使其在一定程度上需要为（自托马斯开始）逐渐出现的法庭性骚扰事件负责。

共和党人厚颜无耻地试图让法院充满他们党派的法官，这又引发了另一个问题，这个问题源于他们小团体的早期"原则"。例如，将自由意志主义者、以特朗普为首的保护主义者和企业集团聚集在一起。[17]当最高法院就政治问题和政治游戏规则做出裁决时，情况更是如此。最高法院选择了小布什担任总统，但其实他明显只获得了少数选票。在通常情况下，共和党人坚信各州拥有同样的权利。但在小布什与戈尔的选战中，如果各州按照自己的意愿行事，戈尔就会当选。因此，最高法院的共和党法官为了得到他们想要的政治结果，践踏了普遍价值观。[18]类似地，法院在《联合公民诉联邦选举委员会案》

（Citizens United v. Federal Election Commission）意见书中允许无限制的竞选捐款，从而让造成金钱和经济不平等的力量更能左右美国的政局。这两个事例从反面表明，至少之前在某种程度上，美国政治尚未被金钱腐蚀殆尽。

保守派（即共和党）法官面临的挑战是在忠于他们党派立场的同时，做出看似有原则和逻辑的决定。但随着共和党变得越来越没有原则，这项任务变得越来越难。[19]

其结果是，法院已经被许多人视为广义的党派斗争中的一种工具，而不是一个通过智慧和公正来使国家更紧密团结在一起的所罗门式机构。[20]法院扩大了国家的贫富差距和种族分歧，加剧了本来就很严重的政治和认知不和。

认为我们可以拥有完全凌驾于政治之上的法院的想法显然是幼稚的。但是我们可以拥有一个更加公平、平衡的法院，而非如当前一样，充满着激烈的政治博弈。有一个简单的制度改革可以推动我们朝着这个方向前进，即将法官的任期从终身缩短至 20 年。这一提议早在几十年前就已提出，随着法院越加分裂，这一提议变得越来越紧迫，支持该提议的人也越来越多。[21]平均来说，在这项制度下，在任意（4 年）总统任期内，[22]大约有两名大法官会结束任期。这项改革可能还会弥合自奥巴马政府末期开始显现的极端的党派偏见，当时国会甚至拒绝考虑奥巴马提名的、完全可以胜任工作的、高素质的候选人——梅里克·加兰德。[23]

美国的宪法没有具体规定最高法院法官的人数。有很多人认为鉴于共和党人在很多方面违反了传统规范，尤其是拒绝审查加兰德的提名，民主党人应该采取两种手段：一是控制总统，二是控制国会两院，从而扩大法院的规模，实现反击。尽管这看上去很诱人，但它可能会导致美国民主体制被进一步削弱：在对方掌权之前，任何一方都可能试图在合适的时候增加更多的最高法院法官，以确保对法院的控制。这一行为可能证实了一种看法：最高法院已经几乎成了党派纷争中的一种武器。

一群少数人肆无忌惮地利用刚才我们讲到的机制来把自己捧上权力的神坛。在掌权期间，他们又会裹挟最高法院，以确保即使他们失去权力，他们的利益和意识形态也能继续通过与他们志同道合的法官得到实现。这是大多数人所不接受的。

就像上面提到的，对最高法院法官的任期进行限制，可能是解决这一难题的最佳途径。下一届民主党政府应该正式提出这样一项修正案，并在修正案获得通过并完全生效之前，将增加法官的人数作为临时措施。

金钱的力量

也许美国政治制度最大的失败就是让金钱对其的影响力越来越大，以至于比之"一人一票"，也许"一美元一票"才能更好地描述美国现有的体制。我们都知道这种肮脏的权钱交易的组成部分：说客、竞选捐款、"旋转门"（政客从商），以及由富人控制的媒体。富有的企业和个人利用其财力购买政治权力，并传播思想——有时甚至是百分百的"假消息"。福克斯新闻就是这方面的典型代表，它的影响力如今已被充分证明。[24]

有钱人能用权钱交易打入政治体系，并利用政治体系为自己积累更多的财富。一些石油企业获得了大片政府土地的使用权，这些土地下蕴藏着石油和其他矿产，而土地本身的价值只是个添头。这些企业实际上是在从普通美国人那里偷东西，但它们做得很干净，很少有美国人知道他们口袋里的钱被偷了。克林顿政府曾试图迫使这些企业向国家支付与其所获资源同等价值的资金，但是这些企业成功地发起了一场反对运动，从而继续以低廉的价格获取国家资源。

企业支付给政府的钱过少，相应地，政府向私人部门的采购却付出了过多的代价。制药企业要求在法律中加入一些条款，对一些老年医疗保险提供的药物做出了规定：不允许政府这个世界上最大的药品买家与企业讨价还价。这一条款，还有一些其他类似的条款是在制药企业的要求下出台的，目的是提高其产品价格和利润。它们的要求最后奏效了。因此，对医疗保险药物的支出远高于其他政府项目，如为穷人或退伍军人提供的医疗补助支出。对于相同品牌的药物，医疗保险要多支付 73% 以上。其结果是，纳税人每年都要向制药企业额外支付数百亿美元的费用。[25]

当不仅仅是总统，还有一些政党人士，尤其是共和党的赞助者，都是那些因经营赌场发了财，因为洗钱、割韭菜以及进行其他非法活动而臭名昭著的人时，我们空谈政治制度还有什么意义呢？[26] 他们知道他们的财富依赖于公众对其的好感。如果政府在洗钱问题上采取较为激进的态度，就会断掉他们的财路。同样，房地产开发商也知道，在税收法案中加入一个给予其优惠待遇的小条款——比如 2017 年底通过的一项法案，允许房地产信托企业获得与小企业相同的减税 20% 优惠，对它们来说这就意味着财富[27]。它们也知道，法规上一个小小的改变，[28] 如强制披露昂贵房地产真正买家的信息，有可能阻止一些人利用房地产洗钱，但是也有可能摧毁房地产商的整个商业模式。本段刚刚列举的例子是几个最扭曲和最令人厌恶的寻租形式，但是由寻租者（即凭借政府的保护进行财富转移的人）管理的政府，毋庸置疑将是一个为其自身利益服务的政府。这样的政府是没有成长空间和社会公正性的。

最高法院增强了金钱的政治力量

在美国的民主框架内及美国人对新闻和言论自由的坚定信念下，与金钱的力量做斗争并不容易。但是，其他一些同样致力于民主、新闻和言论自由的国家在这方面就比美国做得更好。

在很大程度上，美国的问题是自己造成的，或者更准确地说，是美国最高法院造成的，最高法院的一些狭隘的五比四裁决表现出了其极端的立场。《联合公民诉联邦选举委员会案》就是一个例子。[29] 法院在该案中的裁决允许企业、非营利组织和工会无限制地向政治行动委员会（PACs）捐款，只有经济实体直接捐款的行为仍然受到限制。有人认为企业可以无限地支出，否则就是不尊重它们的"权利"，这种论点是愚蠢的。企业不是人，但是企业是国家的产物，因此它们可以被"赋予"我们给定的任何财产。当我们限制企业出资时，人的权利没有被剥夺。事实上，有人可能会反驳："我购买股票基于我对企业经济前景的判断，如果将其与我是否同意 CEO 的政治立场判断混为一谈，则会降低经济的效率。"但现实情况是股东对企业的所作所为几乎没有发言权，并且 CEO 将企业资金用于政治活动就是在将这些钱中饱私囊。[30]

最高法院裁定，既然这笔钱没有直接给到候选人，那么只要没有与候选人有直接接触，这笔支出就"不会导致腐败"。这种说法显然是错误的，仅仅是这种对腐败的看法就会使人们对美国的民主体制失去信心。有很多美国人都认为政治体系受到操纵的原因之一是被金钱操控了。[31] 当然，他们的这种猜测是正确的。毫无疑问，大多数美国人都知道腐败是怎么一回事。比如说，如果人们知道一家烟草企业花钱支持反对烟草监管的候选人，舆论就会不可避免地爆发。[32] 规避的方法也很简单。例如，它会用利益诱使候选人自己站出来反对烟草管制。这就是一种腐败形式，跟那些老掉牙的方法一样简单粗暴而有效。同意《联合公民诉联邦选举委员会案》的 5 名法官似乎生活在一个不同于美国的世界里——又或者是他们只是在竭尽全力地抬杠，以支持共和党带着铜臭味儿的论点。[33]

更糟糕的情况是一件亚利桑那州的案件。该州曾试图在捐款或竞选支出超过一定水平时，由州政府出手进行干预（即如果一个富有的候选人在竞选中花费 1 亿美元——超过他的竞争对手可能筹集的资金，该州将增加他的竞争对手的竞选资金），[34] 以在候选人之间创造一个更公平的竞争环境。而最高法院却规定，个人有权通过捐款创造不公平的竞争环境，而州政府所做的实际上是在否定人们的这一权利。[35]

如何降低金钱的政治影响力

减少金钱的政治影响力是一个很宽泛的议题。要实现这一点，需要减少对私人融资的需求，提高透明度，并限制捐款或其他可能影响政治的金钱来源。

颁布更完善的信息披露法规

信息披露本应抑制金钱的力量：俗话说，阳光是最好的防腐剂。比如说，如果公众知道投票反对烟草监管法规的国会议员从烟草企业那得到了大笔款项，就会让这些议员十分难堪。但事实证明，信息披露并不像人们所希望的那样有效，原因有二。其一，政客和其所服务的利益集团比任何人想象的都要厚颜无耻。因为金钱对社会的影响太普遍了，仅仅披露一两件丑闻于事无补，因为"每个人都这么做"。其二，美国当前的体系有太多的空子可钻，尤其是在那些著名的"秘密行动组织"——政治行动委员会经手的状况下。

真正的、完全的信息透明是朝着正确方向迈出的一步。即使不能实现完全的透明，这项改革也可以让美国政坛拥有比现在更高的信息透明度，而这确实是有帮助的。没有理由不对政治行动委员会的资金流向和行为进行全面曝光。

限制竞选支出

然而，单单披露信息是不够的。在此之上，必须对竞选开支进行限制。这就是言论自由和公平选举两项原则之间的矛盾点。调和这两者的最佳方法是减少候选人对竞选资金的需求和削弱竞选资金所能提供的种种优势，并使那些有财富和权力的人更难出资——特别是对于通过秘密的政治行动委员会无限投入金钱的行为。鉴于美国财富和权力的不平衡，后者尤为重要。

如果政府公开资助竞选活动，并要求所有（利用公共电波以及被公开授予有线电视播放权的）公共广播电视企业为候选人提供充足的公开讲演时间，就会大大减少候选人对竞选资金的需求。本章前面讨论的强制性投票要求也将起到相同的效果——许多竞选支出都花在了让那些趋于同意候选人立场的人"投出自己的选票"这件事情上。

政府出手干预制衡竞选支出（如上文亚利桑那州政府试图进行的那样，通过向那些没有经济资源的候选人提供一些竞选资源，来制衡某些机构对某名候选人的大笔捐款，或一名富有候选人的大笔支出）也将削弱金钱的力量——这需要最高法院的裁决有所改变，再说得明白一点，就是改变五比四裁决之中的一票。

企业是国家的产物。因此，正如前文所述，企业拥有国家赋予它的权利。限制它进行政治捐款的权利并不会削弱宪法保障的个人权利。拥有该企业的个人是可以进行政治捐款的——当然，国会也会对这种行为加以限制。这些限制政策是有意义的——它们是抑制金钱力量的合理尝试。但如果不对企业和秘密的政治行动委员会提出更加严格的要求，那就没有任何意义。

简而言之，美国最高法院的《联合公民诉联邦选举委员会案》实际上允许企业在政治活动中无限制地投入金钱，这一裁决必须被逆转。[36] 但是即使不推翻该案，我们仍然可以做许多别的事情。例如，要求企业必须在绝大多数股东（如三分之二的股东）投赞成票的情况下进行政治捐款——这样，人们听到的就不仅仅是 CEO 的声音。如果股东想以自己的名义（出资捐款），那则是另一回事了——而且个人政治捐款的监管状况也更好。

减少"旋转门"

最令人反感的施加影响的方式之一是"旋转门"。政客在离任后将在私营机构中获得更好的工作：他们不是在就任时获得好处，而是在将来。"旋转门"无处不在，并且会逐渐腐蚀整个政治体系。一些美国财政部和其他政府部门的人在离任后很快就会从为国家服务转向为华尔街工作，让人没法不怀疑他们其实一直在为华尔街卖命。[37]"旋转门"已经深深渗透到美国政府中，甚至军队也难逃其魔爪，那里的将军和其他高级军官似乎也可以无缝地从为国家服务转向为国防承包商工作。

政府出台过多项举措以限制"旋转门"，但收效甚微。很大一部分原因是上有政策下有对策，无论规则如何制定，政客总有机会打擦边球。一个典型的例子是政客在私营机构直接就职可能会受限，但他们可以通过所谓"给企业的同事提供建议"之类的方法，让他们与私营机构的关系看上去不那么像是供职关系，而是其他普通关系。

在政治舞台上，我们最需要的是正确的规范和道德，而21世纪美国资本主义"贪婪是好"的信条与此恰好背道而驰。对于前美国政府官员，尤其是有更进一步的政治野心的人，收受高盛的大额支票帮其进行公开演讲原本应是一件很丢人的事。对于美国财政部前部长、前国务院部长或前总统来说，情况可能尤其如此。政府官员应该特别担心金融机构的贿赂，并以此作为交换，使这些金融机构从其在任期间所采取的行动中获益。有责任心的官员，尤其是在这个政府常被怀疑的时代，应该特别关注反腐败，即使腐败行为仅仅出现了一个苗头。但在21世纪资本主义的信条下，拒绝这些横财的前政府官员在别人眼里简直就是傻瓜。

进步运动的必要性

思考美国已经陷入的令人烦恼的政治和经济泥潭，可能会倍感绝望和无力。我们面临的问题之间互相有着千丝万缕的联系，这一团乱麻几乎让我们无从着手解决，但改革确实是必需的。在这种牵一发而动全身的乱局中，想要进行改革，就应当从各个方面同时着手，而不是按图索骥，一点点地去做。要做到这一点，就需要一种新的政治体制。美国政体中投票和代表制度的失调，加剧了美国政治制度运作方式的全面失调。

我们的政治制度应该把我们的观点、信仰和意见转化为政策。相应地，我们选举的官员，也应该采纳符合我们信仰的立法和法规。这一进程的核心应该是政党，然而在美国，人们对政党普遍不抱幻想。就算他们内部的腐败还没有延伸到表面上来，人们对他们最高的评价充其量也就只是机会主义者了。此外，近年来，出现了如茶党（Tea Party）一类的共和党极端分子，他们在初选中东西跳梁，挑动对立情绪，把美国拉得四分五裂。[38]

人们对美国的政党不再抱有幻想。此时有一些人提出，美国已经不再需要政党，也就是说，他们认为在 21 世纪，美国政党是不被需要的。这种观念毫无疑问是错误的，美国必须重塑自己的政党，以确保它们建立在美国价值观的基础上。[39]

今天能鼓动人们尤其是鼓动年轻人参与的政治活动，或多或少都别有用心。有些人可能关心性别平权，有些人可能关心经济机会，还有一些人可能关心住房、环境或枪支管制。虽然这些运动各自强调的主题不同，但所有这些运动都有共同的主题，即美国现在是不公平的，美国把一些群体抛弃了，并忽视了一些重要的幸福层面的东西。如果这些运动能共同向同一个目标靠拢，如果这些进步运动能建立一个共同的联盟，我相信这些运动将会更具有成效，因为整体的力量总是大于局部的力量。民主党需要重塑，成为这样一个联盟的代言人。

　　进步运动的意义十分重要。它们可以提升人们的自我认识并获得广泛的支持。但要想取得全面成功，进步运动通常需要采取政治行动，而这需要两党中至少一方的支持。任何进步运动仅仅依靠自己是不可能成功的。尽管许多问题本应该得到两党的共同支持，但实际上只有少数几个提议被两党共同采纳。美国社会的巨大分歧实际上存在于民主党和共和党之间。在某些方面，情况可能更加严峻。我曾经指出，共和党是宗教右翼派、愤怒的蓝领和一群超级富豪组成的令人不安的联盟。在许多方面，这些不同的组成部分存在着利益的冲突——愤怒的员工想要更高的工资，但企业和超级富豪却想支付更低的工资。随着市场的逐渐开放和失业率的上升，企业的议价能力增强了，而这与员工的利益正好相反。2017年的税收法案已经演示了这个过程是如何实现的，亿万富翁和企业获得了巨大的优惠，而针对中产阶级的税收却增加了。

　　在这些进步运动中，我们并没有看到这种剑拔弩张的气氛。发起运动的人们对更美好的、更平等的社会和人们的共同福祉有着共同的愿景。他们之中即使存在分歧，也只是关于运动的优先次序和实施的策略。减少有毒废物排放和限制枪支获取都是提高平均寿命的方法。如果美国有一个更好的环境，如果所有儿童都能获得医疗保健和更好的教育，美国人的生活质量将会提高。

　　尽管如此，有时不同的进步运动被认为是相互冲突的。例如，一些人认为对经济赋权和权利的关注，分散了对种族与性别赋权和权利的关注。马丁·路德·金明白经济和种族平等是不可分割的。1963

年 8 月，他在美国首都华盛顿举行了著名的争取就业和自由的游行。种族间收入差距持续存在的原因之一是美国各阶层日益扩大的经济差距。

　　同样，对环境有害的经济增长也是不可持续的。穷人最能感受到恶劣环境对人类带来的影响——如有毒废物或油漆中的铅带来的危害。因此，环境运动与社会、种族和经济运动之间有明显的互补性。简而言之，各种进步运动是相辅相成的，它们能够达到目的而且必须共同努力。在过去，美国全国性的政党认为是它们将 50 个州的人团结了起来。美国各州的观点存在差异，有的州比其他州更自由。但是在 21 世纪的美国，地理学提供了一种不同的政治见解。全国城市居民之间的相似性可能比同一州的农村和城市之间的相似性更高。城市里的人面临的一系列问题与农村的人面临的截然不同，而郊区的问题又不一样。当然，政治仍然是地方性的，但是美国需要根据 21 世纪的自然政治特征重新界定国家政党的概念。这些政党远不止是地方性的，而且涉及当今重大的国家和国际问题。

遏制财富对美国民主的影响

　　我认为，当经济差距过大时，任何修补民主政治制度的尝试都不可能成功。我在本章中描述的改革有必要付诸实践，但是如果财富和收入差距太大，富人会以某种方式胜出。即使存在对公共广播、电视和报纸的公共补贴，像默多克这样的富人也可以用他的钱在至少一个利基市场中占据主导地位，创造一个观点扭曲的"邪教组织"。

　　因为社会上存在受过良好教育的人，所以事实核查系统非常有效——在 65% ～ 70% 的非特朗普忠实支持者中，没有一个人会在核查事实之前认真对待特朗普的言论，因为他说的太多都是假话，剩下的大多也是半真半假。[40] 但是特朗普和福克斯新闻可以创造出一群似乎对真相免疫的虔诚信徒，至少他们接种了非常强的"疫苗"来对抗真相。此外，如果他们的目标是破坏人们对美国国家机构的信心，他们可以通过散布怀疑的种子来做到这一点。有人可能不相信特朗普所说的话，但其实只要他们对特朗普批评者所说的话持怀疑态度，这就是特朗普的胜利。正如对烟草企业来说，只要吸烟者开始怀疑证明吸烟有害健康的科学，这就是烟草商的胜利。这对特朗普、默多克和其他会摧毁国家机构的人也一样，只要他们在社会上传播质疑的种子，那么他们也会成功。

默多克曾以这样或那样的方式公开做了富人一直在做的事情——利用金钱的力量塑造这个社会。[41] 不可避免的是，当社会上存在巨大的财富差距时，富人将会有巨大的、不成比例的影响力。即使竞选资金大部分是由公共资金资助的，但那些能够为党派提供某种物质支持的人们必然将受到欢迎。

当然，在任何社会中，都有些人表达能力更强，有些人更聪明，有些人对自己该做什么有着更好的理解。虽然世界上永远不会存在完全公平的竞争环境，但是巨大的财富差距不仅让一些人过上了比其他人更舒适的生活，还让富人过度影响了社会和政治的发展方向。在某种程度上，这是对政府作用的根本曲解。政府应该帮助那些不能自救的人，保护弱势群体，将收入重新分配给穷人，并至少制定要求公平对待普通人的规则。但是在一个贫富差距过大的社会，情况可能正好相反。2008 年的金融危机后，美国的普通人强烈地感受到了这种"扭曲"。但是茶党运动（Tea Party movement）对政府权力下放的回应是不正常的：没有政府，富人对穷人的剥削会更严重。在弱肉强食的法则下，只有富人和有权有势的人才能获胜。

因此，如果要避免这种糟糕的社会，美国必须以某种方式创造一个更加平等的社会，避免权力的高度集中。但是在像美国这样极端不平等的社会中，人们面临着民主政治的根本困境。美国该如何打破这种平衡？在这种恶性循环当中，经济不平等将导致政治不平等，政治不平等的长期影响力又加剧了经济不平等的程度。

打破这种恶性循环是可以做到的，但前提是有一种与之抗衡的力量——有时被称为人民权力。大量真正参与上述运动的人通过政党与其他人协同工作，这种共同参与本身可能比金钱更重要。事实上，资金雄厚的共和党候选人米特·罗姆尼（在 2012 年大选中）和杰布·布什（在 2016 年共和党初选中）的落败清楚地提醒着我们，在政治领域金钱并不意味着一切，拥有改变经济和社会力量的不只有金钱。

这就是为什么这两种改革方式都非常重要，而且相互补足。美国需要做更多的事情来遏制金钱对政治的影响。同样，美国也必须缩小贫富差距，否则美国人将永远无法充分遏制金钱的政治影响力。

第 9 章

重拾经济活力，
为所有人创造就业和机遇

本书在第一部分集中讨论了美国和许多其他发达国家都曾陷入过的困境——社会经济增长缓慢、社会机会减少、人们焦虑程度加剧和阶级固化。社会不同阶级间的分歧是如此之深，甚至让政治体系陷入瘫痪。此时，人们应该团结一心去寻找摆脱困境的方法。在本书的前几章，我们已经阐述了美国应该如何应对金融化、全球化和技术进步带来的挑战，即增强市场竞争，提升就业率，以实现更高水平的共同繁荣。然而如果不对上层建筑进行改变（就像上一章讨论过的那样），美国就无法进行人们想要的经济改革。

在本章和下一章中，本书根据前文讨论的原则提出了经济上的改革议程，该议程可以重塑美国经济，维持社会公正，并让大多数美国人过上他们所向往的中产阶级生活。只有当美国政府采取更多的集体行动，发挥更大的作用时，所有这一切才有可能实现。更准确地说，让美国政府发挥更大作用并不会束缚美国社会，反而能激发美国社会的潜能，从而解放美国社会。此外，通过限制一些人侵害他人的权利，美国政府不再需要时刻保持警惕，随时准备采取防护措施。

管理市场使其为经济服务是让美国重回正轨的一部分。市场可以创造奇迹——但对于 21 世纪美国出现的扭曲畸形的资本主义来说，情况并非如此。前面几章已经解释了该如何让市场正常运作。[1]这些改革包括更强大和更有力的竞争法规，以及更好地管理全球化和美国的金融部门。这些都是必要的，但还远远不够。它们仅仅是经济改革议程的一部分。

本章将从讨论增长开始。像第 1 章讲的那样，我们应该通过创造财富，而不是废除那些限制某些人剥削其他人的法规来恢复经济增长。然后，美国经济下一步要做的是以就业稳定与机会均等为前提，从 20 世纪的工业化经济过渡到 21 世纪的服务、创新和绿色经济。这样才能让经济提供更好的社会保障，为老人、病人和残疾人提供更好的照顾，并为所有人提供更好的健康、教育、住房和财政保障。

如果想建立一个更具活力的绿色经济体，美国就需要构建一个更公平、更具有包容性和更安全的社会体系。前一章提到马丁·路德·金的信念，即人们必须同时解决经济机会、就业和种族歧视问题。进一步推进这一论点，即经济安全、社会保护和社会公正与创造更具活力、更具创新性的经济及保护环境之间是密不可分的。经济学家经常从权衡的角度思考问题，他们认为一个人想要更多的东西，就必须放弃其他东西。但是，至少从我们目前所处的高度不平等的有利位置出发，以普遍的种族歧视、不安全和大规模的环境退化为特征，以上所有目标实际上都是相辅相成的。

经济增长和生产率

本书在第 2 章中已经展示了过去 40 年来美国经济增长的走势。经济增长取决于两个因素：劳动力规模的增长与生产率的提高。当这两者中的任何一个出现增长时，产出就将增长。当然，重要的不仅仅是美国国民产出的增长，还有普通美国人生活水平的提高，[2] 这不仅需要生产率的提高，还需要美国普通人切实地参与到劳动生产率的提高当中去。近几十年来的问题是，美国劳动力的参与度和生产率都没有很大的提高，而已经取得的成果所能带来的收益已达到了顶峰。

劳动力增长和参与度

劳动力增长在很大程度上取决于人口统计学因素：婴儿潮出生的那一代人正在老去，同时国内的出生率下降，而政府往往对此无能为力。[3] 但政府可以在移民和潜在劳动力参与度方面有所作为。特朗普一边限制移民，导致劳动力增长放缓，而在另一边的劳动力参与度方面也毫无建树，尽管其实在这方面可作为的空间很大。美国可以通过颁布一些更有利于美国家庭的政策（更具灵活性的工作时间、更好的探亲假政策、更多的儿童保育支持）让更多的女性加入劳动力市场。有了积极的劳动力市场政策，美国就可以为那些所学无所用的人找到与其专业匹配的工作。

美国从来没有善待过老年人。随着年龄的增长，很多人的技能不再被市场需要，而美国一边口口声声对他们多年的付出表示感谢，一边又让他们自生自灭。当个人能够并且愿意工作时，这种"被迫"退休是对人力资源的浪费。当50岁以上的人只占我们整体劳动力的一小部分时，整个经济的成本是可以控制的。但随着技术创新的加快，如果美国政府仍然无动于衷，可能会有更多人提前退休。随着人口老龄化的加剧，社会成本将会升高。美国需要通过改革来提供良好的职场生态，让有孩子的家庭成员，特别是女性更容易在职场上打拼。美国也需要改变工作场所以适应那些年长的员工，一些有助于提高灵活性的措施（如更灵活的工作时间、更多的兼职空间以及更多在家工作的机会）对美国社会和劳动力双方都有好处。但不幸的是，这些改革是无法靠市场自身调节来实现的。相对于普通劳动力，企业的市场势力太大了，因此它们根本就不需要为人们着想，它们也不关心什么社会福祉。这就是美国政府必须积极推动改革的原因所在。

如果美国人更加健康，劳动力参与度也会提高。与其他发达国家相比，美国的健康人口更少，人均寿命也更低，很多人也不愿意主动参与到劳动中来，这和气候、空气与饮水质量无关。美国需要更完善的法律法规来保护人们免受食品工业的负面影响，因为食品工业一直鼓吹并推销那些让人成瘾的不健康食品。美国还需要构建一个更完备的医疗保健系统，这点将在下一章进一步讨论。最终，更健康的劳动力将会带领美国从长达30多年的糟糕的经济政策的绝望中解放出来。[4] 即使有的人对人类所遭受的苦难漠不关心，那他们至少也应该从纯粹的经济增长的角度来支持这些政策。

生产率

生产率也受到许多变量的影响。健康而快乐的劳动力是生产性的劳动力，那些收入处于美国中下游的人显然不在此列。同样，美国劳动力市场普遍存在歧视，显然这不仅让那些受到歧视的人感到沮丧和不公平，还意味着劳动力与工作的匹配度并不理想。

本书在前几章中说明了市场势力是如何扭曲美国的经济，以及破坏经济增长和效率的。垄断部门缺乏创新的动力，实际上正是它们设置的行业壁垒扼杀了创新。因此，遏制市场势力的增长是重拾经济增长和就业议程的一部分，该议程不仅仅涉及权力和人们待遇不平等问题。

近年来，对基础设施投资的不足是美国社会另一个重要的问题。人们虽然在基础设施的重要性上有了共识，但这一理解仍然是肤浅的。就优先度而言，共和党已经表明，增加对基础设施的投资远不如给富裕的企业减税重要。2017 年底，共和党通过了一项向富人慷慨捐赠数万亿美元的税收法案。[5] 在此法案通过的几周后，特朗普政府的一名高级官员表示：基础设施仍然是我们的首要任务，但我们没有足够的资金。[6] 他们应该早点想到这一点。事实上，税收法案使得那些有高财政支出的州在继续增加收入上更加困难，[7] 这几乎必然会导致公共基础设施支出紧缩。此外，不难预测，2017 年税收法案导致的巨额联邦财政赤字，将抑制未来美国联邦在基础设施方面的支出。

创建学习型社会

本书一开始就强调，一个国家财富的真正来源——也就是生产力和生活水平的提高，是知识、学习和科学技术的进步。这一点远比其他任何事情都更能解释美国 200 年来国民生活水平提高的原因。现在，人们的物质生活比起百年前变得更加丰富，健康状况得到了改善，预期寿命也大大延长。

研究是知识经济和创新经济的核心。基础研究所产生的知识是一种公共产品，所有人都可以从中受益。经济学家对公共产品的基本看法是，它出现是因为市场本身供给不足。此外，当私人企业生产出知识时，企业将会试图保密，而这会限制社会从知识中获得的好处，同时也会增加市场势力扩大的风险。这就是为什么政府有必要在研究，特别是基础研究，以及支持技术进步的教育体系上进行大规模的公共投资。

特朗普政府不仅没有认识到这一点，甚至还对这一提议加以反对。与回应社会对加大基础设施投入建议的做法一样，特朗普政府更愿意花费数千亿美元为亿万富翁和富裕企业减税，并且同时提议大幅削减研究支出。

新的税收法案对美国一些领先的研究型大学征税，但同时却为美国房地产投机者提供税收优惠。据我所知，世界上没有哪一个国家像美国这样对研究型大学征税。相反，其他国家还能认识到大学在经济增长中的重要作用，因此提供公共支持。尽管特朗普对大学征收的税率很低，但它是一种有内在含义的、危险的价值观表达。没有哪一个大国是在房地产投机的基础上繁荣起来的，尽管少数人可能从中获益。显然，由于没有认识到国家财富和个人财富之间的差异，共和党税收法案鼓励了投机，阻碍了研究和教育的发展。

此外，理解2017年美国税收法案背后的另一个关键错误也很重要。共和党人认为，即使公共资助研究放缓，公共基础设施投资不足，减税也将鼓励美国私人企业填补空缺，增加投资。美国曾进行过两次这样的尝试，希望看到减税刺激发展、增加储蓄和投资。但这两次试验都失败了。如前所述，里根减税后的增长不仅比他承诺的要低得多，[8]而且比几十年前还要低。在小布什政府减税后，国民储蓄下降，个人储蓄率几乎下降到零。尽管投资有所回升，但这在很大程度上要归功于房地产业，而这种投资没有很好地改善现状。[9]今天，美国的前景甚至更加糟糕：美联储相信美国已经接近充分就业，由此它将比平常更快速地加息，从而抑制私人投资。（当然，如果特朗普的"贸易战"造成的全球不确定性放缓了全球经济增长，美联储可能不会加息，甚至可能会降息。这种情况很有可能出现，如果减税带来的"甜头"很快消失，那么减税的负面影响就会开始显现——财税扭曲和财政赤字大幅增加。）

要扩大人们的知识基础，意味着国家必须维持一个开放的社会环境，这代表要向来自其他地区的思想和人们开放。在某些方面，知识的跨国流动是全球化最重要的部分。美国不能遏制知识的传播，如果美国与外界隔绝，全世界都会因此受到影响。[10]随着私人和公共投资的缩减、投资分配的扭曲，再加上特朗普建立的"边界"，境外的优秀和聪明的人被隔绝在美国国境之外了。在这种情况下，很难看出特朗普的政策会如何提高生产率和促进增长。

如果美国想提高生产率，以下这些才是真正需要着手的地方：①通过税法改革和增加政府支出鼓励基础研究；②向高等教育机构提供更多的支持；③保持开放——包括向来自国外的思想和人们开放。此外，美国需要做的不仅仅是撤销税收法案，更需要对那些不在美国投资、创造就业机会的企业增税，并将其中部分税收用于基础设施建设和研究支出。

促进向后工业化世界的过渡

像大多数欧洲国家一样，美国一直在努力适应去工业化、全球化以及经济和社会的其他重大转变。这是市场需要政府帮助的领域。事后推动过渡成本极高，而且存在问题。美国本应为那些因为全球化和技术进步而失业的人采取更多行动，但是共和党拒绝为他们提供帮助，他们只能自谋出路。美国政府必须预见未来结构性转变的大趋势，使美国经济适应气候变化和不断变化的人口结构。这只是美国经济和社会在未来几年内会面临的过渡挑战中的其中两项。本书第 6 章中所讨论的新技术——包括自动化和人工智能，都代表美国正面临进一步的挑战。

这种近期变化以及一些早期事件给人们上了重要的一课：美国市场本身无法胜任这项任务。在前面我已经解释过了原因：那些受影响最严重的人，就比如那些失业的人，是最难养活自己的。这些变化往往意味着他们的技能失去了价值。他们可能不得不搬到就业机会较多的地方，而在美国经济增长最快的地区，房价往往很高。即使经过培训，这些人的工作前景可能会有所改善，但他们没有资金接受再培训，而美国金融市场通常只会以高利贷利率向他们放贷。金融市场只以正常利率贷款给那些有体面的工作、信用记录良好、房屋净值为正的人——换句话说，那些不需要钱的人。

因此，美国政府有必要通过所谓的积极的劳动力市场政策，来促进劳动力市场转型过渡。这些政策有助于对个人针对新工作进行再培训，并帮助他们找到新的工作。美国政府的工具之一——产业政策，有助于调整经济走向，使之朝着人们期望的方向发展，并有助于在新部门中建立和扩大企业，特别是中小型企业。[11] 有一些国家（如斯堪的纳维亚）已经证明，规划良好的劳动力市场和积极的产业政策，可以在就业机会被摧毁的同时创造新的就业机会，并可以将劳动力从旧的工作岗位转移到新的。虽然也有失败的例子，但那是因为人们没有对成功的政策给予足够的重视。[12]

区位政策

美国政府在追求积极劳动力市场和产业政策的同时，需要对区位问题保持敏感。经济学家往往会忽视仅出现在某个特定地方的社会资本和其他资本。当工作岗位从一个地方转移到其他地方时，经济学家有时会建议人们搬家。但是对许多与家人和朋友有联系的美国人来说，这并不容易。尤其是因为儿童看护费用高昂，许多人靠父母带孩子，这样他们才有时间去工作。近年来的研究强调了社会纽带、社区和个人福祉的重要性。[13]

更普遍地说，区位政策的决策往往是低效的。太多的人可能挤进大城市中心，但这会造成拥堵，给当地基础设施带来压力。[14]美国一些工厂迁往中西部和南部农村地区的原因之一是这些地方工资水平低，同时公共教育能确保这里的工人有足够的技能来提高生产率。美国的基础设施足够好，能很容易地将原材料运进工厂，再将成品运出。但是，导致部分地区工资低的一些因素现在正在助长去工业化的负面影响。工资在美国部分地区较低的原因是缺乏流动性——在完全流动性的情况下，同样工作的工资（技能调整）在任何地方都应是一样的。缺乏流动性是去工业化为何对社会带来痛苦的关键所在。

简而言之，美国需要关注一些特别的区域（如压力较大的城市或地区），基于地方的政策"因材施教"，以恢复和振兴社区。一些国家的经验可以为美国提供借鉴：19世纪的世界纺织之都——曼彻斯特，在英国政府的帮助下被改造成了一个教育和文化中心。曼彻斯特可能不如全盛时期那样繁荣，但将曼彻斯特作为先例比较是有启发性的，历史境遇相似的底特律因为美国的政策而破产了。

政府曾经在从农业向制造业经济的过渡中发挥了核心作用，现在它需要在目前经济向 21 世纪新经济的过渡中发挥类似的作用。[15]

社会保障

不安全感是会对幸福感带来负面影响的重要因素之一。不安全感也会影响经济增长和生产率：人们会担心自己是否会被赶出家门或失去工作，担心自己失去唯一的收入来源，从而无法以应有的方式专注于工作任务。那些感觉更安全的人可以从事风险更高的活动，而且他们通常会获得更高的回报。在复杂的社会中，人们将不断面临新的风险。新技术可能会替代人们原有的工作（即使它们也能提供新的工作）。气候变化本身带来了数不清的新风险，如美国最近经历的飓风和火灾。这些巨大的风险仅仅依靠市场是处理不好的。[16] 在一些情况下，市场拒绝为失业和老年人的健康提供保险；而在另一些情况下（如退休），市场以收取高昂的成本为代价提供年金，而这种年金没有任何保障（如并不按通货膨胀调整）。这就是为什么几乎所有发达国家都提供社会保险以抵消一部分风险。美国政府在提供这种保险方面已经相当成熟——与美国私人保险交易成本相比，美国社会保障体系的交易成本仅仅是其一小部分。然而我们需要认识到，美国的社会保险制度存在很大的不足，许多重要的风险仍然没有由市场或政府来承担。

失业保险

美国的社会保障体系中最大的漏洞之一是失业保险覆盖的风险

相对较低（如对于失业 26 周的保障），而长期失业的严重风险却没有得到解决。一个小小的改革将会极大改善美国的失业情况：延长支付期限，覆盖更多的人。而更复杂的改革将是以贷款的形式提供失业保障，贷款的偿还取决于个人未来的收入。一小轮失业不会使个人终身收入有什么变化，真正的市场失灵是失业的人无法用未来的收入做抵押，以维持目前的生活水平。不过美国政府可以改变这一点。[17]

当然，我们都希望失去工作的人能迅速过渡到新的工作岗位，而积极的劳动力市场政策在这方面会有很大的帮助。鼓励失业的人去找另一份工作的计划也是如此，即使新工作工资不高。人们往往对他们应该得到的工资抱有不切实际的期望，并且低估自己所拥有的工作的价值——这种价值不仅仅包括收入，还包括个人的社会关系，这些都对个人幸福有重要的影响，以及当下失业对未来就业的影响。[18]

无论何时，当考虑失业保险时，都有必要回忆一下其可观的宏观经济利益。失业保险充当着自动稳定器的角色，当经济疲弱、创造就业的速度不够快时，失业保险就会自动发挥作用，它提供的收入有助于经济保持平稳。[19] 美国应该准备好应对经济萧条的计划，就比如 2008 年金融危机后美国经历的那次衰退一样，这样的保护措施几乎不会让美国社会付出什么代价。尽管成本相对高昂，但保护措施在经济衰退期间为美国减少了很多不必要的损失。如果没有应对计划，经济的放缓或萎缩将会更加糟糕。美国社会保障体系的相对薄弱是造成 2008 年大衰退影响如此严重的部分原因。美国所受到的打击比德国和其他北欧国家严重得多，而一些国家在最初遭受的打击甚至比美国更加严重。

全民基本收入制度

有些人（尤其是高科技行业的人）提出了一个有趣的提议，即建立美国全民基本收入制度（UBI）作为对现有社会保障体系的补充。一些人甚至建议这个项目应该取代无数其他的社会支持项目。UBI 实质上是所有人的财政补贴。每个人都会收到一张美国政府的支票，比如说在一个月的第一天收到它。当然，那些有好工作的人会向美国政府缴纳远远多于他们所能收到的返税。UBI 将成为每个人的安全网，并大大减少或消除一些针对性项目（如失业保险和食品救济券等）的行政成本。[20]

UBI 的支持者特别指出，在自动化程度不断提高的经济中，即使传统的就业机会变得更加稀缺，财富仍可能快速产生，而它对于抑制经济的负面影响非常有效。

UBI 有一些明显的优势。它可以促进平等，为那些找不到工作的人提供支持。它可以消除美国冗杂的官僚程序，而官僚程序是提供多重安全网和社会保障的必要条件，如食品救济券和医疗补助计划。[21]

但我不认为简单地增加人们的收入是正确的方法：对大多数人来说，工作是生活的重要组成部分。这并不意味着人们必须每周工作 40 小时。当每周工作时间从 60 小时缩短到 40 小时时，劳动力将会获得保障，经济将会比缩减时间之前更加繁荣。如果再能缩短到 25 小时，所有人就都能有生存的保证。更短的时间实际上带来了更高的生产效率，许多人找到了有效方法利用额外的闲暇时间。

人类社会仍然有许多工作需要做，即使是机器人也无法在很短的时间内完成。城市建设需要美化，年老体弱者和病人需要得到更好的照顾，年轻一代需要受到更好的教育。既然市场无法将那些需要工作的人和需要做的工作匹配起来，那么美国政府就有责任采取行动进行调节，就业计划本书将后续介绍。

许多年轻一代表示，这种对工作的关注仅仅是 20 世纪的想法，而最低限度的 UBI 将使他们在无须正式就业的情况下能追求精神生活，或帮助他人生活。这一想法不应被忽视，但我仍然不相信它能解决固有的经济问题和普遍失业带来的赤字问题。就业仍然是健康经济的支柱，我们需要一个广义的议程来支持强劲的劳动力市场。

但在谈到这一点之前，我们应该注意到 UBI 的一个局限性：鉴于美国财政政策的吝啬，任何 UBI 体系都不可能慷慨地提供足以维持生计的支持。只有大幅增加税收才能支撑这样的成本。

有良好工作条件的体面工作

美国和西欧焦虑的核心，也是恢复动态经济的核心——工作、一份好的工作，简单明了。那些有工作的美国人担心移民会抢走他们的工作，故压低他们的工资。他们担心全球化会将工作机会转移到国外。他们认为标准经济学家的论点——即随着旧工作消失，新的更好的工作会被创造出来，在很大程度上是一个美丽的童话。即使这种论点对一些人有效（他们可以找到更好的工作），但显然对大多数人是无效的。

大多数人都在努力保持工作和生活的合理平衡。女性希望事业进步，但也希望有一个幸福的家庭。男性想尽力但也经常担心工作的进步和生活的其他方面（最重要的是家庭）之间的平衡。许多人，不管是男性还是女性都觉得为那些污染环境的企业工作令人沮丧，并且他们认为自己没有发挥应有的积极作用。

仅靠市场本身无法保证充分就业，市场在确保工作报酬丰厚方面，以及解决工作和生活的平衡问题上做得更差。

如果美国经济因为全球化或技术进步而更加富裕，那么很明显人们可以利用这一进步的成果，至少让绝大多数人过上更好的生活。社会的大多数利益都流向了 1% 的人并不是不可避免的，也不是必需的。这绝不是一件好事——在最近几年，这 1% 的人拿走了美国国内生产总值增长的绝大部分。考虑到美国现在比以前富裕得多，美国当然可以选择一种不会破坏家庭的方式来管理经济，特别是在一个崇尚"家庭价值观"的经济体系中。接下来，我将解释美国政府能做些什么来创造人们所希望的经济体系。

确保充分就业

对于平等、增长和效率而言，没有比保持充分就业更重要的政策了。中产阶级生活方式中最重要的部分就是有一份体面的工作，这反过来要求美国社会有一个能确保充分就业的宏观经济框架。尽管许多保守的经济学家相信市场总是高效运转的，但显而易见的是长期以来，市场本身无法实现充分就业。大规模失业是对资源的极大浪费。许多经济学家认为，用货币政策来降低利率是一种改善失业的手段。无论这种说法正确与否，很明显在某些时候（如过去 10 年），货币政策本身不足以让美国恢复充分就业。[22] 在这种情况下，就需要强有力的财政政策——增加政府支出或者减免税收。即使会导致赤字，也要这样做。

在大衰退开始后，花了 10 年时间，美国才终于接近充分就业。（2018 年 9 月，只有 3.7% 的劳动力没有工作。）然而，这些统计数据给人的印象太乐观了：在美国，只有 70% 的适龄劳动力有工作，远远低于瑞士和冰岛，这两个国家的这一比例分别为 80% 和 86%。[23] 此外，有许多人（约 3%）由于找不到全职工作而被迫兼职。如果不是有那么多的人入狱——几乎占适龄劳动力的 1%，远高于任何其他国家，美国的失业率可能还会更高。[24] 美国劳动力市场疲软的一个反映是，实际工资增长一直非常缓慢——即使在大衰退期间经历了多年的停滞之后，2017 年 16 岁以上的全职劳动力的实际工资也仅增长了 1.2%，仍然低于 2006 年的水平。[25]

财政政策

即使美国的货币政策失效，财政政策也能刺激经济。在需求不足的时候，增加高支出乘数活动（每花费一美元就能为经济提供巨大刺激的活动，如花更多的钱来雇用更好的教师），牺牲那些不具备这种能力的活动（如付钱给外国承包商去打一场境外战争），[26] 可以在需求短缺时为经济提供巨大的推力，就像在 2008 年金融危机之后几年里一样。将税收负担从穷人和中产阶级转移到那些更有能力纳税的人身上也是如此，因为比起生活在顶层的人，那些生活在底层的人需要花费更高比例的收入来维持生活。当然，这与 2017 年 12 月颁布的税收法案正好相反。美国的累退税制度规定收入最高的人比收入较低的人缴纳的所得税比例更低，这不仅不公平，而且削弱了宏观经济，破坏了就业。美国超级富豪利用的税收漏洞也是如此：这不仅加剧了不平等，还扭曲和削弱了经济。

事实证明，有些税收对经济发展是有益的，甚至可以刺激经济。

例如，对碳排放征税将鼓励企业投资减排技术，企业不得不对自身进行改造，这也是它们获得巨额碳补贴时代的终结。[27] 在这种情况下，一个国家的经济将得到三重好处：更好的环境、更高的收入（可以用来满足国家的一些长期需求），以及不断增长的需求带来的更多就业和更高增长。[28]

即使对赤字和国债信用的担忧会导致财政紧缩，也可以通过适当规划的财政政策来刺激经济。平衡预算原则认为，税收的增加与相应的支出增加会刺激经济。如果政府谨慎地决定税收和支出数额，对经济（以及就业市场）的促进作用将是巨大的。[29]

财政政策可以为基础设施的投资建设提供助力。多年来，基础设施投资一直不足，这意味着在这一领域存在巨大的投资需求和高额的投资回报。基础设施的改善可以增加私人投资，因为企业会受益于更低的市场准入门槛。因此，公共支出将鼓励私人支出。基础设施改善还能节约资源。由于机场爆满和道路拥挤，大量私人资源被浪费了。

对基础设施的投资还会带来更多好处。不完善的公共交通系统会给人们通勤出行带来极大的不便。新的基础设施投资项目应该包含建设良好的公共交通体系，这样即使人们需要去很远的地区工作，也不必担心交通不便的问题。

有针对性的财政政策也可以在研究领域发挥作用，私人部门将依靠公共资助的科技进步蓬勃发展。事实上，在过去 90 多年，从互联网到浏览器，再到雷达的发明，绝大部分关键性的技术进步都是由公共资金支持的，而这样的例子不胜枚举。[30]

这些在总需求不足时，通过增加总需求而实现增长的供给政策，确实提高了经济的潜在产出。与里根试图通过减税和放松管制刺激供给侧的方式不同，前者才是行之有效的解决办法。

在以欧洲国家为首的一些国家当中，政府成立了国家基础设施投资银行，为基础设施的投资提供融资服务。例如，欧洲投资银行（European Investment Bank）每年投资 940 多亿美元，用于促进欧洲经济增长和提高人们生活水平的项目，包括连接主要城市的快速列车、可靠的电网和完善的公路网络。[31] 美国将不得不花费大量资金满足人们日益增长的对基础设施的需求，一家类似的银行机构将有助于提供必要的财政支持。[32]

为所有愿意工作的人提供一份有保障的工作

在大多数情况下，本书迄今为止所提出的改善措施可以帮助美国实现充分就业。不过，如果任由美国的经济像今天这样发展下去，没有人知道未来将会发生什么。市场意识形态已经深深扎根在美国人的思想深处，以至于大多数经济学家认为，只要美国政府正确实施财政和货币政策，充分就业就应该而且能够在很大程度上仅依靠美国的私人部门实现。但如果事实并非如此，美国又将何去何从？

美国还有另一个选择：让政府雇用"工人"。在 21 世纪的美国，人们应该意识到，每一个有工作能力而且愿意工作的人都有工作的权利。如果市场失灵，财政政策和货币政策也同时失去了效用，美国政府就不得不在此时挺身而出。人们关心经济安全，而作为后盾的美国政府将保障经济安全，这种人们对政府安全感的提高具有不可估量的价值。此外，美国仍然有很多问题需要处理。许多学校的设施已经破旧不堪，亟待修缮，或者至少需要粉刷一下斑驳的墙面。城市也同样需要清理和美化。[33] 正如我们早些时候看到的，美国仍然有很多工作需要去做，而人们自身也想投入工作当中，但美国的经济和金融体系却背叛了人们和社会的需求，这不得不让人扼腕叹息。

印度为那些愿意从事非技术性体力劳动的农民提供了"百日工作计划"这样的保障，每年约有 5000 万印度人投身并受益于这一计划。既然印度这样的国家能负担得起这样的政策，那么美国肯定也能。类似的政策还能帮助提高农民的工资水平，减少极端贫困，因而这有助于提高美国底层民众的工资，减少不平等现象。[34]

促进就业，恢复工作与生活的平衡，减少剥削

自"二战"以来，家庭的性质已经发生了变化：原本一个家庭中只有一人负责赚钱养家（通常是男性），而另一个人（通常是女性）则留在家中。现在，很大一部分家庭中的两个成年人都是劳动力，这意味着新的就业政策需要更强的灵活性。例如，有必要制定家庭休假政策，企业必须提供更灵活的工作时间。此外，政府在照顾孩子方面也需要为家庭提供帮助。[35] 最重要的是，企业必须停止滥用市场势力，如第 3 章描述的"随叫随到"调度等手段。

遗憾的是，过去美国没能说服雇主采用这些方案，而未来也不太可能成功。本书在第一部分曾经提出，重新平衡工人和雇主之间权力的改革是非常必要的，而劳动力市场趋紧也是如此。但只有这些还远远不够，美国需要制定规章制度、奖励和惩罚措施。这些变化不仅有益于家庭，而且给美国社会带来的效益将远远超过任何 GDP 的增长：它们将促进社会包容性产生，并降低由于性别歧视所导致的男女工资和收入之间的差距。

恢复机会平等和社会公正

即使是最为狂热的市场信徒也明白，市场本身无法确保社会公正和机会平等，尤其是在歧视现象明显的地方。在美国社会中，近五分之一的儿童在贫困中长大。在竞争激烈的劳动力市场（我已经强调过，事实上劳动力市场很少有竞争）中，工资是由供需决定的。市场势力的相互作用可能会导致低技能人才的工资水平降低，最终无法生存，更不用说过上体面的生活了。美国政府应在促进社会公正方面发挥重要作用，确保每个人都有足够的收入。不论父母的收入、教育水平、社会地位或其他情况如何，年轻人都应有机会习得自己所需要的技能，并获得与其技能相称的工作机会。而且，政府应让个人或企业不再利用它们的市场势力在国家蛋糕中获得不成比例的份额。[36]

随着美国朝着更有活力的经济发展，机会平等和社会公正等更广义的社会目标应该被纳入议程。首先，美国的市场收入分配应该更加平等（有时被称为预先分配）。但无论美国人如何努力，也无法完全避免市场收入分配不平等的问题。因此，美国政府必须采取累进税、转移支付和公共支出计划，进一步平衡人们的生活水平。[37]如果美国的市场收入分配能更加平等，收入再分配的负担就会减轻。要实现更公平的收入分配不仅仅涉及再分配，也不仅仅是向富人增税、向穷人减税的问题，美国需要重视预分配的作用。

不平等问题是在产生收益的过程中出现的。当企业垄断并行使垄断权力，剥削他人，或歧视特定的群体时，不平等问题就开始浮出水面。此外，当CEO利用企业治理制度的缺陷给自己开过高的工资，而留给员工或投资企业的钱较少时，不平等也随之产生。美国应该禁止这些不当行为，对企业的治理政策做出改革，选择更好的治理方案，加强和执行反歧视和竞争法。这些利于实现收入公平的举措在经济上很容易实现（虽然在政治上并非如此）。正如我们所说，市场并不存在于真空中，它必须受到规则、规章和政策的约束。如果国家能更合理地组织市场，就有利于提升经济效率，实现市场收入的公平和公正。

不平等问题的出现不只是由于收入分配规则不合理，[38] 也是由于那些保护企业并允许其剥削他人的规则的存在。美国的金融体系正在导致社会不平等问题更加严重，处于社会底层的人在向金融机构贷款时需要支付高额利息，但当他们选择将钱存入银行时，银行的利率水平却低得令人发指。金融领域的改革（如取消利率上限）只会让事态变得更糟。金融行业内部的竞争让越来越多的金融机构倾向于剥削那些不够"谨慎"的人。[39]

改革可以有效消除美国社会的不平等现象。例如，美国可以改变政策，提高人们的最低工资水平，提供工资补贴和劳动所得税抵免，让私人部门提高其员工的工资水平，最起码使其得以维持生计。[40]

优势和劣势的代际传递作用

即使富人的高收入并非来自剥削底层的人，这也并不意味着社会变得更加公平，因为他们的财产和优势可能源自其祖辈留下的遗产，而非自我奋斗的成果。因此，我们不得不关注代际传递作用。拥有更多的收入、财富和高等教育资源的人们当然会尽可能地为自己的后代提供方便，这是不可避免的。这种资源的不平等只会随着一代又一代人的积累变得越来越严重。这就是为什么美国需要将解决不平等问题纳入议程，因为解决现在的不平等问题是实现未来机会平等的基础。[41]

出生于贫困家庭的孩子注定难以发挥他们的潜力，这是不合情理的。任何一个人道主义社会都不能谴责一个孩子不幸的出身，也不能指责他们选择了错误的父母。在一个约有五分之一的儿童出身于贫困家庭的国家，这已经不是一个遥不可及的理论问题，而是一个紧迫的现实问题。这就是为什么儿童营养和健康项目以及从学前班到大学的教育机会促进项目如此重要。

优质的免费公共教育是凝聚社会的重要力量。50 年前，对女性的歧视剥夺了她们许多机会，因此教育领域的工作可以以较低的工资吸引有才华的女性。由于性别歧视有所削弱，女性得以进入其他行业工作，这减少了领取相对较低工资的，担任教师的较高素质女性的人数。为了在这种环境下保持同样的教育质量，美国需要进一步提高教育工作者的工资（也就是增加教育支出），新的工资水平应该远高于现在的工资水平。

由于美国的经济阶层变得原来越固化，贫困儿童倾向于和其他的贫困儿童生活在一起，美国的地方教育体系使不同阶层的人受教育程度的差距越来越明显。[42] 因此，富裕地区的儿童能够比贫困地区的儿童得到更好的教育。这种区别教育模式在高校中仍在继续，因为学费的增长速度远远快于收入阶梯里中下阶层收入的增长速度。贫困家庭的孩子接受大学教育的唯一途径往往是背负沉重的债务，他们时刻面临着一个令人绝望的选择：放弃大学教育，迫使自己过低工资的生活；或者接受大学教育，但随之而来的是终生的债务负担。

因此，人人享有良好的公共教育是社会平等和机会平等议程的核心，这需要国家增加公共支出。当教育工作者的工资水平与银行和社会其他部门的差距如此之大时，我们怎么能期望教育业能够吸引优秀的人才呢？当地方社区的资源基础差距如此之大时，我们又怎么能期望所有人都能接受高质量的教育呢？这不是通过绩效工资来激励教师的问题，即使他们的学生表现得更好，即使再多给他们几千美元，也难以缩小教师和银行家之间的薪酬差距。此外，教师是专业人员，激励性薪酬是对教师的专业性的贬抑。如果心脏外科医生被告知"为了激励你，如果手术成功，我将支付你更多的钱"，他们可能会感觉被冒犯，因为无论有没有额外薪酬，外科医生在每次手术中都会全力以赴。如果我们对教师表现出更多的尊重（而不是不断地抨击教师及其工会，这种抨击正在一些教育改革的圈子中逐渐流行开来），通过支付更高的工资来招募更好的教师（终结长期毒害教师行业的性别歧视），提供更好的工作条件，实行包括缩小班级规模等有利于教师的政策，美国就将会取得更好的成绩。[43]

歧视

对种族、民族和性别的歧视是长期根植在美国社会的毒瘤之一。美国民众刚刚意识到，这种对他人的歧视已经长期深入美国社会的内部。最近地区性的美国警察暴行和大规模监禁的统计数据都能体现这一点。歧视是一个道德问题，但它同样会影响经济领域。就如同癌症最终会摧毁人类的健康，歧视就像癌细胞一样破坏我们的活力，遭受歧视的人往往永远都无法发挥自己的潜能，这是对美国最重要的经济资源——美国人的浪费。

正如第 2 章所指出的那样，在过去的半个世纪里，美国在减少种族歧视方面进展缓慢并一度陷入停滞。在民权立法开始呼吁减少种族隔离的几年之后，法院阻碍了立法进一步发展。2013 年，最高法院废除了 1965 年《选举权法》的关键性条款。[44] 本书在第 2 章已经证明，美国梦对于那些出生在社会收入金字塔底部的成员（尤其是少数民族群体的成员）来说，已经是一个遥不可及的神话。种族、民族和性别歧视是导致经济不平等加剧、机会不平等以及经济和社会隔离的重要原因之一。

歧视的多种表现形式

美国的歧视有很多种形式。在金融、住房和就业方面，歧视往往表现得比较"隐晦"（在美国的警察执法和司法体系中并非如此，歧视在这些体系中表现得非常直白）。没有什么比对法治和公正的承诺更能定义美国，无论是对自己还是他人。许多美国学生在开学时宣誓效忠的誓言都令人感到无比振奋——人人都享有自由和公正。但就像美国梦一样，这对很多人来说也是一个神话。正确的表述应该是"为所有负担得起成本的人伸张正义"，并且还需要附上一个追加条件——"……尤其是当这些人是白人的时候"。美国是世界上入狱人数最多的国家（相对于总人口来说），这令人感到惊讶，因为美国作为人口占世界总人口 5% 的国家，却关押了世界上 25% 的囚犯，而且这些囚犯中非裔美国人的比例高得令人咂舌。[45] 这种大规模监禁制度 [46] 的存在不仅有着严重的歧视色彩，而且效率也十分低下。[47]

美国人应该怎样做

诸如种族和性别歧视一样长期存在的遗毒不会自行消散。美国人必须了解那些使种族主义和其他形式的歧视根深蒂固的制度基础，并将它们连根拔除。[48] 这意味着除非人们在经济的各个方面更有力地执行反歧视法，否则美国就无法实现种族、民族和性别平等。在此基础上美国人必须更进一步，制定新一代的民权立法迫在眉睫。

美国人需要平权行动和经济计划来促进社会机会平等。现在，美国存在着各种各样的贫困陷阱，无论是身处阿巴拉契亚的贫困人口，还是印第安人和非裔美国人，都需要社会的支持才能找到出路。[49] 美国人已经开始了解家庭带来的优势和劣势是如何代代相传的。因此，民众需要吸取前人的经验和教训，打破这些贫困陷阱。无论是什么种族，或者有着怎样的家庭背景，美国人都应该携手并进，共同迈向美好的未来。

教育、营养和健康资源是人类生活的必要不充分条件。由于美国的地方财政和地方基础教育系统已经成为一种固化经济不平等的工具，美国需要增加政府的投入，以改变这些不平等的制度。美国还需要开展全国性的学前教育项目，以改变"出身决定未来"的社会问题。

种族平等和经济平等是密不可分的。如果美国能从宏观上减少不平等的存在，确保底层家庭能给其孩子与顶层家庭一样的发展机会，那么美国就能在促进种族、经济和社会平等方面取得长足的进步，并创造一个更有活力的经济。

跨越世代的公正复兴

公正在某种意义上只是政客的表面之词，但它实际上代表了几代人的福祉。2017 年的税收法案将产生巨大的政府赤字，从而增加政府的债务。具有讽刺意义的是，国会的共和党人反对政府负担过多的债务，因为这会给后代带来沉重的负担。代际公正有三个方面一直被大众忽视，而想要改变现状，只需要将这三个方面加入美国的改革议程。

第一，真正给后代带来负担的是公共和私人投资的匮乏。研究估计表明，美国的资本存量甚至没有跟上收入增长的速度。如果美国不给后代提供足够的教育，他们就不能发挥他们的潜力，而如果不投资基础设施和技术研究，后代将无法维持当代的生活水平。

第二，地球是无法被替代的。如果我们将自己居住的星球毁于一旦，人类就没有别的地方可去了。然而现实是，人类正在破坏自己所居住的世界，其中最具威胁性的后果是气候变化。气候变化带来的损害每年都在增加，而政府对于环境的思考和对策对子孙后代来说也是不公平的。请回顾一下第 7 章的内容，当美国政府考虑制定某项规则时，必须先做一个成本－收益分析，也就是比较投入的成本和规则带来的收益。一项环境法规带来的收益不仅有规则实施后的直接效应，也有长期的溢出效应。例如，如果政府命令一家污染严重的燃煤发电厂即日整改，其近期成本可能会上升，但改善健康和减少气候变化带来的好处将持续多年。因此，进行成本－收益分析的关键问题是，如何将未来的 1 美元收益与今天的 1 美元成本进行比较？如果按照特朗普政府的步调走，50 年后，当美国现在的孩子成长到壮年阶段，今天的 1 美元在那时只值 3 美分。实际上，特朗普政府只是在投资未来的过程中偷工减料。除非一项环境法规给美国的孩子带来的好处是目前成本的 30 倍以上，否则政府就将拒绝采纳这项法规。美国政府完全不打算为后代筹谋，也难怪其对气候变化毫无兴趣。[50]

第三，由于各种各样的原因，大部分年轻人没有像前人刚开始创业时那样的机会。数百万学生背负着沉重的债务，这妨碍了他们自由选择职业。他们不得不一直考虑到期的欠款，以及如何建立家庭或拥有自己的房子。与此同时，由于宽松的货币政策、糟糕的税法制度以及对金融监管的放松，房价相对于收入而言直线上升。前一代人获得了资本收益，而下一代人必须想办法买到负担得起的房子。这种几代人之间的幸福差距是最令人不安的问题之一。那些在房地产上大赚一笔的父母可能会和他们的孩子分享这些财富，而孩子又会把这些财富传给他们的孩子。但没有房产的父母几乎或根本没有什么东西可以传给子女和孙辈，这让他们的后代陷入困境。因此，这一代的不平等在下一代可能会扩大。本章在之后的部分将详细介绍税收政策的变化，下一章则重点介绍抵押贷款和学生贷款计划。

税收

一个进步、公平、高效的税收体系应该是一个充满活力和公正的社会的重要组成部分。前文已经描述了政府需要开展的重要活动，包括公共教育、卫生、研究和基础设施建设、健全司法制度及最基本的社会保障。这些公共投入都需要税收作为支持。购买力更高的人应该承担更多的税收份额，而这些人通常是经济增长的获益者。但正如第2章所指出的，那些收入最高的人实际上比收入较低的人缴纳的税款更低，这种局面在过去的30年里变得越来越糟。2017年，随着税收法案的出台，大多数中产阶级的税收负担都有所增加，为企业和亿万富翁的税收减免提供了资金基础。这项税收法案可能是有史以来的税收立法中最糟糕的。

美国政府可以只对现行的累退税制度做出一点点适度的改变，仅仅要求企业和富人缴纳应缴的税款，这项改革在 10 年之内就能产生数万亿美元的收益。[51] 这项改革不仅需要提高税率，还需要消除那些特殊利益集团的说客为美国的税法设计出的无数漏洞。[52] 与其按照 2017 年税收法案所规定的优惠税率对房地产征税，不如提高租金和土地的税率。当"工人"被征税时，"工人"的积极性可能会受到打击。当资本被征税时，它就可能流向其他地方，人们也可能会减少储蓄。[53] 但对土地来说就不一样了，因为不管是否对土地征税，它都永远会在那里。事实上，19 世纪伟大的经济学家亨利·乔治认为土地的收益，即租金，应该被征收 100% 的税。[54] 对租金征税可以让经济变得更加活跃。现在很大一部分储蓄都投向了土地资产，而不是生产性资产（即在研究、工厂和设备上的投资）。对土地和租金的资本利得征税将鼓励更多的储蓄流向生产性资产。[55]

除了土地以外，改变其他的税种也可以同时提高经济效益和人们收入，如对碳排放征税。[56] 在不征税的情况下，个人和组织并不会考虑碳排放活动增加的社会成本。这类税收还将激励减少碳排放的投资和创新，并对在巴黎（2015 年）和哥本哈根（2009 年）召开的限制全球变暖的国际会议上提出的重要目标做出巨大贡献。[57] 如果没有类似的税收，人类社会很难达成我们预期设定的目标，最终将为此付出巨大的代价。2017 年，全球因气候变化导致的自然灾害造成的损失已经打破了纪录，其中包括飓风哈维、厄玛和玛利亚造成的 2450 亿美元损失，与全球变暖相关的气候变化预计将会增加。[58] 海平面的上升也将给沿海国家和地区带来巨大的灾难。佛罗里达州和路易斯安那州的大部分地区将被淹没，或者遭受更频繁的潮汐和洪水，而华尔街也将被吞没，尽管这对有些人来说可能是件好事。

　　只要经济活动的私人收益超过社会收益，对私人活动进行征税就能提高社会福利，这是一个普遍性的原则。另外，由于短线交易（short-term trading）在很大程度上对社会没有经济效益，政府可以考虑对其进行征税。一般来说，在信息不对称的情况下，如果一方希望从另一方那里获得好处，就会发生金融交易，交易双方甚至都可能认为自己拥有优势。在很大程度上，股市只是富人的赌场。虽然赌博可能会带来一些短暂的快乐，但财富只是从一个人的口袋里转移到另一个人的口袋里，本身并没有增值。赌博及短线交易并没有让国家变得更富有，而且往往以某一方的痛苦告终。过度交易（excessive trading），尤其是与高频交易相关的金融交易，没有任何社会功能。[59] 设计合理的金融交易税不仅能为政府筹集资金，还能提高经济的效率和稳定性。

　　当然了，特殊利益集团将反对征收这些税。我并不想否认这在政治上很难实现，但是撇开政治不谈，为了确保美国不再是一个贫富差距如此之大的国家，为了让所有美国人都可以而且应该过上中产阶级生活，政府实在不应该吝啬。

结论

　　本章及本书之前所讨论的改革议程，对实现一个更有活力、增长速度更快、为人民服务的经济是有必要的。正如本书早些时候所指出的那样，这些政策（或者类似的政策）已经在其他国家取得了成功。对美国来说，真正困难的不是经济上的改革，而是政治上的改革。

　　即使美国成功地对政治体制做出了改革，并且将以上措施付诸现实，实现全民中产阶级生活可能仍然是十分困难的。即使就业问题有所改善，但一个家庭也可能负担不起退休生活的开支，付不起孩子上大学的费用。然而，在传统农业社会中，农民会互相帮助建立一个新谷仓，在家庭生活中，家人也会在需要的时候团结一致。对社会而言，当每个社会成员都齐心协力、团结一心的时候，社会才能以最佳的状态运作。一个能够令全社会恢复经济增长的建设性议程，是让所有人都能过上中产阶级生活的宏伟目标的一部分。下一章将解释如何做到这一点。

第 10 章

人人过上体面的生活

市场、社会、政府规章和免费公共教育等项目的结合创造了中产阶级的生活，创造了 20 世纪中产阶级的工作机会，人们的生活比一个世纪前的悲惨状况要好得多。但在过去的 40 年里，美国人似乎把中产阶级的生活视为理所当然，变得自满起来。其结果是，大部分人都在努力维持这种生活方式，而对相当多的人来说，这种生活方式已经变得遥不可及。当美国相当大一部分地区的平均工资在半个世纪的时间里停滞不前或下降时，显然有些地方出了问题。上文讨论的改革将大大有助于确保在 21 世纪的美国，每个人的税后工资至少是可以维持生活的，并具有可持续增长的前景。但这还不足以让许多美国人过上体面的中产阶级生活。

近几十年来，市场未能完美地创造出能确保所有人过上体面生活的基本条件。我们已经充分认识到其中一些失败的原因——市场更愿意为健康的人提供保险，企业投入了大量资源来区分健康的人和不健康的人。但是，一个只有健康人才能得到保险的社会不是一个有效率的或健康的社会。同样，市场可以很好地为富人的孩子提供教育，但是一个只有富人的孩子才能得到良好教育的社会既不公平也没有效率。

保守派人士表示：有时候这些纠正市场失灵、克服自身局限性的愿望是好的，但是要做到这些是要花钱投入的。我们现在还负担不起，尤其是考虑到美国巨额的公共债务。这种说法完全是一派胡言。那些比美国贫穷得多的国家，在满足其人民对全民医保和教育，以及让人民过上富足生活等其他先决条件的愿望方面，都比美国做得好。[1]

事实上，美国在大约 60 年前做得比现在更好。在"二战"结束时，美国的负债比现在更多，也更贫困，人均收入只有今天的四分之一。[2] 然而"二战"结束的几年后，根据《退伍军人权利法案》，美国为所有参加了战争的人免费提供了最好的学校的教育。这个法案基本上让所有年轻男性和多数女性受益，除了非裔美国人，因为法案明确规定他们不能享受该法案的福利。[3] 同样，在艾森豪威尔的领导下，美国扩大了国家公路网，颁布了《国防教育法》，开始了大规模促进科技进步的计划。在约翰逊的领导下，美国制定了医疗保险计划。在尼克松的领导下，美国扩大了社会保障的范围。既然美国当时负担得起这些项目，那么现在也一样可以。这只是一个如何选择的问题，而如今的政府一直在做错误的选择。

以下建议的中心思想是公共选择。[4] 在许多领域，政府已经证明自己比私人部门更有效率。政府退休计划的行政成本和私人部门的相比很低。相较于美国利益驱动的医疗系统，很多国家公共医疗卫生系统的花费远比美国低，而且效果更好。话又说回来了，美国人崇尚自由、选择。在公共选择下，政府应创建出一个提供如健康保险、退休年金或抵押贷款等产品的，可供人们选择的基本项目。公共部门和私人部门之间的竞争将重塑市场调节力量的根基。它将增加人们的选择，减轻他们当下的无力感；无力感来源于他们有限的选择及被私人部门压榨的现状。[5] 这（公共选择）会让他们生活得更好，使他们拥有一种能完全掌控自我生活的感觉。

从长远来看，在一些市场上，公共和私人项目可能共存（就像今天它们都提供退休金一样）。在某些情况下，私人部门可能能够制定一个方案，以更好地满足特定个人的需要。在其他情况下，我不禁猜想，除了那些针对非常富有的人群的利基市场，私人部门将会消亡，不再有竞争力。但在一些情况下，大多数人仍将寻求私人部门的帮助。在所有情况下，公共选择都将促进私人部门和公共部门之间的竞争，从而丰富选择，并激励私人部门以更低的价格提供更好的服务，提高效率、竞争力和反应能力。

但不幸的是，这个国家一直在朝着错误的方向前进。奥巴马在《平价医疗法案》中提出了公共选择，而厌恶竞争的私人部门成功地将其打压了下去。[6]

美国以"美国例外论"而自豪，这意味着美国是特别的，因为其独特的历史而从其他国家中脱颖而出。最近，这种例外主义已经染上了一种不祥的色彩：与收入水平相当的国家相比，美国的不平等和机会不平等问题更严重。美国的囚犯增多，预期寿命下降。美国的私人医疗保险体系比欧洲公共保险体系的成本高得多，效果也差得多。至少，所有这些都表明，我们应该更加关注其他地方的情况。美国应该改变那种认为其他国家没有什么可以借鉴学习的态度。有一些国家密切关注美国所做的事情，当它们看到一些有用的东西，并且似乎对它们也有用时，它们就会模仿和适应。美国也应该像其他国家这样做。

人人享有卫生保健

奥巴马医改在确保所有美国人都能享有医疗保健方面迈出了重要的一步，但显然还有改进的空间，特别是应考虑到一些州拒绝参与扩大的医疗补助计划（向穷人提供医疗保健）。而且在某些方面，情况正在变得更糟。尤其是在 2017 年的税收法案通过之后，该法案取消了要求所有人购买保险的强制规定。这种强制性购买保险要求的取消，再加上禁止歧视之前存在的条例的规定，为私人保险创造了一个死亡螺旋：健康的人选择不购买保险，直到他们需要的时候。这迫使保费上涨，因为只有生病或即将需要购买健康保险的人才会这样做，但这又导致更多相对健康的人退出保险，导致保费进一步上涨。[7] 出于对经济和社会方面的考量，如果想要建立起一个能够覆盖所有人的保险制度，那么政府就必须提供公共保险，参照欧洲的单一支付系统；或者必须要求每一个人都购买保险，参照奥巴马医改；又或者是必须给予保险企业大额的政府津贴。[8] 在一个几乎没有团结意识的社会里，每个人都为了维护自己的利益而绞尽脑汁，要求健康的人资助不健康的人的观点可能会令人反感，除非所有人都能理解最终几乎所有的人都会"不健康"。即使是非常健康的人，当走向死亡时，也只有那些在没有任何预兆的情况下突然死亡的人，才不会用到医疗保险。

特朗普和共和党人没有提出奥巴马医改替代方案（废除并取代）

的原因是没有其他解决方案。奥巴马和民主党人努力创造出了一种制度，使所有已经拥有保险的人都能保留他们已经购买的保险，也确保其余人都能得到保险。这是一个不完美但可以与时俱进、不断完善的系统。

公共选择作为社会至关重要的缺失部分，却无法被国会通过。公共选择将使所有需要的人能够以一定价格获得医疗保险。这意味着就算所有的私人保险企业都决定不在某个地区提供保险，也没有人会买不到保险。这同时还会加剧竞争，从而限制某一行业滥用市场力量。

特朗普和共和党人取消个人强制购买医保的制度，很可能会破坏奥巴马医改（该计划后来被证明非常受欢迎）。如果发生这种情况，将有数百万美国人得不到医疗保险，尤其是那些已患有疾病的人。数以百万计的人将发现自己面临着保费增加的问题，特别是当一个人年纪越来越大、身体越来越不健康时——人们正是在这时最需要保险，但却无法轻易负担得起。原来只有恢复授权和公共补贴两个方向，但这次可以是公共选择或单一支付者，即政府（单一支付者）为所有人提供基本医疗保险。正如英国的保险制度所展现的那样，在一个健全的市场中，私人保险可以与补充保险和单一保险人保险并存。

退休

"工人"辛苦工作了一辈子，应该有体面的退休生活。到了晚年，他们不需要再担心是否能够维持生计，但会开始依赖于一些慈善机构或者他们的孩子，又或者是不得不依赖于麦当劳的最低时薪的工作。这些都与他们设想在此年龄所应享受的生活存在巨大差距。当然，正如我们在上一章中所指出的，政府应该确保有能力并希望继续工作的老年人能够找到有意义的工作，从而充分利用他们学到的技能和受到的教育。

右翼人士正在下功夫削减社会保障，但社会保障是大多数美国人退休基金的关键来源。在描述社会保障时，他们使用了带有贬义的术语"权利"，试图将该计划重新定义为一种礼物，而不是一种"工人"靠自己挣来的，本应该拥有的东西：人们在整个工作生涯中都为社会保障做出了贡献，就像他们购买了一份退休年金一样。它们之间存在一些显著差异：私人部门效率较低且交易成本较高；以谋取大量利润为目标；对风险的覆盖不够全面；投入受益比更高。

小布什曾试图将社会保障私有化，让个人受私人市场的剥削，并依赖股市的涨落——因为股市可能会被人们无法控制的经济力量破坏，随着股市崩盘，工人的退休储蓄也会被耗尽。从大衰退的历史角度来思考这个问题尤其令人痛苦，大衰退是由美国的各大银行引发的。但在这种观念中，这些金融机构被认为是个人退休保障的支柱。那些储蓄没有被金融危机冲垮的人面临着一个新的问题，这次是来自美联储。由于共和党拒绝提供经济所需的财政刺激，美联储尝试用货币政策复苏经济。当美联储将利率降至接近于零时，那些谨慎地将资金投入政府债券的人发现他们的退休收入减少了——这不亚于猖獗的通货膨胀或市场崩溃所带来的破坏。

在其他国家，尤其在大衰退之前，那些被迫依赖私人退休账户的人发现，他们的退休福利因处理账户的企业收取的费用而减少，在某些情况下甚至会减少30%～40%。[9]当然，私人部门之所以想要管理这些退休账户，就是因为能够赚取这部分费用。私有化只是把钱从退休人员的口袋转移到银行家的口袋。我们没有证据表明银行家能带来更高或更安全的回报，而现实恰巧相反。

更糟的是，许多美国人成了金融掠夺者的受害者。掠夺者寻找那些可以利用的人，同样通过巨额且往往是隐藏的费用。[10]

教训很明显：不能要求美国人依靠市场养老。因为市场价值和收入的波动太大，银行家太贪婪。现在的美国人需要的是另一种选择——不是右翼要求的削减社会保障，而是重振社会保障，确保它有良好的财政基础，并提供公共选择。提供公共退休选择的最简单方法是允许任何个人将额外的资金存入其社会保障账户，并相应地增加退休福利。

公共选择的存在将提高私人部门竞争的有效性，并促使银行和保险企业以更低的成本提供更好的金融产品。实际上，公共选择甚至可能是比政府管制更好的，鼓励良好市场行为的工具。当然，金融业人士坚决反对这种公共选择。他们大谈特谈自由市场的好处，但到了紧要关头，他们又喜欢待在自己的舒适区里。

振兴社会保障体系的部分举措是包括扩大其可投资的范围，不局限于低收益率的美国政府债券。一种可能性是将资金投资于股票基金，或者早些时候讨论过的新成立的基础设施投资银行（欧洲投资银行的美国版本）发行的债券。这些基础设施投资对美国经济的回报将是巨大的。而将这些回报的一小部分——比如说 5%，提供给债券持有人，将使社会保障基金的基础更加稳固。

房屋所有权

正如 2008 年金融危机显示出的美国退休制度的缺陷一样，美国的住房金融体系也存在缺陷。数百万美国人失去了家园，其中许多是美国金融体系的掠夺性和欺诈性行为导致的。美国的抵押贷款系统[11]仍然存在问题，政府在继续为绝大多数的抵押贷款提供担保。[12]美国的金融机构已经明确表示，它们不愿意接受任何需要它们自己承担风险的"改革"，而这种风险通常来自它们自己签署同意的抵押贷款。实际上，它们说它们不能对自己创造的金融产品负责！危机过去10年之后，人们似乎仍对未来的道路没有达成共识。而现代技术和信息系统的改变将会使建立一个21世纪的抵押贷款系统成为可能。抵押贷款系统的核心问题之一是筛选（确定特定的房屋是否适合特定的家庭，以及该房屋价格是否公允），以及如何执行抵押贷款条款，特别是收取款项。

对于前者，关键的数据库是家庭收入全记录——现在这个数据库已经全面存在于公共部门、社会保障署和美国国税局等机构。将这些信息复制到纸上进行传输、验证，然后重新输入另一个企业的数据库是低效的。第二个关键的数据库是关于房屋交易的，能使贷款人能够评估抵押品的价值。这里，由于所有的销售都是公开注册的，所以数据库是完整的。在这个数据库的基础上，人们可以对任何财产的当前价值做出最准确的估计。[13]

当然，还有与发放抵押贷款有关的其他数据——无论房屋是个人的主要居所，还是个人计划将房子出租。大部分这些数据也存在于纳税申报表中——个人可以因自住房而获取税收减免，并且在另一张税表上申报出租收入。虽然在2008年金融危机爆发前，房地产证券化过程中存在大量的欺诈行为（即将抵押贷款合在一起形成证券，然后再卖给投资者），[14]但当这些信息被上报给美国国税局时，这种情况就少得多，部分原因是后果可能更为严重。

这些因素表明，政府有以利用美国国税局作为抵押贷款的支付工具，这样做可以节省很多钱。[15]

这些信息和交易成本的节约将大大降低发放和管理抵押贷款的成本。首付 20% 的 30 年期抵押贷款利率可以略高于政府从市场借款的 30 年期利率，政府仍然可以盈利。[16] 以帮助美国家庭降低自有住房的风险为重点，可以开发新的抵押贷款产品。例如，当家庭收入显著减少时，这些产品可以调整每期还款额，并相应地延长抵押贷款的期限。这不仅会降低昂贵的丧失抵押品赎回权的风险，还会减少个人在面临不利冲击（如失业或严重疾病）时的焦虑感。

事实上，美国的私人市场在帮助客户管理风险方面做得并不好。美国的银行家更专注于尽可能地剥削个人，并提高他们的收费标准。在这个过程中，他们创造了不良的抵押贷款，增加了个人面临的风险。这就是为什么数以百万计的美国人失去了他们的房子，其中包括许多已经拥有房屋全部所有权的人，他们已经在自己的房子里住了很多年，但银行家说服他们通过房屋净值贷款从房价的大幅上涨中套现。他们不能输（正像他们被告知的那样）——但为什么他们要等到快要死的时候才能享受房地产繁荣带来的果实呢？从这种层面上讲，他们当然输了。

美国现在政府主导的抵押贷款系统是公私合营的。在这种关系中，私人以高额费用的形式获得收益，而公众则承担损失。这不是教科书中描述的那种有效的资本主义，也不是自由和不受约束市场的倡导者所描述的那种。这种在实践中发展起来的资本主义是冒牌的美国

式资本主义。这不是美国应该追求的那种市场经济，也不是会让人们
生活水平提高的那种市场经济。

简而言之，美国需要一个抵押贷款市场，具有上述公共选择的那
种。这样的市场不仅能让更多的美国人拥有住房，也将使更多的美国
人保住他们的住房，这是他们最重要的资产。

教育

所有的美国人都希望他们的孩子发挥出自己的潜力，这就需要孩
子们能接受与他们的才能、需要和个人发展期望所匹配的教育。不幸
的是，美国的教育制度没有跟上时代。19世纪或20世纪初的农业经
济时代，每个母亲都待在家里，那时朝九晚五的校历和较短的上学时
间也许是合适的，但今天这却行不通。教育的结构与当代的技术进步
不匹配。在技术进步的时代里，个人可以立即获得大量的信息，比以
前只有在最好的图书馆才能获得的知识要多得多。

最重要的是，美国的教育体系已经成为美国日益加剧的不平等的
一个重要组成部分：父母的受教育程度和收入与孩子的受教育程度高
度相关，受教育程度和未来收入也高度相关。[17] 因此，美国教育体系
的缺陷加深了优势的代际传递作用——而不是像公共教育曾经带来社
会效益那样，成了美国社会中最重要的平衡力量。

教育机会的平等需要一个全面的议程——从普及学前教育到让所
有人都能上大学，不应让学生背负沉重的债务。现在美国人知道即使
孩子进入了学校，不同孩子学到的东西仍然有很大的差距，而学前教
育项目可以帮助改善这一状况。[18]

有许多方法可以确保人们能普遍地接受高等教育——降低学费及提供公共贷款，即收入性贷款，这些贷款的偿还金额取决于个人的收入。这些指标可以进行调整，使学生债务不会像今天这样对其构成威胁。这个系统在澳大利亚运行得很好，应该也可以在美国运行。[19] 我在这里并不是要评估这些替代方案的优点，而是简单地指出，美国能够负担得起全民高等教育的成本，可承担不起不进行这些投资的后果。确保所有人都能以可承受的价格接受教育，应该成为确保所有美国人过上体面生活议程的核心内容。

美国有一个遗留问题：数以百万计的年轻人背负着超出他们支付能力的学生债务——总计约 1.5 万亿美元。这些债务正在毁掉年轻人的生活，迫使他们推迟结婚、买房，甚至做他们不喜欢的工作，因为他们所有的精力都花在了偿还这笔沉重的债务上。这也损害了美国的经济。

更糟糕的是，金融部门利用其游说力量，使年轻人几乎不可能通过破产来偿还这些债务。这种情况必须扭转：为什么借钱投资自己的人会比借钱买游艇的人受到更糟糕的对待？

此外，应该有公共选择公开提供学生贷款。而对于那些已经背负学生债务的人来说，必须有办法将私人贷款转化为公共贷款。[20] 反过来，政府贷款应全部转化为收入相关贷款，利率仅略高于政府贷款利率：政府不应从试图在生活中出人头地的年轻人身上获利。

此外，严重依赖地方税收的 K-12 教育体系（即从幼儿园到 12 年级的美国教育系统）意味着，贫困地区的人将比富裕地区的人受到更差的教育。不幸的是，这个问题一直在恶化。但这是一个政府可以解决的问题。[21] 政府应鼓励各州在富裕地区和贫困地区之间实现更多的资金均等化，政府本身也应提供更多的资金帮助各州实现机会平等。此外，由于那些处于社会底层的人需要帮助，政府应该向拥有大量贫困人口的地区提供更多的特别援助。

结论

有几件事是体面生活的核心：有退休前和退休后的工作，有合适的工资和安全感，孩子受到良好的教育，有自己的房子和良好的医疗保健。在上述每一个领域，美式资本主义都让美国的大部分人感到失望。美国政府可以做得更好。上述计划只是一个开始。它不能完全解决自里根时代以来一直在恶化的一些根深蒂固的问题。政府本应该做些什么来帮助那些技能不适合现代新技术的失业的人，但是政府却什么也没有做。政府应该建立更好的医疗保健和教育体系，但是也没有。政府应该帮助那些面临去工业化和社区破坏的城市，但政府还是没有。美国人现在正在为这些失败付出代价。人们不能重塑历史，也不应该试图回到过去。考虑到现在自己的处境，政府须尽其所能。

我提出的议程可以在国家目前面临的财政限制下实现，使美国人的家庭生活更美好，使美国的经济更强大。对于那些说美国政府负担不起的人，我的回答是，作为一个富裕的国家，无法做到让更多的人享受中产阶级生活的后果，是美国政府所承受不起的。

一个更加美好的世界是可能存在的，而进步议程可以帮助美国人创造它。

第 11 章

美国的复兴

欢迎你

那些疲乏了的和贫困的

挤在一起渴望自由呼吸的大众

那熙熙攘攘的被遗弃了的

可怜的人们

把这些无家可归的

饱受颠沛的人们

一起交给我!

我站在金门口

高举起自由的灯火!

——自由女神像上的题字,艾玛·拉撒路的十四行诗《新巨人》

美国的政治体制在不知不觉中已经陷落得如此之深，以至于人们无法再回避导致国家走入歧途的根本原因。仅仅对现行政治体制做出细微的调整早已不足以治愈这个国家的病痛和创伤。

首先，美国人的信仰到底是什么？我相信，尽管美国人意识到了他们现在呈现给世界的面貌和理想形象之间有很大的差距，但他们本质上仍然向往着那个信奉公正和机会平等的国家，相信自由女神所象征的意义，以及题写在自由女神像上那史诗般振奋人心的铭文。美国仍然是一个关心邻国和弱势群体的国家。美国人同样心怀真理、知识和整个美国社会：这个国家绝不仅仅是漫步在西方之巅的野蛮个人主义者。

美国需要实现政治的复苏，继而振兴经济，以体现和维护美国人所信赖的价值观。在此之前，美国必须从审视自身的价值观开始，并承认美国的政治家未能在政策中体现这些价值观，而这无疑是十分困难的。

美国的价值观和社会现实之间的差距

美国的价值观是什么？如果你去问一个政治家，他会告诉你答案，但在观察他的行为之后，你会推断出完全不同的另一种答案。这个问题表面上看起来似乎没有太大的意义，但它实际上直指困扰美国的社会问题的核心。我所说的价值观并非宗教和右翼人士通常所表述的"在个人选择和家庭生活中所表达的价值观"，而是那些为美国的公共政策、未来的规划和经济前景提供信息的价值观。[1]

经济学的一个缺陷在于其过于简易的模型，仿佛人类只是自私和追逐利益的机器。但经过反思，我们知道人类远远不止于此。人们会为金钱而奋斗，然后沉浸在过度的贪婪和物质主义之中。一些人在追逐财富的过程中背弃了道德和原则，他们恶劣的行径为人所不齿。一些人努力获得关注，而另一些人则满足于默默无闻。然而，很少有人发现特朗普有什么值得钦佩的过人之处，他依靠自我陶醉和推卸责任的"艺术"博取众人的目光。

美国人同样钦佩那些为他人奉献自己的人。我想，大多数人都希望自己的子女能关爱他人和乐于助人，而非自私自利。简而言之，人类比经济学家精心研究的理性经济人要复杂得多，也大不相同。所谓理性经济人指的是那些以个人利益为中心，不断地追求自我满足的人。然而，如果连我们自己也不承认人类的"趋光性"，并将它们纳入模型和政策之中，那么一些阴暗的情感（如对他人的觊觎和漠视）就会填补这个空洞。国家就如同一条在大洋中航行的船，如果这条船上的乘客都是自私自利的海盗，船将会驶向黑暗无际的汪洋。在那里，手无寸铁的人们只能自食其力，破坏规则的人将会得到奖赏，负责监督和管理船员的人实际上是船员的俘虏。金钱会流向最富裕的集团，而这些财富大多是掠夺的结果。真理、事实、自由、人权和同理心都只是一种政治上的修辞，毫无实际意义。

当美国人环顾四周时，他们会发现美国正在特朗普的带领下一头扎进黑暗的汪洋。然而，也有迹象表明美国人仍然能够找到出路。美国人对政治和商业领袖的行为感到反感，这是个好迹象——这意味着美国人还没有完全被西方经济学创造出的自私和贪婪的经济体系俘获。然而，如果美国仍然不调整航向，这条船将会在偏离真理的道路上渐行渐远。

以神话掩饰美国的失败

人类社会通过创造神话、传说和故事来反映社会的价值观，文明在这种价值观的基础上生根发芽，人们因此受到教化，尤其是年青一代。在理想的情况下，神话和传说可以巩固人们共同的价值观，激发他们的动力。个人主义深深扎根在美国社会的土壤中，它代表了那些依靠自我奋斗而成功的人们，代表了为社会创造就业的组织者，而这些都是美国梦的体现。美国梦作为一个神话有着非常重要的作用，它强化了美国作为机遇之地的概念，将美国和其他国家，特别是"老欧洲"国家区分开来。这一点很重要，因为在很久以前，许多美国人就是从"老欧洲"国家来到这片土地上寻找机遇的。

贫穷而勤劳的美国人凭借自己的努力走向了致富之路。[2]美国人告诉自己，任何努力工作的人都能成功。这是美国的立国初衷。然而，正如本书所阐述的那样，绝大多数统计数据都表明事实并非如此。许多努力工作的人没有成功，而许多人之所以成功却并不是因为努力工作，而是通过不正当的商业行为，以及出生在了"正确"的家庭。

美国人是如此热爱自己神话化的形象，他们坚持认为这些形象都是真实的，即使事实并非如此。直到现在，很多美国人依然认为机遇是美国万古不变的优势，尽管统计数据已经证明情况正好相反。具有讽刺意味的是，美国人对神话形象的依恋导致他们接受了那些实质上在破坏美国价值观的政策，而正是这些政策降低了美国梦成为现实的概率。如果每个人仅仅依靠努力工作就能自力更生，那政府就不需要为穷人提供经济援助，因为人们总归会找到一份工作，或靠自己的努力读完大学。美国人也不需要平权法案来为那些遭受歧视的人们创造更公平的竞争环境，因为有勇气和决心的人会克服歧视，凭借自己的力量功成名就。然而，美国人已经看到了统计数据所记录的现实：尽管政府已经提供了一定援助，但那些来自贫困家庭和遭受歧视的群体还是根本无法生存。[3]实现美国梦的可能性已经变得微乎其微，以至于人们不得不为这个神话贴上"虚构"的标签。任何一个出身于中等以上收入水平家庭的白人只要稍加思索就会怀疑，如果自己并非出生在现在的家庭，境遇是否还会和现在一样。

然而，这个神话深刻影响了美国的媒体。当美国的媒体发现有人通过自我奋斗获得了成功时，它们就会给这个故事添油加醋，反过来强化美国人的偏见。心理学家称之为证实性偏见：由于美国人重视自己先前的信仰（即美国梦），因此美国人持续关注着与美国梦相一致的证据，而忽视那些相反的案例——即上层精英阶级实际上是自我延续的，而贫困和不平等陷阱才是社会底层的特征。

以另一个神话——坚定的个人主义为例。企业其实早已知晓坚定的个人主义很少奏效，因为企业只有通过团队合作才能获得成功。企业经常组建内部团队，增强雇员之间的团结，提高凝聚力，创造良好的合作环境。它们有时会利用员工的竞争精神，鼓励企业内部团队之间进行良性竞争。为了鼓励竞争，企业在发放薪酬时会考虑团队的绩效水平，而这一策略与传统的经济理论相悖。经济理论认为团队合作不可能成功，因为团队成员会试图搭队友的便车。然而，大多数人都知道事实并非如此。所有人都希望能得到同伴的认可，但如果只是搭便车，人们便无法获得同伴的尊重。这只是标准经济学构建的错误模型之一，但在这个过程中，标准经济学实际上创造了一种经济模式，这种趋利避害的经济模式一直在重塑美国人的价值观，而这些价值观往往与人们所崇尚的更高尚的价值观不一致。[4]

拥抱变革与保守主义之间的矛盾

美国的另一则神话告知人们，美国是一个善于接纳变革的国家。事实上，有很多事物似乎只是为了改变而改变。但仔细观察美国就会发现，在这个国家的某些地方存在着一股强烈的逆流，那是一种根深蒂固的保守主义。[5]总是有一些人不停地看后视镜，认为过去总是比未来要好。

社会和经济政策总是不断向前发展的，回到过去并不是一个可行的选择，即使真的能做到往日重现，那也不会是人们想要的结果。有人会想要缩短自己的寿命吗？有人会追求更不健康的生活吗？有人希望自己的收入水平变得更低吗？特朗普想带领美国回到过去——例如，把美国的制造业经济带回 20 世纪中叶那个最繁荣的时期，但他也许并没有意识到这是要付出代价的。即使煤矿工人的工作得以恢复，绝大多数人的生活水平也会下降。

从国际的角度看，回到过去的风险更大。美国不能假装自己的地位与 75 年前一样，人们必须面对现实：美国不再像"二战"后那样主宰全世界。如果试图重新确立这样的地位，美国的失败将不可避免，美国在全球经济中的地位和影响力都将进一步下降。

过去 40 年以来，美国的经济出现了问题，这也是本书的核心主题。尽管美国比 40 多年前要富裕得多（至少就 GDP 而言），但很多人并没有分享到经济增长带来的成果。对有些人来说，他们的发展前景不仅变得更加暗淡，而且看不到改善的希望，很多人感到中产阶级的生活离他们越来越远。

应对变化的正确措施应该是对每一种可能出现的结果做出评估，接受那些确实无法改变的事情，再根据评估结果设计对策，以便尽可能地使这些变化反映出人们的价值观，保护个人（特别是弱势群体）不受到伤害。

自 20 世纪 80 年代以来，美国一直没能合理应对变化带来的冲击。例如，有些人主张美国应该盲目地接受全球化的进程（就像目前正在做的那样），而另一些人则坚持活在过去，试图拒绝一切新鲜和不同的事物——不仅仅包括制造业和自动化的趋势，还包括全球商品和人员的流动。本书第 4 章已经说明，这两种方法都不是美国应该选择的道路。

美国当然不仅有能力接受全球化，而且有能力应对经济环境变化带来的冲击。美国已经不是第一次经历经济结构的变化了。21 世纪的经济和社会与 75 年前明显不同，当然也与 18 世纪后期完全不一样。绝大多数美国人已不再接受种族主义、奴隶制和性别歧视等社会结构和制度，至少我是如此认为的。

当制定宪法的时候，美国还是农业社会，超过 70% 的人口直接或间接地依赖于农业。20 世纪中叶，美国已经是一个以制造业为主的工业社会。今天的美国是一个后工业社会，从事制造业的劳动力只占不到 10%。

不断变化的经济形势要求政府的职能也必须做出转变。政府不仅仅需要明确转型的方向，也必须重视转型的过程。监管和公共事业支出增加的原因并不是政客试图攫取权力，如果美国人想要在 21 世纪发展一个充满活力的、运转良好的、城市化的创新型后工业经济，美国就必须增加对监管和公共事业的支出。

美国如果想要妥善地处理这些问题，合作将是必不可少的。随着时间的推移，美国的合作已经从农民合力建造谷仓扩展到更系统的合作方式，包括共同制定某些规则、规章，以及对不受约束的个人自由的妥协。然而，美国 21 世纪经济所需要的合作的种类和程度是前所未有的。美国现在需求的集体行动与 18 世纪后期不可同日而语。18世纪后期是美国宪法起草的时期，也难怪一些人在回顾往事时总是对此津津乐道。

美国人的价值观

在本章的前半段，我描绘了很多美国神话。这些神话歪曲了美国人的自我认知和需要完成的使命。尽管这个国家近年来出现了种种分歧，但仍有许多人有着共同的价值观。美国人（至少大多数）相信平等，尽管不是完全的平等，但也远远超过如今美国表现出来的。他们对机会和公正的平等深信不疑，也笃信民主的权威——不是如今已经沦为"一美元一票"的民主制度，而是教科书所推崇的"一人一票"的民主制度。美国人也胸怀宽广，只要不伤害他人，人们可以做他们想做的任何事情。美国人也同样相信科学技术和方法是人类社会认识宇宙万物和提高生活水平的关键。

美国人相信他们可以通过理性思考更好地安排社会事务，创造更好的社会和经济制度，建立相关机构。这些不仅会提高人们的物质生活，更能创造一个理想的社会。这个理想的社会包含各种各样的社会成员，所有人都能团结一心，在团队协作中获得独自一人无法达成的成果。令人庆幸的是，人类不是完全的理性人，也同样不是完全自私的。斯密强调了道德情操[6]的重要性，而这些道德价值观是美国人自我认知的一个重要组成部分。

美国宪法是这种推理和论证的产物，也正是这样的推理令宪法制定者认识到人类是容易犯错的，所有人类创造出来的制度都是如此。制度本身可以改进，美国的宪法本身就反映了这一点，为此人们规定了修正法律的程序，也就是三权分立制度。美国的宪法甚至提供了罢免总统的流程，在宪法面前，没有任何人能凌驾在法律之上。

美国也认同在任何正常运转的市场经济中都必须遵循的基本原则，如法治。大多数美国人认为，美国的法治应着重保护普通人的权利不受强权侵犯。

虽然这可能有些不同寻常，但大多数理解我所提出的国家财富和私人财富之间区别的人应该会同意我的观点：美国应该奖励那些通过创造财富和辛勤工作为国家经济做出贡献的人；对于那些通过剥削他人、公开或偷偷掠夺他人财富而变得富有的人，则不应该给予任何褒奖。大多数人（除了寻租者）都会同意美国的经济应该有所偏重，即鼓励那些创造财富的人，而不是那些通过寻租行为谋取利益的人。

美国的开国元勋基于对多数决定原则的局限性理解，设定了美国政府的角色。宪法的制定者意识到，建立美国政府是为了确保个人自由，但同时也需要平衡个人和集体利益。例如，美国政府可以将个人财产用于公共目的，但必须给予适当的补偿。

总的来说，在过去的两个多世纪里，美国政府基于这些共同价值观和信念保持着良好的运作状态。[7]然而，当政府的某个部门未能履行其应有的职责时，整个系统就会出现故障。当政治分歧无处不在时，这一系统也将陷入僵局，正如同美国现在的局面一样。多年以来，这个建立在无数崇高理想之上的国家，却往往要花很长时间才能做出看起来符合道德基准的选择。美国政治体系的紊乱是这种局面出现的原因之一，而美国人正在对政治丧失信心。

当代的焦虑

美国人现在有理由担心民主规范和制度的脆弱性。当美国的经济和政治体系无法满足大部分人的需求时，许多人就将会转投他处，而这部分人很容易成为煽动者和政客虚与委蛇的猎物。善于蛊惑人心的政客会将社会的苦难归咎于他人，但当他们自己的承诺也落空时，政客就会将责任推卸给其他国家。

美国今天的问题不仅仅是政治上陷入僵局和落后于时代的失败，一个旨在保护多数人不受少数人侵害的制度已被推翻。大多数美国人现在担心的是要如何才能保护自己的利益不被少数人侵犯。而少数人已经掌握了权力，并且正在利用权力永久地固化自己的权威。

令人担忧的是，美国的游戏规则是由一小部分人制定的。这些人在早期被描述为由一些非常富有的"福音派"保守主义者和一些对现有体系心存不满的工薪家庭成员所组成的联盟。他们的经济议程主要由富有的精英制定，即便精英制定的政策与其他人的利益背道而驰。从某种意义上说，这个不成熟的联盟对国家的影响甚至比仅仅由1%的人执政还要糟糕。这是因为为了保持联盟的团结，精英不得不偶尔给联盟的伙伴一些"甜头"。这些"甜头"一方面化身保护主义，另一方面则使穷人更难获得堕胎的机会。

美国现在的情况很糟糕，但也可能会变得更糟——特朗普正在把美国拉入万劫不复的泥沼。在本书中，我没有花太多时间来批评他提出的具体政策，即使这些政策出台了，实际上也不代表真正的危险，毕竟政策都是可以被收回的。我更担心的是那些难以挽回的损失——特朗普攻击了美国的制度，让人们对认知中理想的社会产生怀疑，他还诋毁和攻击人们用以发现真理的公共机构。人与人之间的分歧不仅仅体现在收入和财富的差距上，也体现在信仰的冲突上。与此同时，多样化社会运转所必需的人与人的信任感也正在减弱。

破坏公共机构

特朗普正在效仿杰克逊，试图破坏美国的监管体系和公务员制度。作为"赢者通吃"的一部分，他已经要求使用裁量权来解雇美国的政府官员，这样他就可以雇用支持他的朋友和企业的游说人士。

从某种意义上说，他只是把现代共和党人长期以来对官僚的攻击发挥到了极致。但政府中的大多数人实际上在公正而有效地管理美国人喜爱和需要的事物：政府会给人们寄去社会保障支票，确保人们通过医疗保险和医疗补助获得健康福利；通过军队保护人们免受来自国外的威胁；通过联邦调查局避免内部的混乱；通过国家公园管理局保护自然遗产、管理国家公园。

美国的社会保障体系（社会保障、失业保险及医疗保险）仰赖于政府的管理。社会保障体系之所以存在是因为人们自身有需求，市场没能满足人们的需求，因此政府填补了这个空白。[8]

　　与之前的共和党人一样，特朗普也指责政府雇员效率低下。虽然政府的效率问题的确惹人诟病，但其实私人部门也是如此。当我回忆起自己在航空企业、电话企业、互联网供应商和保险企业的经历时，我很容易就能想起无数类似的例子。我们已经注意到，与社会保障相关的交易成本只是私人部门提供的养老金的一小部分。放眼世界，美国的私人医疗保健系统所提供的医疗服务要少得多，但却能赚得盆盈钵满。总体上看，尽管政府雇员服务的人的数量增加了 1 亿多，履行职责的范围也大大扩大，但美国政府的绝对人数与半个世纪前基本持平。[9]

　　保守主义者认为社会保障和医疗保险之外的公共支出基本上是一种浪费。这忽略了教育和基础设施建设带来的巨大收益。这些投资的回报实际上比大多数私人投资的回报高得多。这种现象强化了一个广泛的共识——美国的公共投资严重不足。

　　美国政府对研究和开发的投资甚至能带来更高的投资回报（即技术进步），技术进步是提高人们生活水平的源泉。想象一下，如果没有政府资助研究，人类社会和经济会变成什么样子？互联网、智能手机、浏览器和社交媒体都将不复存在，而我们甚至会更早地死去。

　　特朗普把反对监管和美国的官僚主义的呼声提高到了新的水平，并称监管过程是由不负责任的官员操纵的。正如我们所看到的那样，特朗普的描述是完全错误的，这只是他的一个谎言。美国的监管本身就受到广泛的监督，无论是通过法院还是国会，都有一个强有力的制衡体系和广泛的问责制作为支撑。谢天谢地的是，对监管过程的核查意味着监管本身不可能被轻易地、反复无常地撤销。否则，特朗普和他的团队就能让所有的民主程序停摆，从而彻底改写规则，以牺牲普通人、美国的环境和经济为代价，让大企业获得利益。

想象一下，当每次购买金融产品时，人们都不得不担心银行会欺骗我们；当每次买玩具时，人们都担心油漆有毒，或者有些部件可能会脱落，让他们的孩子因为窒息而痛苦；当每次人们试图开车上路时，都担心是否足够安全……[10] 那我们的生活会变成什么样子？美国人忘记了 50 年前他们曾走过的道路，忘记了美国曾经是一个空气无法呼吸、水亦无法饮用的国家。

对美国的治理体系和知识机构的攻击

我认为，在过去 250 年里，有两大重要支柱促进了美国人生活水平的提高：更好地理解如何组织社会，即三权分立与法治；更好地理解自然，即科学技术的进步。我们已经看到特朗普和他的团队是如何试图破坏美国的经济支柱的。至少在某些情况下，特朗普又一次把共和党人原本十分低调的攻击行为推向了新的极端。

美国的政治已经堕落到了难以想象的地步。法治和三权分立——这两种曾经理所当然被美国人所推崇的制度，如今每天都受到以特朗普为首的共和党人的挑战。[11]

本书曾经描述过特朗普政府对司法和媒体的攻击。尽管美国的制衡制度在总体上发挥了作用，但一些关键性的监管规定正在被改变。[12] 特朗普和他的同僚已经发现美国的三权分立制度正在限制他们推行自己的议程，使其无法重组美国的经济和社会，以及为更多寻租者服务，所以特朗普和他的同僚加强了对这些机构的攻击。显然，如果美国想要维护自己的民主体制，就必须时刻保持警惕。

有些政治领导者试图通过操纵选民最坏的本能来攻击真理和科学，他们没有底线，也不会对不择手段来巩固自己的权力这种行为感到内疚。正如我曾经强调过的，从长远来看，特朗普政府最危险的一面或许是它对认识论的攻击，即对美国人关于"什么是真理"及"如何确定真理"的信念施加的攻击。

最艰巨的任务是弥合美国政治上的深刻分歧。如今，经济方面日益严重的分歧正在成为激化所有矛盾的催化剂。如果想要使美国政府恢复正常运作，就需要建立一个合理的社会制衡体系，这个体系必须限制财富和收入不平等的程度。极端的收入不平等导致了权力上的不平等，包括政治上的权力。尽管市场势力的扩张在任何领域都让人担忧，但在媒体领域尤其如此。已经有证据表明，媒体领域的市场势力可以塑造（或者操纵）美国的政治。

简而言之，特朗普政府对美国的经济和政治机构所造成的损害是显而易见的。遗憾的是，这些针对美国核心的攻击不会就此停步。在离开后，特朗普将留给美国一份长期"政治遗产"。

残存的一丝光明

特朗普就政府应该扮演的角色进行了一场旷日持久的辩论，他成功地让人们重新认识到政府与其有效管理的必要性，三权分立和问责制更加广为人知。

在欧洲，一些领导者认为特朗普身上存在着一线希望，因为他拉近了美国和欧洲的距离。但他们现在更清楚地看到了以特朗普为首的人们在支持及反对什么，也更能理解极右翼声称的偏执的威胁。

如今，欧洲的领导者支持以国际规则为基础的全球体系，就像他们支持本国的法治一样。就如同本国法治之于本国经济和政治的意义一般，国际法治（即使形式比较有限）对国际经济和政治的运作也起到了十分重要的作用。特朗普背弃了前任总统签署的协议，破坏了国际协议和法律。展望未来，美国已经认识到不能通过一个人的"诚意"来判断他的为人，应该更关注在协议的"签署者"离开后发生的情况。

更加厚重的阴云

一些人秉持盲目的乐观，坚持认为人和世界总体来说都是好的。但特朗普的存在提醒我们，这个世界上存在真正的"坏人"。在善与恶的斗争中，邪恶有时候会胜出，尤其是在短期内。这些经历提醒我们，少数"邪恶"的领导者可能会对社会造成危害。但是，至少到目前为止，绝大多数正义的阵营都获得了最终的胜利。美国今天的任务是确保以后依然是这样。

然而，现在事态开始向糟糕的方向演变：特朗普树立了一个值得效仿的"榜样"，以种族主义、厌女症和破坏法治为特征。美国制度迄今为止还算是保护了美国人。然而，在一些非自由民主国家，情况可能并非如此顺利。

特朗普的糖衣政策

一些人将特朗普当选后美国经济上的成功和股市的上涨视为政策优越性的证明。到目前为止，我认为特朗普的经济议程明显将以失败告终。在实施减税并增加政府支出后，赤字大幅增长所带来的正面效应将是短暂的。但即使是在享受正面效应时，美国的经济表现也仅仅略高于发达国家的平均水平。[13] 股市的繁荣本身是短暂的，在特朗普执政的第二年结束之前就逐渐消失了。美国经济中更深层次的问题并没有得到解决，甚至变得更加严重——实际工资水平降低、社会不平等现象加剧、人们健康状况不佳、预期寿命下降、长期投资不足。特朗普出台的经济政策加剧了社会不平等的程度，导致医疗保险覆盖面减少，尤其是在这些政策全面实施之后。

2017 年的税收法案将使美国进一步远离充满活力和创新的知识经济体系，而知识经济是国家实现可持续增长的唯一途径。该法案也同样嘲弄了财政责任原则，而财政责任原则原本应该是共和党和商界得以立足的基石。这恰恰证明了这些信念和原则都只不过是方便他们达成目的的工具。比如，这项原则可以作为反对增加针对美国的穷人或中产阶级的项目的论据，但当涉及针对富人和企业的减税时，这项原则却很容易地被免除了。美国人没有因此变得更加愤世嫉俗，真是一个奇迹。

扩大经济、种族和民族的分歧显然不利于社会、民主和经济的发展。它扭曲了劳动力市场，很大一部分人没有发挥出他们的潜力。移民壁垒意味着美国将无法吸引世界上最优秀的人才，也无法填补美国劳动力市场的一些重要缺口。

一个运转良好的社会和经济需要信任和稳定。特朗普一直在播种不信任的种子，反复无常的政策导致了巨大的不确定性。2017 年的税收法案在没有进行委员会听证会的情况下仓促通过，最初由参议院投票通过的版本中有一些模棱两可的内容，以至于参议员甚至不知道他们在投票支持什么。这不仅仅是对美国民主程序的嘲讽，而且意味着它充满了错误、矛盾和漏洞。这些错误或漏洞是某些特殊利益集团在没有人注意的情况下钻空子修改的。几乎可以肯定的是，如果无法获得广泛的民众和民主党的支持，随着政治风向的转变，法案的大部分内容都将会逆转。企业的慷慨解囊本应促进投资，而特朗普的保护主义政策也应该是如此。但他们最终没有这么做，部分原因是其需要稳定投资，而特朗普的政策增加了不确定性。

有一点需要明确的是，即使政策的正面效应持续的时间足够长，让特朗普赢得了第二个任期，特朗普对美国的经济和社会造成的损害也可能是非常深远的。本书已经详细描述过特朗普是如何针对支撑美国文明的支柱展开攻击的，而正是这些支柱让美国变得强大，并提高了美国人的生活水平。

美国是如何走到这一步的

所有人都知道美国是如何走到今天这一步的：全球化、金融化和新技术的发展方式让许多"工人"落在了时代的后面，而它们的发展方式在很大程度上是由经济政策决定的。[14] 即使在 2018 年经济周期出现转折的期间，大多数企业的经济状况也没有获得太大的改善，无法恢复到 10 年前金融危机爆发前的水平。现在的财富不平等问题比 2008 年前严重得多，而随着 2017 年税收法案的出台，再加上美国政府对放松管制的狂热追求，美国的经济前景可能会变得更加极端不确定。

以老布什和克林顿为代表的共和党人和民主党人都曾经承诺，自由化和全球化的新自由主义政策将给所有美国人带来繁荣。现在，这些承诺已经被美国民众看作政客自私自利的陈词滥调，也难怪美国人对精英及"体制"的幻灭感会增强。

如果把人们的失望情绪与市场营销、行为经济学的进步结合起来看就能明白，为什么近一半的美国人都被特朗普的欺骗性营销蒙骗了。[15] 当美国人对精英政治失望至极时，政治操纵就浮出了水面。

美国并非一夜之间陷入当下的危险境地。有人警告说，美国大部分地区的情况并不乐观，如果这些问题得不到解决，美国社会的情况很容易被一些居心叵测的人拿来误导大众。[16] 美国人可能不知道挑战将是何种形式，但风险确实存在，而美国最终却选择无视这些警告。从这个意义上说，美国目前的困境是自己造成的：人们错误地理解了经济、政治和价值观所代表的意义。

美国的经济学"出错了"。人们总是认为不受约束的市场（包括减税和放松管制）是所有经济问题的唯一解。美国人认为金融、全球化和技术进步本身就会给所有人带来繁荣，市场本身是具有竞争性的。因此，他们不理解市场势力的威胁性。美国人总是盲目地认为，个体追求利益最大化的过程将会提高社会的总体效益。

美国的政治"出错了"。太多的人认为选举就是民主的全部。美国人不理解金钱对政治产生的威胁，不明白金钱的集中化将如何瓦解民主，也不明白精英如何利用金钱来塑造经济和政治体制，进而使经济和政治权力进一步集中。美国人也不明白，他们何等轻易地滑入了"一美元一票"的陷阱，何等容易地对民主制度产生了幻灭——大部分民众认为这一制度是被操纵的。

美国的价值观"出错了"。美国人忘记了经济应该服务于人，而不是让人服务于经济。美国混淆了目的和手段：全球化本应创造更强大的经济，以便更好地让经济为人服务。然而，美国告诉人们，由于全球化影响了经济，美国不得不削减他们的工资和公共项目支出。金融本身从为经济服务的工具变成了经济目标。这导致美国经济更加不稳定，增长更加缓慢，社会不平等加剧，而普通人深受其苦。个人对利润的追求并没有使扭曲的经济得到改善。

逐渐恶化扭曲的价值观带来了扭曲的经济和政治。美国已经形成了一个更加自私的社会，就像经济模型中所表述的那样，人们本就是自私的，但这种形象并不是美国民众理想中的那个更好的自己。美国人被错误的模型引导，最终变得与模型本身毫无二致。美国人变得更加物质主义，不再考虑其他人的感受，从利他主义逐渐变成利己主义，而最初的道德准则也变得越来越模糊——道德是为宗教领袖和星期日的祷告保留的。金融机构一次又一次地证明了道德败坏已经成为金融的标志。现在美国选出了一位总统，他本人就是这种新的反道德规范的典范。

美国人不理解提高生活水平、实现最高理想的基础——科学、理性探索和论述，以及由此产生的各类社会机构和基于民主进程的法治体制。

新自由主义倡导的国际主义和自由市场，现在正被原始的保护主义和本土主义所取代，后者所提出的"让美国恢复繁荣"的承诺更难以实现。对一位经济学家来说，攻击"市场原教旨主义"（新自由主义）是很容易的，因为新自由主义的假设并不充分。这对普通的美国人来说可能会比较困难，但至少他们可以对新自由主义进行理性的讨论，确定论点和经验假设中是否存在真理。然而，反对特朗普的观点就不太容易了，部分原因是特朗普理论的基本思想（如果可以用这个词来形容的话）还不成熟。尽管在美国国内政策方面，特朗普拥护市场经济的优点（甚至包括美国的寻租政策），但在国际贸易方面，他采取了完全相反的立场：他不相信不受约束的竞争性市场，只相信以国家权力为基础的受管制的贸易，回归了重商主义思想。

从历史的角度看待今天的绝望事态

回顾美国和世界历史上的其他危险事件可以给美国未来的发展带来一些希望和灵感。特朗普不是第一个滥用权力的总统，美国也不是第一次面对严重的社会不平等问题。美国的经济在以前也曾经被肆无忌惮的市场势力所扭曲，但美国最终都遏制了这些弊端，并重新回到正轨。

据说，安德鲁·杰克逊在谈到最高法院的一项他不赞成的裁决时曾经说："既然约翰·马歇尔（第四任美国首席大法官）已经做出了决定，那就让他来执行吧！"[17]杰克逊知道在美国的政治体系中，只有总统能执行法律，因为总统的政府控制着所有负责执行法律的机构，法院没有执行法律能力。在当时还是一个年轻共和国的美国，杰克逊作为领导力量主持了美国的一次"大分裂"时期。

在共和国的进程中，美国的体制得到了改进和重组。杰克逊那灾难性的"分赃制度"最终导致了专业公务员制度的建立。

这也不是政客第一次试图利用权力获得政治优势了。在南北战争之后，战后重建和数十年的种族隔离导致了更多的持续性危机和社会不公正，这些危机至少在当时的人们看来是难以处理和令人绝望的，尤其是对种族主义的受害者而言。当时的问题不只是种族偏见，持续剥削他人的经济体系才是更严重的灾难所在。[18] 特朗普煽动民众的偏见，试图将白人工薪阶层选民的愤怒指向移民，这与美国以前的情况十分相似。[19]

这些试图争取种族平等的斗争与争取经济公正的斗争是相互呼应的。19 世纪末的镀金时代，社会不平等、市场势力和政治权力的集中化达到了新的高度。后来，包括旨在确保竞争的法律在内的进步立法将美国从悬崖上拉了回来。1920 年，美国的经济不平等问题再次登上了新的高峰，"罗斯福新政"社会和经济立法为美国开辟了一个新时代，美国人受益于社会保障和失业保险所提供的经济保障，通过立法遏制金融部门，赋予劳工运动新的生机，重新平衡了经济权力。[20]

提高公共福利

我在本书中提供了一项新的改革议程，或许可以称之为进步议程，它的核心是宪法序言的一部分，即提高公共福利。公共福利不是只有 1% 的人享受的福利，而是属于所有人的福利。我已经提出了一个纲领，我相信这个纲领可以作为新一届民主党的共识。它表明了民主党必须团结一致，不仅仅是为了反对特朗普及其主张，也是为了支持我在本章前半部分简要描述的美式价值观。这是一种关于"我们在哪里，我们可以去哪里，我们可以成为什么，以及如何实现"的看待世界的视角。21 世纪，美国需要一种新的社会契约来实现和维持社会发展。该视角基于历史责任感和对经济及社会权力的深刻理解，即社会权力塑造了经济，又反过来被经济所影响。尽管美国人使用技术官僚的语言（language of technocrat）表达他们看待世界的方式，但是这一语言反映了美国最高的道德抱负，以及用道德和价值观表达自我的意愿。

美国人需要从明确的目标着手。不是老生常谈地重申美国已有的价值观，而是理解这些价值观是什么。经济应该是达到目标的手段，人们必须了解自己的目标到底是什么：衡量经济成功的标准不仅要看GDP，也要关注人们的福利水平。用克林顿的话说：美国必须以人为本。新的社会契约应包括为子孙后代保护环境，[21] 恢复普通人的政治和经济权利。

这项 21 世纪的进步议程致力于确保进步的成果在一定程度上能得到公平和安全的共享，使每个美国人都有机会过上中产阶级生活，不会受到歧视、偏执和排斥。作为一个整体，只有实现人们的共同繁荣，才能实现整个国家的繁荣。这既是经济现实，也是根深蒂固的价值观的体现。新的社会契约应该包括这样一项承诺：每个人都有机会充分发挥自己的潜力。在美国的民主制度中，每个人的声音都应能得到倾听。因此，新的社会契约必须为所有人（包括富人、穷人、白人和非裔美国人）提供公正和机会。基于这一关键条款，美国梦才有可能成为现实。

以推动进步为重点的进步议程必须以对国家财富来源的深刻理解作为基础，而且必须致力于确保技术进步和全球化的形成和管理都能以惠及所有人的方式进行。目前围绕这两者的争议造成了不必要的分裂。本书试图列出这一进步议程的基础及实现这一进程所需要制定的政策。

在这一进步议程中，美国政府扮演着核心角色。政府既要确保市场按照预期正常运行，又必须以私人和市场无法做到的方式提高公共福利。然而，如果要接受这种模式，美国人就必须纠正自己错误的观念，即"政府永远是低效率和莽撞的"。美国人必须认识到与包括市场在内的所有人类机构一样，政府也容易犯错，而且也可以进行优化。"政府的存在本身是问题，而非解决问题的手段"这种观点是完全错误的。相反，从过度污染到金融市场不稳定，再到经济不平等，美国社会的许多问题都是由市场和私人部门造成的。简而言之，单靠市场无法解决所有的问题。只有政府才能通过对基础研究和技术的投资来保护环境，确保社会和经济公正，促进一个充满活力的学习型社会的形成，而基础研究和技术进步是社会赖以持续发展的基础。

右翼自由主义者认为美国政府干涉了他们的自由。右翼派企业认为，政府实施的法规和税收会降低它们的利润。那些最顶层的 1% 的人担心强大的政府可能会使用职权将财富从自己手中夺走，重新分配给穷人。因此，这些人有动机把政府描绘成一个低效率的"肿瘤"，但他们的每种说辞都存在严重的缺陷。今天，那 1% 的人所缴纳的税款远远少于他们应当缴纳的份额，这使得他们的收入中用于支持包括国防在内的公共福利的份额更低。与此同时，他们的收入来源主要以租金为基础，而这些租金所占的份额远远超出其在国民收入和财富中应有的比例。

此外，本书还描述了精英阶层是如何成功以绝大多数人的牺牲为代价制定有利于自己的游戏规则的。非自然的经济力量导致大多数人的收入增长几乎陷入停滞，而那 1% 的人的收入水平却在急剧上升。导致这些非自然结果发生的并不是自然规律，而是人类规律。

现实情况是，美国的市场必须进行结构性调整。在过去40年里，美国对市场进行的重组导致了增长放缓和更多的不平等。市场经济有很多种形式，但美国选择了一种不利于大部分人的市场经济。美国现在必须再次改写市场的规则，以便让经济更好地为社会服务。例如，美国必须确保市场的竞争性，摒除规模庞大的市场势力，让市场按它本来应有的状态运转。

美国有一套远比"市场原教旨主义者"所推崇的更加高明的制度。美国不仅拥有多个高效的政府机构，还有一批强大而充满活力的非政府机构和基金会组织。美国进步的核心是大学，在美国，所有的顶尖大学都是公立或非营利性机构。美国还拥有合作经营的企业。在2008年的金融危机中，信用合作社是为数不多的没有被金融领域的道德腐化所侵蚀的部门。[22] 信用合作社在美国的许多地区及许多部门都发挥了重要作用。[23] 在危机期间，信用合作社及有更多"工人"参与决策、拥有更多所有权的企业远比其他企业表现得更好。

美国有能力加强这种由不同类型的机构组成的丰富制度。每一类机构都有自己的定位，它们是相辅相成的。例如，私人部门依靠政府提供的基础设施及大学和研究机构提供的知识蓬勃发展，这些知识往往得到公众的支持。事实上，美国的私人部门已经取得了很大的成就，但私人部门并不是所有人类智慧的源泉，也不是美国社会问题的唯一解。私人部门的收益是建立在美国政府和非营利性大学和研究机构提供的基础上的。

因此，这项改革的中心纲领要求美国在社会和经济中建立一个更好的平衡机制。这个平衡机制将囊括美国的政府、私人机构和社会的各个部门。美国在恢复平衡的过程中，必须遏制近几十年来越来越明显的物质主义和道德败坏发展的极端势头，激发个人和集体的主观能动性，给人们追寻幸福生活的发展空间，[24]劝诫个人和社会以更加高尚的价值观和追求作为行动的基础。在美国人需要遵循的价值观念中，应有对知识和真理、民主和法治，以及自由民主和知识体制的尊重。只有这样，美国花费了 250 年才摸索出来的进步经验才能得以存续。

美国还有希望吗

美国的历史使人们重新燃起了希望，然而更加光明的未来并非一定会到来。[25]

正如我们所注意到的那样，在镀金时代和咆哮的 20 年代之后，美国曾两次从极端的社会不平等中恢复。然而，今天美国面临的挑战可能更加严峻，因为现在的社会不平等问题可能更加严重。而且，随着美国最高法院近期下达的裁决，金钱将拥有更大的政治权力。现代技术可以更有效地将金钱上的差异转化为政治权力上的差异。

在今天的美国，唯一可以与强权抗衡的力量是人民的力量，也就是选民的投票权。但随着贫富差距越来越大，人民的制衡权力越来越难以有效行使。这就是为什么实现社会公平不仅仅是道德或者经济问题，它关系着美国民主的存亡。

为了让所有美国人都能实现他们所向往的生活——以符合人民的选择、责任和自由的价值观的方式，美国需要实施这项具有进步意义的改革议程。这一议程雄心勃勃，且有其存在的必要价值。尽管美国今天的情况很糟糕，但如果人们对此置之不理，让美国依旧执迷不悟地走在现在的道路上，伴随着科学技术的进一步发展，美国的情况可能会变得更加严峻。美国社会可能会以更加严重的不平等及分裂而告终,激发更多不满的情绪。渐进主义的政策虽然是整体战略的重要组成部分,但并不适合解决美国今天所面临的困境。

美国的社会生态已经趋于负面。如果放任它自生自灭,人们将会时常陷入悲观和绝望的情绪中。我满怀着希望和信念写下本书,并相信另一个更加光明的世界是可能存在的,而且有足够多的美国人也同样相信这一点。我同样相信,只要美国人团结起来,人们可以扭转这一可怕的局面,这其中包括尚未失去理想的年轻人,也包括那些仍然坚守着机会平等和共同繁荣理想的老一辈民众,以及那些想要为争取民权而奋斗的战士。在这场旷日持久的战争中,有那么多人的心被紧紧拴在一起。有那么一瞬间,美国人看到一线希望的光芒在闪烁,再一眨眼却又只看到乌云压境,黑暗笼罩着整个国家。美国可以选择的另一个世界并非只是过去的投影,人们可以运用经济和政治知识,以及近几十年来在失败中学到的经验,建立一个设计合理、监管良好的市场机制,并与政府和民间社会机构进行广泛的合作。这才是美国走出困境的唯一途径。

我所描述的这种对未来的另一种设想,这种 21 世纪的新型社会契约,与特朗普政府和共和党为美国指出的道路截然不同,虽然他们所提出的政策往往会得到商界的大力支持。美国过去的失败将成为他们未来的镜子,除非美国能更好地管理技术进步,否则他们将很可能带领美国走向一个反乌托邦社会,一个越来越不平等、越来越分裂的政治体制。理想中的社会形态将离美国人越来越远。

现在拯救美国还为时不晚。

致　谢

　　正如我在前言中指出的，本书建立在我早期著作的基础之上，汇集了我的见解，包括与安德鲁合著的四本关于全球化的书，《全球化及其不满》[⊖]（*Globalization and Its Discontents*）、《公平贸易》（*Fair Trade for All*）、《让全球化造福全球》（*Making Globalization Work*）、《重提全球化及其不满：特朗普时代的反全球化》（*Globalization and Its Discontents Revisited: Anti-Globalization in the Era of Trump*）；关于社会不平等的三本书，《不平等的代价》[⊜]（*The Price of Inequality: How Today's Divided Society Endangers Our Future*）、《巨大的鸿沟》[⊜]（*The Great Divide: Unequal Societies and What We Can Do About Them*），以及与内尔·阿伯内西、亚当·赫什、苏珊·霍姆伯格和迈克·孔恰尔合著的《重构美国经济规则》®（*Rewriting the Rules of the American Economy: An Agenda for growth and Shared Prosperity*）；与布鲁斯·格林沃尔德合著的《增长的方法：学习型社会与经济增长的新引擎》

㊀㊁㊂㊃　本书中文版机械工业出版社已出版。

（*Creating a Learning Society*: *A New Approach to Growth, Development, and Social Progress*）；以及两本关于经济政策和金融的书《咆哮的 90 年代》（*The Roaring Nineties*: *A New History of the World's Most Prosperous Decade*）和《自由市场的坠落》⊖（*Freefall*: *America, Free Markets, and the Sinking of the World Economy*）。而这些书又基于大量的学术论文。多年来，我亏欠了大量的人情，尤其是对我的许多合著者和同事，包括哥伦比亚大学、罗斯福研究所、新经济思想研究所、世界银行和克林顿政府的那些人士。

　　我也受益于大量学者的观点，他们一直在思考与本书提出的问题相关的问题。我在本书中引用了许多观点，在此我想特别指出几个：我广泛吸收了许多学者对于不平等问题研究的数据和见解，包括弗朗索瓦·布吉尼翁、安格斯·迪顿爵士、拉维·坎布尔、布兰科·米洛诺维奇、托马斯·皮凯蒂、伊曼纽尔·赛斯、拉伊·切蒂、加布里埃尔·祖克曼、詹姆斯·加尔布雷思及我亲爱的朋友和合著者——已故的托尼·阿特金森。我还要感谢经济政策研究所（Economic Policy Institute）的劳伦斯·米舍尔、国际乐施会（Oxfam International）的温妮·比扬依玛和卢森堡收入研究所（Luxembourg Income Study，一个关注不平等问题的跨国数据中心）前主任珍妮特·戈尼克的帮助和重要工作。

　　我多年前在《不平等的代价》中提到的市场势力和寻租是当今不平等主要来源的观点，现在已经成为主流。我从与许多文献作者的对话中受益匪浅，这些贡献者包括史蒂夫·萨洛普、迈克尔·卡茨、卡尔·夏皮罗、迈克·孔恰尔、蒂姆·吴、埃莉诺·福克斯和伊曼纽

⊖　本书中文版机械工业出版社已出版。

尔·法尔希。我参与了许多反垄断诉讼，试图保护美国经济中的竞争，基思·莱弗勒、迈克尔·克拉格、大卫·哈钦斯和安德鲁·阿贝雷的见解是十分宝贵的。马克·施特尔茨纳和艾伦·克鲁格加深了我对市场缺陷在劳动力市场中所扮演角色的理解。

关于新技术的讨论，我尤其受到曾与我合著的安东·科里奈克的影响，还受到了《人工智能》（*Artificial Intelligence*）作者埃里克·布林约尔松、DeepMind 公司的沙恩·莱格、Soul Machines 公司的马克·萨格尔等人的影响。我在完成关于工作和人工智能的演讲之后，在皇家学会的晚宴中收获颇多。约柴·本克勒、朱莉娅·安格温和泽尼内普·蒂费克奇帮助我理解了虚假信息带来的特殊问题。

在全球化研究问题上，我要感谢达尼·罗德里克、丹尼·柯、罗欣顿·梅德霍拉和玛丽·潘斯图提供的有关全球化在避税方面作用的帮助。马克·皮特和我所效力的由若泽·安东尼奥·多坎波担任主席的国际企业税收改革独立委员会（Independent Commission for Reform of International Corporate Taxation）也有相应的贡献。

丹尼尔·卡尼曼、理查德·塞勒，尤其是卡拉·霍夫对我的思想产生了很大的影响，特别是在文化、社会、经济塑造个人意识形态方面，以及行为经济学的其他方面。

当我思考如何应对全球化、金融化和新技术的挑战时，我需要感谢阿克巴尔·诺曼、乔瓦尼·多希、林毅夫和马里奥·奇莫林对产业政策的见解，以及卡尔·奥韦·莫恩、利夫·帕格罗茨基、伊莎贝尔·奥尔蒂斯和"政策对话倡议/罗斯福项目"其他成员重新审视福利国家，并就福利国家包括斯堪的纳维亚模式提出的见解。

尼古拉斯·斯特恩和约翰·鲁姆影响了我对气候变化的思考，朱莉娅·奥尔森和菲利普·格雷戈里影响了我对剥夺儿童权利的法律含义的理解。

我和约翰·阿塔纳西奥就第 8 章进行了非常有价值的对话，这章有关美国政治体制的改革，尤其是减少金钱对政治影响方面的法律挑战。

我还要感谢马丁·沃尔夫、拉娜·福鲁哈尔、埃德蒙德·菲尔普斯、乔治·索罗斯、乔治·阿克洛夫、珍妮特·耶伦、阿代尔·特纳、迈克尔·斯宾塞、安德鲁·盛、考希克·巴苏、温妮·比扬义玛和彼得·博芬格。后 6 名成员与罗布·约翰逊、罗德里克、柯、梅德霍拉和潘思图，是由我和斯宾塞共同主持的、INET 发起的全球经济转型委员会的成员。

在思考如何应对 2008 年全球金融危机时，我脑海里形成了强大的知识纽带，这得益于伊丽莎白·沃伦和达蒙·西尔弗斯（曾在国会不良资产救助计划监督小组任职）及 2009 年联合国国际货币和金融体系改革专家委员会成员的帮助。

我主持的另一些有助于形成我对正在审议的许多议题的看法的委员会，是国际经济绩效和社会进步衡量委员会，由让 - 保罗·菲图西和阿玛蒂亚·森共同主持；以及社会进步衡量问题高级别专家组，由马丁内·杜兰德担任共同主席。这些在拓宽我对幸福构成方面的思考发挥了重要作用。我要感谢委员会所有成员的贡献。

自从贾森·弗曼第一次在 CEA 与我共事以来，20 年来他一直是一位非常值得尊敬的同事。他对改革有深刻见解，而这些改革将使美国经济更好地为所有人服务。

在将近 20 年的时间里，我几乎每个夏天都会花一周时间与乔治·帕潘德里欧召集的一群进步人士讨论社会民主的未来，这项活动被称为"西米研讨会"（Symi Symposium）。许多讨论中人们随口提及的观点已毫无疑问地渗透到本书的许多地方。我要感谢乔治和研讨会的其他与会者，包括克马尔·德尔维、米沙·格伦尼、亚尼斯·瓦鲁法基斯和马茨·卡尔松。

我要再次感谢哥伦比亚大学近 20 年来为我提供了一个蓬勃发展的知识之家，以及我的长期合著者和哥伦比亚同事布鲁斯·格林沃尔德的影响。

长期以来我也非常感激洛克菲勒基金会贝拉吉奥中心，在那里我在美丽和平的环境中完成了本书的初稿。我与那里同事的情谊和生动的交流为这个雄心勃勃的项目提供了完美的环境。

智库罗斯福研究所愿"为恢复美国对所有人承诺的机会服务，发扬富兰克林和埃莉诺·罗斯福的遗产和价值观，发展进步的思想和领导才能"。我作为此机构的首席经济学家，为如何实现我在本书中描述的进步议程提供了一个积极的辩论和讨论场所。我要感谢机构主席费利西娅·王和负责研究和政策的副主席内尔·阿伯内西，他们的"重写规则"项目对我来说尤其重要。它的成功被 FEPS（欧洲进步研究基金会，欧洲社会民主智库联盟会员之一）所发现。我要感谢FEPS 的秘书长恩斯特·斯泰特尔、卡特·多尔蒂带领我完成了重写欧洲规则的工作，以及来自欧洲各地的学者为此付出的努力。不久，首尔市长朴元顺在韩国也带头进行了类似的行动。

在本书中，我超越了经济学，进入了政治学领域。鉴于目前的情况，我很难不这么做。我一直认为一个经济体成功的核心决定因素是它的规则，而这些规则是由政治决定的。当我深入这个领域时，爱德华（杰德）·斯蒂格利茨提供了重要的洞见，对此我深表感激。

罗伯特·库特纳、杰夫·马德里克、费利西娅·王、罗布·约翰逊、马丁·古茨曼和利夫·帕格罗茨基阅读了本书的早期版本，并提出了宝贵的意见。

我的博士后学生和负责博士后项目的高级研究员马丁·古茨曼对本书里讨论的各种问题都提供了见解：马尤里·查图维迪和伊格纳西奥·冈萨雷斯提供了对市场力量、寻租、不平等和增长的见解；胡安·蒙特西诺研究全球化的某些方面；迈克尔·波亚克讨论了罪犯劳动和大规模监禁；莱文特·阿尔廷奥卢。我特别感谢马丁，他提出的观点尤其宝贵。

我的研究助理马蒂厄·蒂奇奥特、哈瑞斯·马丁、纳曼·加格和安娜斯塔西娅·布里亚做的事情远远超出了他们的职责范围，我办公室的编辑德巴拉蒂·高希和安德烈亚·格维特也是如此，他们帮我完成了本书的手稿。

我还需要感谢我办公室其他成员的可贵帮助，不仅在这个项目上，而且确保我有时间致力于这样一个项目，他们是加布里埃拉·普伦普、凯莱布·奥尔德姆、苏珊娜·德·马蒂诺和莎拉·托马斯。

一如既往，我合作的出版商——企鹅出版集团的斯图尔特·普罗菲特给我提供了富有洞察力的详细评论。

本书是在与德雷克·麦克菲利的讨论中产生的，他是在诺顿出版社（Norton）工作多年的编辑。布伦丹·库里对本书早期的初稿提出了宝贵的建议，纳撒尼尔·丹尼特对手稿进行了整理。夏洛特·凯尔克纳熟练地抄写了手稿，琳内·坎农·门格斯细心地校对了手稿，项目编辑达西·赛德尔和出版人劳伦·阿巴特在这一过程中也发挥了不可估量的作用。

我欠埃蒙·基歇尔－艾伦一个特别的人情，他是我长期的内部编辑。他在这个项目的早期阶段就投入其中，并且全职完成了其中的大部分内容。

最后，我的妻子安雅还是像她往常一样支持我。在我出版第一本畅销书时，她教我写作。在本书的编写中，她的作用就更大了，不仅仅是编辑，还有心灵上的鼓励。我希望每一位读者都能感受到激情，去理解哪里出了问题，去做什么，去理解知识的重要性，去维护我们机构的强大。

最后补充。1965 年，我以富布赖特学者的身份去了英国剑桥，在詹姆斯·米德、琼·罗宾逊、尼古拉斯·卡尔多、弗兰克·哈恩和大卫·钱珀瑙恩这样的伟大教师手下学习。他们都对不平等问题和资本主义制度的本质的问题充满热情。在我一生遇到的许多朋友中，其中就有我的第一批学生之一安东尼·阿特金森和当时年轻的讲师兼研究员詹姆斯·米尔利斯。

注　释

前言

1. 在 2003 年出版的《咆哮的 90 年代》一书中，我描述了美国这些年的经历。

2. 随着不平等的加剧，我回归到了最初将我带入经济学的课题中。在《不平等的代价》和《巨大的鸿沟》中，我提出了关于令人惊异的不平等问题已经成为美国经济特征的警告。我强调了遏制美国不平等举措的失败所造成的深远影响将远超经济范畴：这些差异终将使怀疑在社会中蔓延，腐蚀政治。这对所有人来说都是一件坏事，即使是那 1% 的顶层人士。在《重构美国经济规则》中，我解释了如何重写经济领域的基本规则，特别是在里根政府执政期间及之后的经济增长缓慢和不平等差距扩大时期，并且说明了重写规则将如何扭转这些不利趋势。

3. 我于 2011 年 5 月在《名利场》(*Vanity Fair*)杂志上发表的一篇文章的标题，是对"葛底斯堡演说"(The Gettysburg Address)中著名台词的改写。

4. 如果法案全面实施，全国收入排名前 20% ~ 40% 的人缴的税将会增加。

5. 他还同时担任尼克松的劳工部长。

6. 私募股权企业的信托基金通常投资那些并未公开上市的企业，它们自己也并未公开上市。举例来说，它们可能会收购其他企业，对其进行重组，然后将其出售以获取利润。这些基金经理与其他任何企业的经理并无不同，同样需要缴纳工资所得税。这些有利的税收待遇并没有正当理由——他们接受这样的待遇只是为了展示他们的政治权利。更糟的是，这些基金因其将会导致大量失业和沉重负债的重组方式而备受批评。在私募股权企业将标的出售后不久，这些重组企业通常会破产。

私募股权企业设法减少了所付税率，由于所谓的利差税率，特朗普在选举中备受抨击，却从未选择将其废除，他所签署的税收法案在国会中通过了。面对失信，特朗普的顾问将其归咎于国会。Louis Jacobson. Despite Repeated Pledges to Get Rid of Carried Interest Tax Break, It Remains on the Books [N]. *Politifact*, 2017-12-20.

7. 2018～2028年，仅减税（有利息）一项就预计将增加美国政府 1.9 万亿美元赤字。如果临时减税是永久性的，那么赤字将增加为 3.2 万亿美元。

8. 2017 年 10 月世界经济展望发布会文字实录和克里斯蒂娜·拉加德 2018 年美国开幕词第四条磋商。

9. 这是诺贝尔奖获得者西蒙·库兹涅茨的核心观点，而且事实似乎总是如他所阐述的那样，该原理被称为库兹涅茨定律。

10. 本书以我早期关于全球化、金融化、不平等和创新的研究成果为基础，并将这些线索元素编制在一起，以展示它们的相互关系。我希望，这些与我们一路走来的进步与阻碍相关的描述足够令人信服。

我最早关于全球化的文章写于我离开世界银行之后，我认识到如果从发展中国家和世界各地的工人角度去看，你将会发现全球化被管理得有多糟糕，可参见《全球化及其不满》。在与安德鲁·查尔顿合写的《公平贸易》中，我聚焦于全球贸易政策对穷人的不利影响。在《让全球化造福全球》中，我提出一系列至少在一定程度上"将会"让全球化比以往更好的改革政策。在《重提全球化及其不满：特朗普时代的反全球化》中，我展示了特朗普执政之前全球化改革所取得的进程，以及他是如何无可挽回地终结全球化并使其倒退回改革之前的。我最初两本关于金融化的书中的第一本是《咆哮的 90 年代》，著于我离开克林顿政府之后，论述了放松管制之前、之中和之后都为金融危机奠定了基础。在接下来的几年里，随着金融体系越来越不平衡，以及伴随而来的重大经济和金融危机风险，我对近在眼前的危机的威胁进行了演讲和论述。不幸的是，我太有先见之明了：全球金融危机很快席卷了世界经济。在《自由市场的坠落》中，我分析了大衰退，提出了关于如何避免延长经济衰败时期的建议，以及如何对金融部门进行改革以预防这类经济泡沫的产生和它们在未来的爆发。

第 1 章　概述

1. 福山 1992 年著作的完整标题是《历史之终结与最后一人》。在特朗普当选后，他的观点改变了："25 年前，我对民主国家会如何倒退并没有任何概念，而现在我认为它们显然可以做到。"

2. Adam Tooze. Crashed: How a Decade of Financial Crises Changed the World [M]. New York：Viking, 2018.

3. New York：Harper, 2016.

4. New York：The New Press, 2016.

5. Jennifer Sherman. Those Who Work, Those Who Don't: Poverty, Morality, and Family in Rural America [M]. Minneapolis : University of Minnesota Press, 2009. Joan C. Williams. White Working Class: Overcoming Class Cluelessness in America [M]. Boston : Harvard Business Review Press, 2007. Katherine J. Cramer. The Politics of Resentment: Rural Consciousness in Wisconsin and the Rise of Scott Walker [M]. Chicago：University of Chicago Press, 2016. Amy Goldstein. Janesville: An American Story [M]. New York : Simon and Schuster, 2017. Michèle Lamont. The Dignity of Working Men: Morality and the Boundaries of Race, Class, and Immigration [M]. Cambridge, MA : Harvard University Press, 2000. 我自己在此领域有限的探索与这些更为深入的研究结果一致。

6. 当我作为首席经济学家时，世界银行对此领域进行了研究，并对于在决策中缺少发言权的情况表达了担忧。Deepa Narayan, Raj Patel, Kai Schafft, Anne Rademacher, Sarah Koch-S chulte. Voices of the Poor: Can Anyone Hear Us? [M]. New York : Oxford University Press, 2000. 这是该著作系列的第一卷，其中每卷都有其各自的编者。

7. 参见我在《自由市场的坠落》和《巨大的鸿沟》这两本书中对于这些问题的讨论。

8. 我之所以强调 1%，是因为旧的阶级划分（少数的上层阶级、庞大的中产阶级和中等数量的穷人）已经不再适用了。

9. Bankrate 在其 2017 年的金融安全调查中发现，除非进行借贷，否则 61% 的美国人无法筹集到 1000 美元的应急资金。Taylor Tepper. Most Americans Don't Have Enough Savings to Cover a $1K Emergency [EB/OL]. (2018-01-18). https://www.bankrate.com/banking/ savings/financial-security-0118/.

　　同样，联邦储备委员会在其 2017 年美国家庭经济福利的调查问卷中，根据第五次家庭经济和决策年度调查发现："四成的成年人在面临 400 美元的临时开支时，将无法应对支付，或者需要进行转卖或借款来完成资金的筹集……而在 2013 年，这个数字将是五成。"它同样揭示了"每五个成年人中就有一个无法完全偿还当月的所有账单"，以及"由于无力承担费用，超过四分之一的成年人没有在 2017 年得到应有的医疗"。这两项结果都与另一项调查结果一致，即 15% 的美国人没有储蓄，58% 的美国人储蓄不到 1000 美元。FRS. Report on the Economic Well- Being of U.S. Households in 2017 [EB/OL]. (2018-05). https://www.federalreserve. gov/publications/files/2017 report-economic-well-being-us-households-201805.pdf. Cameron Huddleston. More than Half of Americans Have Less than $1,000 in Savings in 2017 [EB]. (2017-09-12).

10. Oxfam, *Reward work, not Wealth*, Oxfam Briefing Paper, Jan. 2018.

11. 沃伦·巴菲特引用本·斯坦的话"在阶级斗争中，猜猜哪个阶级会赢"，摘自《纽约时报》，2006 年 11 月 26 日。

12. 这被美国继承自英国的长期法律学说进一步限制了，如公信原则中指出国家（特制主权）依托于被后人继承的公共资源，所以不能允许其被完全私有化或者受到掠夺。

13. 《纽约时报》报道，59.2% 的选民投票给了民主党派参议员。U.S. Senate Election Results [EB/OL]. (2019-01-28). https://www.nytimes.com/interactive/2018/11/06/us/elections/results-senate-elections.html?action=click&module=Spotlight&pgtype=Homepage.

14. 人们可能会质疑这种逻辑关系是否在其他方面起作用——无论自私和短视是不是这些经济个体的特征。但同时，自私和短视在某种意义上，可以说是全人类所共有的特质。由此可以说，比起利他主义，同理心及对大众的关怀，经济管理规则及其如何发挥作用才真正决定了哪些品质将起到作用。

15. 他的经典案例有关别针工厂。可以清晰地看出，他的思考结果与现代的创新经济已相去甚远。

16. Kenneth. J. Arrow. Economic Welfare and the Allocation of Resources to Invention. *The Rate and Direction of Inventive Activity: Economic and Social Factors*, ed. Universities-National Bureau Committee for Economic Research and the Committee on Economic Growth of the Social Science Research Council. Princeton：Princeton

University Press, 1962：467-92. Kenneth J. Arrow. The Economic Implications of Learning by Doing [J]. *The Review of Economic*, 1962, 29(3)：155-73. Joseph E. Stiglitz, Bruce Greenwald. Creating a Learning Society, A New Approach to Growth, Development and Social Progress [M]. New York：Columbia University Press, 2014.

17. 由于劳动力稀缺，工人工资在黑死病肆虐时期略有上升——这证明了经济学家关于供需关系的部分观点，然后又下降了。Stephen Broadberry, Bruce Campbell, Alexander Klein, Mark Overton, Bas van Leeuwen. British Economic Growth, 1270-1870 [M]. Cambridge：Cambridge University Press, 2015.

18. 科学发展的一个重要方面就是对结果的反复论证，以求得各种结果的精确度和确定性。因为，科学本身可以被看待为一个巨大的社会企业：因为成千上万的人共同努力为科学体系提供方法，我们才知道并相信我们所做的一切。

19. 所有这些概念都是复杂而微妙的，而这些术语也经常被滥用。封建领主可能会支持援引法律，因为他们剥削为他们工作的农奴。对于南方的奴隶主来说，情况也是相同的。他们利用"法律"迫使逃脱的奴隶回归。(Eric Foner. Gateway to Freedom：The Hidden History of the Underground Railroad [M]. Oxford: Oxford University Press, 2015.) 美国的司法系统在大衰退中大规模囚禁或使房屋拥有者失去他们的家园，即使他们在自动签名丑闻中并没有负债（参见《自由市场的坠落》及《巨大的鸿沟》）——显然，得到"司法公正"的前提是身为富有的白人。在后面的章节中，我将会继续以其他方式阐述这些观点。比如，当一个人的自由意志可能干涉到他人的权益时，他本人的意愿可能会受到限制。

20. 科学家强调，在合理程度的确定性下，人们可能对某些事情一无所知。就像在某些情况中，人们无法确定什么才是正确的决定——其中可能包含众多不同的观点，但人们可以保证做出决策的过程是否公正，以及是否倾听了大多数人的声音。任由单独个体去做出决策是错误的，正如莎士比亚所说"人孰无过"。但当人们共同做出判断时，就可以削减错误产生的机会。因此，在美国的刑事司法体系中，在决定一个人是否有罪时，12 位陪审员的一致表决并不能确保审判是公正的，即使审判过程以公平的方式进行。但是，这至少可以让情况看起来公正——或者至少，我们在发现隐含的偏见（如涉及深度歧视）前可以如此以普遍观点思考。随着时间推移，组织结构建设方面取得了一定的进步。例如，在寻址选择项目的决策过程中考虑人为错误，合理平衡错失好项目及接受不良项目的风险。Raaj Sah, Joseph E. Stiglitz. Human Fallibility and Economic Organization

[J]. *American Economic Review*, 1985, 75(2)：292-96. Raaj Sah, Joseph E. Stiglitz. The Architecture of Economic Systems: Hierarchies and Polyarchies [J]. *American Economic Review*, 1986, 76 (4)：716-27.

21. 教育机构是重要的公共机构，能够帮助个体学习如何发现和评估真相。

22. 麻省理工学院的罗伯特·索洛指出，生活水平的提高源自科学技术的进步，他在 1987 年获得了诺贝尔经济学奖。A Contribution to the Theory of Economic Growth [J]. *Quarterly Journal of Economics*, 1956, 70(1)：65-94; Technical Change and the Aggregate Production Function [J]. *Review of Economics and Statistics*, 1957, 39(3)：312-20. 他的探索激发了大量的研究，使人们致力于解析技术进步带来的影响。另外一个提高生产率的主要因素是对工厂和设备的投资。其他因素则涉及缩短工作时间，以及改善教育和改善资源分配。

　　在更早的时候，约瑟夫·熊彼特在其 1943 年出版的《资本主义、社会主义和民主》一书中强调了创新的重要性，特别指出创新比经济学家通常关注的事情重要得多，但他并没有试图以索洛的方式量化创新的作用。（更多关于熊彼特的研究结论及现代发展和创新理论的讨论，可见我 2010 年对其著作的介绍。）

23. 正如布鲁斯·格林沃尔德和我在著作《增长的方法：学习型社会与经济增长的新引擎》开头所说："从罗马时期开始，人类得出第一个可靠的人均产出数据，到 1800 年，人类的生活水平在不知不觉中悄然提高了一点。绝大多数的花销主要用于食物，而食物支出主要用于主食。住房包括谷仓般缺乏隐私条件的生活环境。越有实用性的服装越受欢迎，人们仅是季节性地增添衣物。医疗保健几乎不存在。创造力是自发产生且原始的。只有少数的贵族可以享受如今我们认为适宜人类生存的生活条件。从 1800 年开始，到 19 世纪后半叶开始加速，这种只属于少数人的特殊条件才开始在整个欧洲、北美和澳大利亚扩展。"

24. 这里的观点参见《增长的方法：学习型社会与经济增长的新引擎》。西北大学杰出的经济史学家乔尔·莫基尔在他的《增长文化：现代经济的起源》(*A Culture of Growth: The Origins of the Modern Economy*) 中更进一步地对这些观点进行了论述。在本书后面，我们将会论证租金的增长是经济发展的阻碍，如与垄断相关的利润。这与莫基尔根据历史得到的结论是一致的。我们、莫基尔和其他人经常关注生活水平增加和提升的标准，特别是所谓的启蒙运动、教育和研究机构（包括并且最重要的部分是大学机构）及我们之前所提到的政治和经济体制，如法制。

最近，史蒂芬·平克也写了关于启蒙对如今生活水平作用的书。Stephen Pinker. Enlightenment Now: The Case for Reason, Science, Humanism and Progress [M]. New York：Penguin, 2018.

当然，经济力量也扮演着它应有的角色：甚至在"工业革命"之前，英国就已经成了一个高工资、低能耗的经济体，这有助于利用"工业革命"带来的创新以节省劳动力和能源。在黑死病爆发之后，英国工人工资也有所提高，但远不及之后几个世纪的提升。启蒙运动为高工资、低能耗的"工业革命"建立了背景。Robert C. Allen. The British Revolution in Global Perspective [M]. Cambridge：Cambridge University Press, 2009.

这里当然还有一些其他学术和技术取得显著进步的例子。例如，一些科学家认为第一次"工业革命"发生于 12 世纪佛兰德斯的水磨坊。18 世纪的革命性进步不仅在于市场范围的扩大，更在于科学发展所带来的持续增长。

25. 凯恩斯在他的著名文章《我们后代的经济前景》中阐述了生产力大幅度提升的意义。Joseph E. Stiglitz. Toward a General Theory of Consumerism: Reflections on Keynes' Economic Possibilities for Our Grandchildren. Revisiting Keynes: Economic Possibilities for Our Grandchildren [M]. Lorenzo Pecchi and Gustavo Piga. Cambridge, MA：MIT Press, 1987：41-87.

26. 接下去我们将更详尽地解释为什么由于劳动力市场里存在的歧视，特别是对妇女和有色人种的歧视，社会的很大一部分群体并未能分享技术进步的成果。

27. Thomas Hobbes, *Leviathan*, 1651.

28. 相较于美国，或早或晚，欧洲也出现过类似的反应（德国于 1889 年在首相俾斯麦的领导下，成为第一个推出公共退休保险的国家）。

29. 《华盛顿邮报》量化了其谎言，并且发现他在任职的前两年内提出了 8158 起"虚假或误导性的主张"。Glenn Kessler, Salvador Rizzo, Meg Kelly. President Trump Made 8,158 False or Misleading Claims in His First Two Years [N]. *Washington Post*, 2019-01-21.

30. 帕克斯顿的著作在这个领域具有权威性。这本著作的一个杰出之处在于，尽管其成书于 15 年前，但其内容在当今依然有借鉴意义。

31. Adam Bluestein. The Most Entrepreneurial Group in America Wasn't Born in America [N]. *Inc.*, 2015-02.

32. Rose Leadem. The Immigrant Entrepreneurs behind Major American Companies

(Infographic) [N]. *Entrepreneur*, 2017-02-04. 埃隆·马斯克（特斯拉和 SpaceX 的 CEO）在加拿大女王大学就读两年后转入了宾夕法尼亚大学，并获得了物理和经济学学士学位。哈姆迪·乌鲁卡亚，酸奶企业 Chobani 的创始人，移民到美国，在阿德菲大学学习英语。

33. 幸运的是，国会并未给予他足够的重视：相比于他要求的减少 17%，在 2018 年的预算里，国会实际上增加了 12% 的科研支出。

34. 美国的媒体经常因试图掩盖事实以维持虚假的平衡被批评。尽管 99.9% 的科学家都相信气候变化，但仍有一些出口商试图给出数量几乎相同的反对意见，以赋予气候破坏行为合法性。

35. 在美国，只有一小部分富人生活在封闭的社区，但他们仍然有危机感。我在《巨大的鸿沟》中描述了一幕超级富豪的聚餐场景，一个反复被提及的主题是"铭记断头台"——呼吁他们限制自己永远无法被满足的贪婪。

36. 这是我早前在《名利场》上所发表文章"源于极少数人，服务极少数人，通过于极少数人"，以及我的另一本著作《不平等的代价》的中心论点。另外可参阅此处引用的参考文献和其中的更多讨论。

37. 2017 年 10 月，特朗普政府出于对"利益冲突"的担忧，禁止获得环境保护署（EPA）资助的科学家在 EPA 科学顾问小组中任职。然而，政府并未对从 EPA 监管的其他行业，如石油和天然气中，获得捐赠的小组成员提出类似的要求。Warren Cornwall. Trump's EPA Has Blocked Agency Grantees from Serving on Science Advisory Panels. Here Is What It Means [J]. *Science*, 2017.

38. 当然，也有一些学者成了这些意识形态的御用文人，为全球化和放松金融管制制度摇旗呐喊。在第 4 章中，我解释了在标准经济分析中，与发展中国家和新兴市场的贸易一体化导致美国对非熟练劳动力的需求降低，不计薪酬。这意味着即使美国成功维持了充分就业，GDP 增长了，非熟练工人的实际工资也会下降。在克林顿（一个看似担心蓝领工人困境的人）任职期间，很难找到担心全球化对非熟练工人实际工资的影响的经济学家。（劳工部长罗伯特·赖克是一个明显的例外。）似乎优秀的经济学家都相信全球化对所有人都有好处——即便美国没有引入补偿性政策。涓滴经济学在那时已经根深蒂固。

39. 因此，无论在上一个注释中提及的涓滴经济学被认为是幻想，还是妄想。当我们认识到工人的实际情况可能更糟时，这种挫折就只是暂时的。

40. 一种经常被人们所争论的退税措施（使富人获得比穷人更多的收益）认为，让金钱流向富人手中，能够使他们提供更多工作，并因此使所有人获益。然而，这种理论立足于三个错误的假设：只有上层阶级的少数人是才华横溢的；获益只代表物质激励，而不是出于开创新事业的兴奋或提供社会所希望或需要的服务的满足感；他们成功的必要条件就是低税率和更宽松的法律规范。

工作机会的真正源头并非资本家阶级，而是普遍的需求。当总需求很高时，就会创造就业机会。当然，企业关系是必需的，但是这里还有更多有足够能力和意愿创办企业的人，只要存在需求和资金。而政府的职责就是确保人们有足够的需求和资金。

41. 我要强调的是，当经济不足以满足就业需求时，政府就会出现赤字，即支出将超过税收。德国总理默克尔将经济比作"斯瓦比亚的家庭主妇"，指代家庭主妇必须平衡家庭账目。但关键的区别是，当失业率高时，在国家层面增加支出会创造就业机会，增加收入，总需求的增加就会在一个良性循环中创造更多的就业机会。

42. 最高税率的降低会为寻租提供更大的激励，即不增加国家蛋糕的尺寸，只增加企业经营者收入的行动。Thomas Piketty, Emmanuel Saez, Stefanie Stantcheva. Optimal Taxation of Top Labor Incomes: A Tale of Three Elasticities [J]. *American Economic Journal: Economic Policy*, 2014, 6(1): 230-71.

43. Emily Horton. The Legacy of the 2001 and 2003 "Bush" Tax Cuts. Center on Budget and Policy Priorities, 2017-10-23. 我提出，有人推测由于小布什减税，投资增速甚至会减慢。Dividend Taxation and Intertemporal Tax Arbitrage [J]. *Journal of Public Economics*, 2009 (93): 142-59. William G. Gale. Five Myths about the Bush Tax Cuts [N]. *Washington Post*, 2010-08-01. William G. Gale, Peter R. Orszag. Tax Policy in the Bush Administration [J]. *Tax Notes*, 2004, 104(12): 1291-1300; Distributional Effects, 104 (14): 1559-66; Revenue and Budget Effects, 105 (1): 105-18; Effects on Long-Term Growth, 105 (3): 415-23; Short-term Stimulus, 105 (6): 747-56; Down Payment on Tax Reform?, 105 (7): 879-84; Starving the Beast?, 105 (8): 999-1002.

Danny Yagan. Capital Tax Reform and the Real Economy: The Effects of the 2003 Dividend Tax Cut [J]. *American Economic Review*, 2015, 105(12): 3531-63. 雅冈证实了减税对企业投资和员工工资没有影响。正如他展示的那样，减税并没有影响投资和工资，反而增加了获得更高股息分配权的股东的财富。Raj Chetty,

Emmanuel Saez. Dividend Taxes and Corporate Behavior: Evidence from the 2003 Dividend Tax Cut [J]. *The Quarterly Journal of Economics*, 2005, 120(3)：791-833.

　　同时，也有丰富的实践经验和良好的理论依据可供预测，即较低的企业税率不会导致更多的投资。例如，当里根将企业税率从46%降至34%后，有效企业所得税下降得更多——企业成功地将漏洞放入税单并更好地了解了如何利用它们。因此，在特朗普进一步降低税率之后（当时的有效税率仅为18%），他承诺的投资增加并未实现。由于利息的税收减免，加上大多数投资是通过边际借款融资的，税率会以相同的方式影响投资回报和资本成本，因此可以说降低税率不会对投资产生太大影响。Joseph E. Stiglitz. Taxation, Corporate Financial Policy and the Cost of Capital [J]. *Journal of Public Economics*, 1973(2)：1-34. 本书稍后将进一步详述特朗普税收法案，并对其进行论证。

44. 值得注意的是，瑞典的税率比美国高得多，但其家庭储蓄率几乎是美国的 2 倍。美国的劳动力参与率（有工作或正在寻找工作的劳动力占人口的比例）也远低于许多其他具有较高税率的国家。

45. 杜克大学的杰出历史学家南希·麦克林，在她的著作《民主的演进》（*Democracy in Chains: The Deep History of the Radical Right's Stealth Plan for America*）中将这些论点纳入历史背景中进行了论证。

46. 关于之前提出的基于规则的竞争性市场经济和美国的民主制衡体系的论点，将在本书的后续部分进行详细论证。

47. 1961 年 1 月 20 日肯尼迪的就职演说。

48. Alain Cohn, Ernst Fehr, Michel André Maréchal. Business Culture and Dishonesty in the Banking Industry [J]. *Nature*, 2014, 516(7592)：86-89.

49. Yoram Bauman, Elaina Rose. Selection or Indoctrination: Why Do Economics Students Donate Less than the Rest? [J]. *Journal of Economic Behavior and Organization*, 2011, 79(3)：318-27.

50. 他的《道德情操论》有这样著名的开场白："无论被认为有多么自私，一个人的本性中仍将存在一些原则将使他对他人的命运产生兴趣，并且认为使他人获得幸福对他而言是必要的，他将乐见其成，即使他无法从中获益。"

51. Karla Hoff, Joseph E. Stiglitz. Striving for Balance in Economics: Towards a Theory of the Social Determination of Behavior [J]. *Journal of Economic Behavior and Organization*, 2016, 126：25-57.

第 2 章　经济发展走向低迷

1. 诺贝尔经济学奖获得者罗伯特·卢卡斯在大衰退前不久的演讲中宣称严重的经济波动已经消亡。在某些部分中，他说："宏观经济……已经成功了：预防经济衰退的核心问题已经得到解决，实际上，已经解决了数十年"。Robert E. Lucas Jr. Macroeconomic Priorities [J]. *American Economic Review*, 2003, 93(1)：1-14.

2. 正如卢卡斯所说："在对于健全的经济会造成危害的趋势中，最诱人的，也是我认为最有害的趋势，主要与分配有关。" The Industrial Revolution: Past and Future [R]. Annual Report, Federal Reserve Bank of Minneapolis, 2004.

3. 有时，这两种情况会混合在一起。比如，当发明人使用专利制度建立垄断时，他会通过各种机制（下面将对其中一些进行描述）扩展其市场力量并使其更加强大，随后其获得的大部分财富都基于对市场力量的利用。美国大部分地区，理所当然地建立在完全不同的剥削基础之上：在南方，在发展中起着中心作用的是奴隶制，而非市场机制——尽管奴隶被用于买卖，但奴隶制的基础并非市场，而是压迫。甚至在奴隶制度结束后，种族隔离仍然压迫着非裔美国人，这导致了南方雇主提供低工资并获取高利润。在南北战争时期，奴隶市场所创造的价值在南方雇主的财富中占据了很大的一部分。

4. 2018 年的数据初步展示出了经济的更好表现，即大规模财政刺激的结果（赤字大幅度增加）。可以预见，这种刺激将暂时促进经济增长，但这种增长只是暂时的。鉴于这种刺激的规模，这一增幅低于人们的预期，部分原因是税收法案的设计非常糟糕。

    2010 ～ 2016 年，美国平均总投资与 GDP 的比率比所有经合组织国家的平均值低近 9%（经济合作与发展组织是发达国家的"俱乐部"），并比表现较好的国家（如加拿大）低 20% 以上。（总投资是一个国家的产出中用于购买新厂房、设备和住房的部分，被认为是经济体的经营性资产。它不包括库存积累，也不考虑折旧、使用或时间导致的经营性资产减少。同样，它也不包括土地购买。）国民账户体系中的官方科目被称为固定资本形成总额。

5. 某些差异（仅指其中的部分差异），是人口增长速度降低的结果。除人均收入增长从 2.3% 降至 1.7% 外，还有其他因素可能导致经济增长速度降低，如经济结构从制造业向服务业的转变。试图提高服务部门的生产率可能会更加困难，但也可能只是因为不够幸运——与前几十年相比，当今时代所发明的能够大幅提高生产力的重要技术进步要少得多。然而，我相信除了上述提到的结构变化和运气不佳之外，还有更多因素发挥着作用。

本章中的大多数数据来自标准引述：FRED、美国人口普查、IMF WEO（年度世界经济展望报告）、OECD 和世界收入数据库。FRED 用于计算美国 GDP 指标。美国人口普查提供实际工资中位数的数据。在比较 OECD 国家的变量时，使用 OECD。世界收入数据库提供收入分配中各个群体的平均收入和分布位置的数据（最高 1%，最高 0.1%，最低 50%）。

6. 联合国最新可用数据为 2017 年数据。根据国际货币基金组织和世界银行的数据，美国的人均收入排名第 7 位。在根据购买力平价调整后，根据国际货币基金组织和世界银行的数据，美国的排名下滑至第 11 位。

7. 世界银行人力资本索引，可参考网站 https://www.worldbank.org/en/data/interactive/2018/10/18/human-capital-index-and-components-2018。

8. PISA（国际学生评估计划）在 2015 年做了一项测试。在表现最好的地区（中国上海），只受过 10 年级教育的学生的受教育程度相当于美国表现最好的马萨诸塞州的 12 年级学生。

9. OECD 2016 年的数据。

10. Hours Worked, OECD, 2017 年或最新数据，可访问 https://data.oecd.org/emp/hours-worked.htm。

11. 美国生产力的总增长率为 2.3%，而 OECD 的平均增长率为 4.9%。资料来源：https://data.oecd.org/lprdty/gdp-per-hour-worked.htm#indicator-chart。

12. 购买力平价考虑了不同国家、不同商品的成本不同。2015 年，中国的 GDP 超过了美国。GDP 根据当前汇率进行比较，而当前汇率可能会大幅波动。就这些情况而言，中国的 GDP 仍然低于美国，中国仍然是发展中国家，人均收入大约是美国的五分之一。

13. 这并不值得奇怪，因为发展中国家必须跟上发达国家的步伐，因此它们的增长率更高——2016 年，美国排名第 139 位。

14. 世界银行对此提供了数据，下文列举了摆脱贫困的人数。

15. 参见世界财富与收入数据库。

16. 特朗普试图夸大其政策对促进增长的重要性。他试图追溯到自他当选之日起美国经济的增长——仿佛想要说明他将改变经济进程。事实上，即使计算上特朗普任职的第一年，即 2017 年美国的表现，美国的经济增长率实际上也低于发达国家的平均水平。即使是 2016 年至 2017 年美国经济增长率提高了 0.76%，这一增速也仅略高于 OECD 的平均水平（0.64%），远远不到美国北部邻居加拿大（1.55%）的一半。实际上，2016 年，加拿大的增长与美国的增长几乎没有什么不同。如果有人有理由吹嘘自己的成功，那就是加拿大总理特鲁多，而不是特朗普。2018 年，由于财政赤字大幅增加，美国经历了"高糖效应"，导致实际 GDP 增长了约 3%。但是，突发性增长预计不会持续下去。2019 年，美国 GDP 增长预计将显著降低。

17. 自美国建国以来，许多美国领导人就认为与不平等做斗争对于建立繁荣的民主制度至关重要。Sean Wilentz. The Politicians and the Egalitarians: The Hidden History of American Politics [M]. New York：W. W. Norton, 2017.

18. Olivier Giovannoni. What Do We Know about the Labor Share and the Profit Share? Part III: Measures and Structural Factors. Working paper 805, Levy Economics Institute, 2014.

19. 可获得的最新数据为 1977 ～ 2017 年的测量结果。Thomas Piketty, Emmanuel Saez, Income Inequality in the United States, 1913-1998 [J]. *Quarterly Journal of Economics*, 2003, 118(1)：1-39. 图表和数据更新至 2017 年，可在网站 https://eml .berkeley.edu/~saez/ 上找到。

20. 人口普查局收入与贫困报告中的表 A-4，可参见网站 https://www.census.gov/content/ dam/Census/library/publications/2017/demo/P60-259.pdf。

21. 参见 FRED 经济数据。过去人们曾认为，提高最低工资将不可避免地导致失业率大幅上升。但是自从卡德和克鲁格提出了他们的开创性成果，越来越多的人确信事实并非如此，而部分原因正是劳动力市场中市场支配力的盛行（第 4 章对此进行了讨论）。Minimum Wages and Employment: A Case Study of the Fast-Food Industry in New Jersey and Pennsylvania [J]. *American Economic Review*, 1994, 84(4)：772-93. 实际上，提高最低工资甚至可能会对就业产生积极影响。

22. 更准确地说，补偿包括附带福利。经济政策研究所对劳工统计局和经济分析局数据的分析，参见 https://www.epi.org/productivity-pay-gap/。

23. 工资差距问题最近受到了广泛关注。比如说，松和他的同事依据大数据发现，企业内部工资差异的增加在加剧工资不平等方面起着重要作用，尽管这些差异在很大程度上是由企业技能组成的变化所造成的。其他研究则强调指出，企业间的工资差异似乎与企业盈利能力的差异有关。但根据我们掌握的数据，在大多数情况

下，我们无法区分这一情况是由于企业生产率更高，还是具有更多市场力量。本
书所引用的其他例证指出，市场集中度的提高突出了有市场力量和没有市场力量
的企业之间的差异。尽管如此，各企业之间的生产率仍然存在很大的差异，而且
往往是持续的差异。我和格林沃尔德在《增长的方法：学习型社会与经济增长的
新引擎》一书中叙述过这些情况。差异的存在是我们对标准经济学进行批判的
一部分，它假设知识能通过经济迅速而无成本地传播。教育和技术方面的进步
实际上已经在逐步缩小这些差距，尽管这还可能源于其他方向上的力量所起的
推动作用（如某些领域创新步伐加快）。Jae Song, David J. Price, Fatih Guvenen,
Nicholas Bloom, Till Von Wachter. Firming Up Inequality [J]. *Quarterly Journal of
Economics*, 2018, 134(1).

David Card, Ana Rute Cardoso, Jörg Heining, Patrick Kline. Firms and Labor
Market Inequality: Evidence and Some Theory [J]. *Journal of Labor Economics*,
2018, 36(51)：S13-S70. Jason Furman, Peter R. Orszag. A Firm-Level Perspective
on the Role of Rents in the Rise in Inequality [J]. *Toward a Just Society: Joseph
Stiglitz and Twenty-first Century Economics*, ed. Martin Guzman. New York：
Columbia University Press, 2018：10-47. Hernan Winkler. Inequality among Firms
Drives Wage Inequality in Europe [OL]. (2017-03-21). https://www.brookings.edu/
blog/future-development/2017/03/21/inequality-among-firms-drives-wage-inequality-
in-europe/. Giuseppe Berlingieri, Patrick Blanchenay, Chiara Criscuolo. The Great
Divergence (s). OECD Science, Technology and Industry Policy Papers, 2017 (39).
Julián Messina, Oskar Nordström Skans, Mikael Carlsson. Firms' Productivity and
Workers' Wages: Swedish Evidence. Vox CEPR Policy Portal, 2016-10-23.

24. 我撰写了两本关于该主题的书（《不平等的代价》和《巨大的鸿沟》）以阐述不平
等是如何不仅削弱了我们的经济，而且破坏了我们的民主，分裂了我们的社会。
大多数美国人似乎都不知道这种不平等现象的严重性及其后果，因此为了解决这
一问题，我协助策划了2013年和2014年的《纽约时报》系列报道，在《名利场》
及其他媒体中尽可能地对这些问题进行讨论，并将其发表在世界各地的报纸上。

25. 我在早期许多有关最佳再分配税收著作的合著者。

26. 奥巴马演讲于美国进步中心。他同时提出："所以让我重申：不平等加剧和流动
性下降的综合趋势对美国梦、我们的生活方式及我们在全球的立场构成了根本威
胁。我在这里所提出的不仅仅是道德层面的要求。不平等现象加剧和流动性下降

将导致实际性的后果。"此前，在 2011 年 12 月 6 日于堪萨斯州奥萨·沃托米高中发表的演讲中，他同样提出："如果中产阶级家庭不再有能力购买企业出售的商品和服务，并从中产阶级中脱离，这将从上至下拖累整个经济体系。美国建立在广泛繁荣、遍布全国的强大的消费者观念之上。这就是为什么像福特这样的 CEO 会支付工人足够的薪水，以使他们有能力购买其所生产的汽车。这也是为什么最近的一项研究表明，不平等程度较小的国家从长远来看往往会拥有更强劲、更稳定的经济增长。"这些理所当然地也是我在著作《不平等的代价》中所提出的中心论点。

27. The Kerner Report: The 1968 Report of the National Advisory Commission on Civil Disorders. New York: Pantheon, 1988.

28. 在报告中，我被要求评估随后半个世纪情况的变化。Economic Justice in America: Fifty Years after the Kerner Report [J]. *Everybody Does Better When Everybody Does Better: The Kerner Report at Fifty/A Blueprint for America's Future*, eds. Fred Harris, Alan Curtis. Philadelphia : Temple University Press, 2017. 其中，最令人沮丧的是著名学者克拉克提出的想法，他指出："我读了这份报告……1919 年芝加哥暴动，就好像我在阅读哈林骚乱的调查委员会的报告，或者瓦茨骚乱的麦康委员会的报告。我必须再次坦率地向委员会的成员指出——这篇报告华而不实，一遍又一遍周而复始地展示着相同的运动图像、相同的分析、相同的建议和相同的无所作为。"

29. "尽管取得了一些进步，但美国的种族、性别工资差距仍然存在。"（Pew Research Center，2016 年 7 月）。当然，完善的统计数据使我们能够确定，教育、就业和歧视在其中扮演的角色。

30. 表现优于美国的国家有日本、挪威、瑞典、澳大利亚、冰岛、加拿大、新西兰、荷兰、奥地利和丹麦。2015 年所有人的预期寿命都超过 80 岁，日本以 83.9 岁位居首位，美国为 78.8 岁，介于智利和捷克共和国之间。参见 OECD 数据。

31. 数据截至 2017 年。

32. 死亡率指 1 年或 5 年内给定年龄组（如 50 ~ 55 岁）的死亡人数。较低的死亡率与较高的预期寿命有关。

33. The Growing Life-Expectancy Gap between Rich and Poor. Brookings Institution, (2016-02-22) [2018-11-24]. https://www.brookings.edu/opinions/the-growing-life-expectancy-gap-between-rich-and-poor/.

34. Anne Case, Angus Deaton. Rising Morbidity and Mortality in Midife among White Non-Hispanic Americans in the 21st Century [J]. *Proceedings of the National Academy of Sciences*, 2015, 112(49)：15078-83. Ann Case, Angus Deaton. Mortality and Morbidity in the 21st Century. *Brookings Papers on Economic Activity,* 2017：397-476. 近年来，白人区的死亡率在增加，而世界其他地区的死亡率却在下降。同时，值得注意的是，非裔美国人的死亡率仍然高于白人。无论什么种族，不好的经济状况都不利于健康。

35. 我在更早之前就已经注意到这些令人不安的趋势，《不平等的代价》中关于非大学毕业女性的统计同样有着令人不安的结论。先前部分学者所撰写的著作提到了社会变革，这些变革为"绝望之死"的增加创造了条件。

36. 在反映工作的重要性时，他还在报告中描述他们有"低水平的情绪幸福感"且"从日常活动中得出的意义相对较小"。Alan B. Krueger. Where Have All the Workers Gone? An Inquiry into the Decline of the U.S. Labor Force Participation Rate [J]. *Brookings Papers on Economic Activity*, 2017, 48(2)：1-87.

37. 滥用企业权力是下一章的主题，其在阿片类药物的故事中扮演直接角色：这些药物是由普渡制药推广的。Beth Macy. Dopesick: Dealers, Doctors, and the Drug Company that Addicted America [M]. Boston：Little, Brown, 2018. 它还造成人们肥胖。疾病控制与预防中心指出，几乎 40% 的美国人有肥胖问题。对于西班牙裔和非裔美国人，这一数字甚至更高（约 47%）。具有大学学历的男女肥胖率较低。肥胖在南部和中西部地区比美国其他地区更为普遍。最令人不安的是，受肥胖影响的儿童和青少年的比例迅速上升——几乎是五分之一，这一数字自 1970 年以来增长了 2 倍之多。肥胖和饮食相关。可口可乐和其他软饮企业推出的含糖饮料及旨在使人上瘾的甜味和咸味食品便是企业滥用权力的例子。David A. Kessler, M.D. The End of Overeating: Taking Control of the Insatiable American Appetite [M]. New York：Rodale Books, 2009. 凯斯勒在 1990～1997 年担任食品药品管理局局长。关于美国肥胖情况的更多数据，可参见 https://www.cdc.gov/obesity/index.html。有关饮食在肥胖中的作用，可参见 https://www.hsph.harvard.edu/obesity-prevention-source/obesity-causes/diet-and-weight/。有关如何将含糖饮料和体重情况联系在一起的学术研究的报告，可参见以下文献。Lenny R. Vartanian, Marlene B. Schwartz, Kelly D. Brownell. Effects of Soft Drink Consumption on Nutrition and Health: A Systematic Review and Meta-Analysis [J]. *American Journal*

of Public Health, 2007(97): 667-75.

38. 或许可查看美国不平等数据的最好网站就是 inequality.org。

　　关于财富不平等的根源及其未来演变都存在争议。Thomas Piketty Capital in the 21st Century [M]. Cambridge, MA : The Belknap Press of Harvard University Press. 举例来说，遗产从一代传给下一代会导致不平等现象不断加剧。就最近不平等现象激增的情况，他写到这一情况背后的历史进程十分悠久，即使该进程因 "二战" 及其带来的社会团结而暂时中断。这与我个人的看法，特别是我于 1960 年首次撰写的著作中的看法，虽然并不完全矛盾，但依然稍有不同。我认为优势的代际传递很重要，这里仍然存在能够抵消的离心力和向心力，前者使经济崩溃，后者则将其整合在一起。并且，从长远来看，这些通常最终会走向平衡。20 世纪 70 年代中期，由于社会的动荡不安，促使离心力增强而向心力减弱。经济朝着新的平衡方向发展，不平等程度要比以往的情况严重许多。Stiglitz. Distribution of Income and Wealth Among Individuals [J]. *Econometrica* 1969, 37(3) : 382-97. New Theoretical Perspectives on the Distribution of Income and Wealth Among Individuals: Parts I-IV. NBER Working Papers 21, 21189-21192, 2015.

39. 在 1 年前，这个数字是 43，而前年则是 61。自 2010 年以来，亿万富翁的财富每年平均增长 13%。2017 年全球创造的财富中有 82% 流入了前 1% 富有的人的口袋，而没有流入收入较低的 50% 人群。Private Wealth or Public Good [R]. Oxfam, 2019. Reward Work, Not Wealth [R]. Oxfam, 2018.

40. 这两个家族的巨额财富（据报道，沃尔顿家族拥有接近 1750 亿美元，科赫家族的财富在 2018 年达到 1200 亿美元）几乎接近大部分美国人的财富总额——截至 2016 年（能够获得可靠数据以进行比较的一年），沃尔顿和科赫家族持有的财富相当于底层 50% 人群持有财富的总和。此数据来源于去除掉耐用消耗品后的美联储 2016 年消费者金融调查。沃尔顿和科赫的财富数据来自福布斯杂志。简·迈耶的畅销书《金钱暗流》记录了科赫兄弟对美国政治的巨大影响。

41. Raj Chetty, Nathaniel Hendren, Patrick Kline, Emmanuel Saez. Where Is the Land of Opportunity? The Geography of Intergenerational Mobility in the United States [J]. *Quarterly Journal of Economics*, 2014, 129(4) : 1553-623. Chetty, Hendren, Lawrence F. Katz. The Long-Term Effects of Exposure to Better Neighborhoods: New Evidence from the Moving to Opportunity Experiment. Working paper,

Harvard University, 2015. Chetty, Hendren. The Impacts of Neighborhoods on Intergenerational Mobility Childhood Exposure Effects and County-Level Estimates. Working paper, Harvard University, 2015. 美国人生活在阶层日益分化的社区中，因此邻里效应对优势的代际传递起重要作用。Kendra Bischoff, Sean F. Reardon. Residential Segregation by Income, 1970-2009 [J]. *Diversity and Disparities: America Enters a New Century*, ed. John Logan. New York：Russell Sage, 2014：208-33.

42. 数据是惊人的，Pew 流动性项目指出："出生于收入最低的五分之一人口中的美国人，有 43% 成年后仍被困在底层中"，而"出生于收入最高的五分之一人口中的美国人，有 40% 成年后收入仍然排名最高"。就财富而言情况更糟，底层人民筹集的资金中几乎有三分之二流向其之上的两个阶级，最富有的人筹集的资金中大部分仍留在其手中。对于非裔美国人来说，情况甚至更糟，因为"超过一半（53%）的非裔美国人在收入最低的家庭中长大，成年后仍停留在那里"。它显示了教育在向上流动中的关键作用；受教育程度较低的人更有可能被困在社会底层。Pursuing the American Dream: Economic Mobility Across Generations. Pew Mobility Project, 2012.

43.《机会均等项目》于 2018 年 7 月 18 日通过，可参见 http://www.equality-of-opportunity.org/。

44. Pursuing the American Dream. Pew Mobility Project.

第 3 章　剥削与市场努力

1. 美国对竞争均衡模型局限性的理解也有所加深。它并不强大——假设略有变化（存在小的固定沉没成本、小的搜索成本或小的信息成本及少量的信息缺陷）会导致结果发生重大变化，如市场势力的持续存在。即使每个行业中只有很小的市场势力，加起来也会产生巨大的影响。信息经济学、博弈论和行为经济学都对美国如何看待经济问题产生了深远的影响。具有讽刺意味的是，对竞争模式的批判在卡特、里根及后来的几任总统时期十分兴盛，但是在相同时期，竞争模式的影响也大大增加。这不仅表现出知识，而且也展现了意识形态和利益滞后的影响之大。

2. Peter Thiel. Competition Is for Losers [J]. *Wall Street Journal*, 2014.

3. 美国国会成立的调查 2008 年金融危机起因的委员会。

4. 2010 年 5 月 26 日，金融危机调查委员会的访谈。巴菲特曾是三个主要信用评级机构之一穆迪的主要股东。David Dayen. America's Favorite Monopolist: The Shameful Truth behind Warren Buffett's Billions [N]. *The Nation*, 2018-03-12(16). 信用评级机构在这场危机中发挥了"核心作用",正如金融危机调查委员会在其最终报告中指出的那样,这些机构"是金融危机的关键推动者"。

5. 参见 2000 年伯克希尔 - 哈撒韦年度会议。(在达扬报道此之前,巴菲特使用"护城河"这个比喻已有数十年的历史。)

6. 例如,联合国信息和通信技术专门机构在 2015 年度衡量信息社会的报告中指出,美国电信的价格(预付费、宽带、移动、500MB)是印度的 20 倍以上,几乎是爱沙尼亚的 20 倍。哈佛大学法学教授兼电信专家苏珊·克劳福德指出,康卡斯特和时代华纳在所有宽带互联网中占 66%,并且它们通常不在同一个市场中竞争。Susan Crawford. Captive America: The Telecom Industry and Monopoly Power in the New Gilded Age [M]. New Haven:Yale University Press, 2013.

7. 不仅是企业及其经营者的市场势力在增加,工人也缺乏市场力量。正如下文和后续章节中的讨论明确指出的那样,导致市场力量失衡的因素有很多,而市场力量并不是导致不平等加剧的唯一因素。例如,相对于非熟练劳动力,技术进步增加了对熟练劳动力的需求。但是这些变化在某种程度上是管理决策的结果,即如何合理花费稀缺的研究经费。那些拥有市场力量的管理者已经决定以这样的方式来降低工人对福利讨价还价的能力,特别是非技术工人的议价能力。

8. 我要补充的是,这并非不平等的唯一根源,下文将对此进行清晰的论述。而且这不仅仅是企业在与消费者打交道时拥有的市场力量,也是其在与工人打交道时拥有的市场力量。

9. 企业还可以利用人性自身的弱点从他人身上掠取财富,如诱使他们赌博,或者说服他们以高利率借钱。即使是利用人性的弱点赚取财富,如赌博或酗酒,也需要足够的市场力量。因为在美国社会中,有足够的人有能力并且想要去做这些不道德的事情。在没有市场力量的情况下,即使是不受市场调节的活动,其利润也会降至零。

10. 传统上,腐败主要集中在此类情况下,但实际上,私人部门存在着广泛的腐败现象。因为当员工(甚至是 CEO)利用自己的职位来谋财,或者企业做出非正当行为时,都是在以牺牲他人为代价为自己牟取财富。

11. Adam Smith. An Inquiry into the Causes of the Wealth of Nations [M]. 1776.

12. 实际上,这一通过不仅是对垄断势力的回应,而且是对 19 世纪末出现的普遍存在的市场力量的回应，包括石油、铁路、肉类加工业和烟草行业。

13. 当然，市场所需的风险溢价会有所波动，这取决于对经济风险的判断。

14. 对企业部门进行的更进一步研究，可参见《劳动力减少和资本份额》（*Declining Labor and Capital Shares*）（Simcha Barkai, 2017）。巴尔卡伊在解析资本份额和表明资本份额的减少不能用无形资本来解释方面做了杰出的工作。对于使用企业级数据的研究，请参阅以下文献。Jan De Loecker, Jan Eeckhout. The Rise of Market Power and Macroeconomic Implications. NBER Working Paper, 2017(23687).

15. Jacob A. Robbins. Capital Gains and the Distribution of Income in the United States [M]. Providence：Brown University, 2018.

16. Joseph E. Stiglitz. New Theoretical Perspectives on the Distribution of Income and Wealth among Individuals [M]. 关于住房在其中扮演作用的讨论，可参见以下文献。Matthew Rognlie. Deciphering the Fall and Rise in the Net Capital Share: Accumulation or Scarcity? [J]. *Brookings Papers on Economic Activity*, 2015, 46(1)：1-69. Thomas Piketty. Capital in the Twenty-First Century [M].

17. 年复一年地获得某种租金的权利具有市场价值，这使得租金开始资本化。因此，垄断权将使其所有者年年获利。所有者可以出售那部分现金流，其价值在当今被称为资本化的租金（原始资本）。

18. Mordecai Kurz. On the Formation of Capital and Wealth: IT, Monopoly Power and Rising Inequality. Stanford Institute for Economic Policy Research Working Paper, 2017, 17(016).

19. 在 20 世纪中叶的资本社会中，具有市场势力的企业与工会工人分担了垄断租金。而在 21 世纪的资本社会中，平均而言企业不仅可能拥有更多的市场力量，工人所分摊的租金也较少。企业的股东，尤其是管理者，已经将收益分配给了自己，这导致了不平等程度的加剧。这些变化也对生产力产生了影响，因为有一些目光短浅的管理者未受工会的约束，减少了对工人的资本投入，甚至对企业的未来也没有进行足够的投资。高层人士为自己谋取更多租金，可能会对底层的士气产生影响。为避免这种情况，企业可能会 "垂直解体"，外包如清洁服务等低价服务。拿高薪的人越来越有可能在高薪企业和其他高薪群体中工作，而对于低薪工人而言，也越来越有可能在低工资的地方工作。Song et al. Firming Up Inequality. Card et al. Firms and Labor Market Inequality. Furman, Orszag. A Firm-Level Perspective on the Role of Rents in the Rise in Inequality.

20. Benefits of Competition and Indicators of Market Power. Council of Economic Advisers Issue Brief, 2016. 该报告指出"一些指标表明,许多经济部门的竞争可能正在减少,由于数十年以来形成新业务的速度的下降及特定行业集中度的提高。最近的数据还显示,盈利能力最强的企业的回报率可能有所上升。如果利润超过企业的成本,则租金可能存在,即生产要素的回报率超过维持生产要素运转所必需的水平。这种租金可能会转移消费者的资源,扭曲投资和就业决策,并鼓励企业从事寻租活动"。

　　即使是通常相对保守的杂志《经济学人》(The Economist)也敲响了警钟,指出"1997 ～ 2012 年,每个行业排名前 4 的企业的加权平均占有额已从 26% 上升到 32%"。它指出,不集中的部门的收入正在下降,而集中的部门的收入却在上升。Too Much of a Good Thing: Profits Are Too High. America Needs a Giant Dose of Competition. 2016, 3(026).

　　一系列文献指出了在劳动力市场中雇主之间缺乏竞争的后果。José Azar, Ioana Marinescu, Marshall Steinbaum. Labor Market Concentration. NBER Working Paper, 2017(12):24147. José Azar, Ioana Marinescu, Marshall Steinbaum, Bledi Taska. Concentration in US Labor Markets: Evidence from Online Vacancy Data [R]. IZA DP, 2018(3):11379. Arindrajit Dube, Jeff Jacobs, Suresh Naidu, Siddharth Suri. Monopsony in Online Labor Markets. NBER Working Paper, 2018(3):24416 Efraim Benmelech, Nittai Bergman, Hyunseob Kim. Strong Employers and Weak Employees: How Does Employer Concentration Affect Wages?. NBER Working Paper, 2018(2):24307.

21. Gustavo Grullon, Yelena Larkin, Roni Michaely. Are US Industries Becoming More Concentrated? [OL]. http://finance.eller.arizona.edu/sites/finance/files/grullon_11.4.16.pdf. 根据弗曼和欧尔萨格的研究 1997 ～ 2012 年,在可获得数据的 13 个主要行业中,有 12 个行业的市场集中度有所提高。他们引用了一系列微观层面的研究,包括航空旅行、电信、银行和食品加工行业。这些研究都是集中度更高的证据。Furman, Orszag. A Firm-Level Perspective on the Role of Rents in the Rise in Inequality. Card et al. Firms and Labor Market Inequality. Gustavo Grullon, Yelena Larkin, Roni Michaely. Are US Industries Becoming More Concentrated.

22. 并不需要感到奇怪,因为拥有更多市场力量的企业可以获得更高的回报。弗曼和欧尔萨格指出，集中度提高可能会导致大企业的回报率越来越高，现在最赚钱的企业（排前 10% 的企业）的规模是中层的 6 倍，这一差异是 1990 年的 2 倍之多。Furman, Orszag. A Firm-Level Perspective on the Role of Rents in the Rise in Inequality. Furman, Orszag. Slower Productivity and Higher Inequality: Are they Related?. Peterson Institute for International Economics, Working Paper, 2018, 18(4). 应该注意的是，并不是所有的经济学家都认为集中度和盈利能力之间存在紧密联系。实际上，一些研究表明，利润与集中度之间并没有很强的关联，平均集中度也没有上升（如经济顾问委员会的报告《竞争的好处和市场力量的指标》）。即便如此，仍然存在一个有力的假说，即竞争越弱，企业议价能力越强（如下所述），利润越高（表现为 GDP 占比和 ROE）。稍后，我们将解释为什么在某些行业中，即使集中度增加，利润率也会下降，但这些都只是例外情况。

23. De Loecker, Eeckhout. The Rise of Market Power and Macroeconomic Implications. 市场集中度也与经济投资减少有关。Germán Gutiérrez, Thomas Philippon. Declining Competition and Investment in the U. S. NBER Working Paper, 2017：23583. 这也可能与资本需求下降导致的长期利率下降现象有关。Ricardo J. Caballero, Emmanuel Farhi, Pierre-Olivier Gourinchas. Rents, Technical Change, and Risk Premia Accounting for Secular Trends in Interest Rates, Returns on Capital, Earning Yields, and Factor Shares [J]. *American Economic Review*, 2017,107(5)：614-20.

24. 这是资本回报，与善意无关。Tim Koller, Marc Goedhart, David Wessels. Valuation: Measuring and Managing the Value of Companies/McKinsey & Company [M]. Hoboken, NJ: Wiley, 2015. 正如下文指出的，美国政府债券的收益减少，并且随着风险管理技术的提高，资本收益也在增加，这为租金上涨的假设提供了有力的支持。应注意资本回报包括垄断（寡头）租金。在经济学术语中，不应将其视为资本边际产品。其中特别引人注目的是最高收益水平，排名前 10% 的企业的平均回报率超过 80%。Furman, Orszag. A Firm-Level Perspective on the Role of Rents in the Rise in Inequality.

25. Matt Kranz. 6 percent of Companies Make 50 percent of U.S. profit [N]. *USA Today*, 2016-03-02.

26. America's Concentration Crisis: An Open Markets Institute Report [OL]. Open Markets Institute, 2018-11-29. https://concentrationcrisis.openmarketsinstitute.org.

27. *The Economist*, 2016-03-26.

28. 一般来说，重要的是边际成本。

29. 尽管有这样的假设，但情况未必一定如此。与亚马逊的竞争迫使零售业合并，但是即使进行了这种合并，实体零售行业的利润率仍然很低，破产情况依然屡见不鲜。当市场中只有少数几家企业时，它们通常会默契地相互勾结。尽管这种默契的勾结很难被证明，但往往可以较为容易地从较高的定价中确定其影响。

30. 当然，在某些情况下，企业的市场力量可能是巨大的：就如同在沙漠中拥有绿洲中的水源。没有水就没有人能生存，而能够控制其价格的人可能会强行制定高价。那些在冰箱出现之前，控制其他能保存食物的非必需品（如盐）的人，也可以制定高价。美国政府清楚地知道这一点，因此经常推行公共垄断。至少在美国政府的控制下，可以从公共目的或制定一个价格上限中获得财富。

31. 2015 年《纽约时报》的系列报道显示在美国，强制仲裁小组（mandatory arbitration panel）在多大程度上歪曲了司法公正。Jessica Silver-Greenberg, Robert Gebeloff. Arbitration Everywhere, Stacking the Deck of Justice [N]. *New York Times*, 2015-10-31. 曾经有过这样的可怕故事：由于这些仲裁条款，养老院的工作人员发现他们自己或他们的父母不能得到赔偿。这些仲裁条款几乎渗入了所有雇用合同。

32. 尽管如此，最高法院还是裁定通过了签署仲裁条款，即放弃了对美国公共法律体系的审判权。Epic Systems Corp v. Lewis No. 16-285, 2018-05-21.

33. 这些技术（如 FUD）在不影响现有企业的情况下提高了其竞争对手的生产成本。这是在产品周围制造护城河的典型方法。该理论在早前就已经有学者研究过。Thomas G. Krattenmaker, Steven C. Salop. Competition and Cooperation in the Market for Exclusionary Rights [J]. *American Economic Review* 1986, 76(2)：109-13. Steven C. Salop, David T. Scheffman. Raising Rivals' Costs [J]. *American Economic Review*, 1983, 73(2)：267-71.

34. 即使是老牌企业有时也会遇到麻烦，专利有时并非由大企业持有，而是由所谓的"专利流氓"持有：这些企业的主要业务模式不是创新并且将自己所拥有的专利推向市场，而是专利侵权诉讼。这种情况曾发生在黑莓，它曾经是美国领先的移动电话企业之一，经过长期的诉讼后，它不得不支付 6.12 亿美元以继续提供通信服务，不管它涉嫌侵犯的专利最终是否有效。对于初创企业而言，这样的情况更加令人生畏。例如，Vlingo 是从事语音识别技术的初创企业，但是它受到一家规模更大的企业 Nuance 提起的一系列诉讼的打击。最终，Vlingo 同意被 Nuance

收购，但这是在其支付 300 万美元的法律费用之后才进行的，尽管 Vlingo 赢得了第一场诉讼（总共 6 个诉讼）。Charles Duhigg, Steve Lohr. The Patent, Used as a Sword [N]. *New York Times*, 2012-10-07. Colleen V. Chien. Patent Assertion and Startup Innovation. Santa Clara University of Law Legal Studies Research Paper Series, 2013：26-13.

35. 芝加哥学派经济学家为这些反竞争做法辩护，称这些限制只是有效竞争在双面市场中的自然方式。根据这些经济学家的说法，双向市场只是今天的"聚会场所"，通常是一个电子平台，可供两方代理进行互动。信用卡使客户和商店联系在一起。这些经济学家认为，法院不应干预市场运作。但是，将这些论点称为忽视市场的实际运作都太过轻描淡写了。不过，通过这些论点，他们仍然成功地说服了一些法院，甚至让美国最高法院在一项五比四的裁决中做出了让步，以便企业继续滥用市场势力。Benjamin E. Hermalin, Michael L. Katz. What's So Special About Two-Sided Markets? Martin Guzman, ed. Toward a Just Society. New York：Columbia University Press, 2018：111-130.

36. 合同条款相当反竞争，即便是一家市场份额很小的企业（如 Discover Card）也能够制定远超其成本的高昂价格。澳大利亚禁止了这些合同，结果信用卡企业向商家收取的费用降低了（这降低了信用卡企业的利润，市场竞争更加激烈。

37. 这也意味着其他消费者，如支付现金的那些，会遇到更糟的情况。

38. 类似的情况，占市场主导地位的航空企业预订系统 Sabre，被裁定使用类似的合同条款限制竞争是不合法的。其向航空企业收取的费用远远高于计算机预订系统提供服务的费用。这些合同规定扼杀了新资本的注入和创新的产生。它甚至禁止航空企业引导客户使用便宜得多的在线预订系统，也禁止其绕过 Sabre 收取的巨额费用向使用该系统的客户提供折扣。US Airways Inc. v. Sabre Holdings Corp et al. U.S. District Court, Southern District of New York, No. 11-cv-2725.

39. King Drug Company v. Smithkline Beecham Corporation. United States Court of Appeals for the Third Circuit, 2014(14)：1243. 最高法院后来拒绝审查该裁决。FTC v. Actavis, Inc. Supreme Court, 2013(12)：416.

40. 例如，他们等到专利到期才引入该药物的定时释放版本。发行版本无法获得专利——人们只能在非显而易见的创新上获得专利，在这一点上，现有药物的定时释放版本显而易见不合理。印度已经意识到了这一点，这令美国非常恼火。美国政府通常会协助大制药厂禁止仿制药，在所谓的"数据专有性"中，通过限制使用原始药物数据来评估仿制药的安全性和有效性。

41. 在第 6 章中，我们提供了几个关于此类先发制人的示例。

42. 经济发展可能会导致更高的市场集中度，可能还存在其他原因。第 6 章讨论大数据如何引起自然垄断，这可能会导致像谷歌和亚马逊这样的企业比其他企业更具优势。在这种情况下，竞争很难发挥作用。因此，这种情况不会发生。

43. 因此，在 20 世纪中叶，美国有三个占统治地位的主要生产商（通用汽车、克莱斯勒和福特）和几家小企业（斯图贝克、纳什漫步者）。如今，美国这三大汽车生产商面临着来自日本、韩国、德国和意大利等国的多家汽车生产商的激烈竞争。

44. 另一种观察市场标准竞争的方式不可行，是因为其观察价格是否等于边际成本（生产一单位额外产品的额外费用）。根据标准竞争理论，这些行业无法生存。

45. 讽刺的是，游戏规则的改变直接或间接地促使企业拥有更多的市场力量，并且经济不景气、不平等现象加剧，会降低最高税率，正如我们在前面所提到的那样。较低的税率可能会鼓励寻租行为，即企业试图不通过生产更好的产品来增加利润，而是通过如获得美国政府青睐等行为。Piketty, Saez, Stantcheva. Optimal Taxation of Top Labor Incomes. 2017 年税收法案说明了一个相关现象：企业税降低有利于使企业的资助者成为执政党。当条款相较于某些企业更有利于相对的另一些企业，就会产生逃税的风险，从而扭曲经济，并降低整体效率。

46. 美国市场集中度提高了，而欧洲市场集中度没有提高，这一事实表明关键之处在于政策而非技术。部分学者将其中的差异归结于反托拉斯法规。Gutiér rez, Philippon. How EU Markets Became More Competitive than US Markets: A Study of Institutional Drift. NBER Working Paper, 2018：24700。

47. 也就是说，这导致国民收入水平降低（并且使更多的国民收入流向垄断者手中）。此外，市场势力的提高也导致经济增长放缓，其中部分原因在于随着竞争的减弱，进行创新的主动性可能会被降低；具有市场势力的人所形成的进入壁垒阻碍了其他创新者的进入；研究资金更多地被用于维持和增强市场力量，而非更好的利用方式。价格歧视（向不同客户收取不同的价格，一种数字经济的增长特征，即企业使用其在每个美国人身上收集的数据来确定人们愿意支付多少）正如第 6 章讨论的那样，导致了进一步的扭曲。

48. Aggregate Productivity and the Rise of Mark-Ups. *Vox*, 2017-12-04. David R. Baqaee, Emmanuel Farhi. Productivity and Misallocation in General Equilibrium, NBER Working Paper, 2018：24007.

49. 约翰·霍尔蒂万格及其合作者在细节上的研究有力证明了这一点。Ryan Decker, John Haltiwanger, Ron S. Jarmin, Javier Miranda. The Secular Decline in Business Dynamism in the US. manuscript, 2014. John Haltiwanger, Ian Hathaway, Javier Miranda. Declining Business Dynamism in the U.S. High-Technology Sector. Kauffman Foundation, 2014. Ryan Decker, John Haltiwanger, Ron S. Jarmin, Javier Miranda. The Role of Entrepreneurship in US Job Creation and Economic Dynamism [J]. *Journal of Economic Perspectives*, 2014, 28(3)：3-24. Ian Hathaway, Robert E. Litan. Declining Business Dynamism in the United States: A Look at States and Metros. Brookings Papers, 2014. OECD 的数据显示，美国不是表现最差的国家，但是与美国的预期相反，也远非表现最好的国家。Chiara Criscuolo, Peter N. Gal, Carlo Menon. The Dynamics of Employment Growth: New Evidence from 18 Countries. OECD, Science, Technology and Industry Policy Papers, 2014-05-21(14).

　　弗曼和欧尔萨格就美国经济活力下降的情况提供了进一步的证据，一部分原因是竞争减少。Furman, Orszag. Slower Productivity and Higher Inequality: Are they Related? Furman, Orszag. A Firm-Level Perspective on the Role of Rents in the Rise in Inequality.

50. 弗曼和欧尔萨格还指出，尽管大企业的回报似乎很高，但其投资却减少了，其中的部分原因也是竞争减少。Furman, Orszag. A Firm-Level Perspective on the Role of Rents in the Rise in Inequality. Furman, Orszag, Slower Productivity and Higher Inequality: Are They Related? 部分学者同样发现了相较于盈利能力和估值指标，如今美国投资疲软，缺乏竞争，充斥着短期主义（Guticrrez, Philippon, 2017）。这些发现与下面将会简要讨论的企业治理问题有关，是两个至关重要的解释。Germán Gutiérrez, Thomas Philippon. Investment-less Growth: An Empirical Investigation [OL]. 2017-09. New York University and Brookings, https://www.brookings.edu/wp-content/uploads/2017/09/2_gutierrezphilippon.pdf. 当然，投资疲软也会对总需求产生不利的影响，特别是在 2008 年金融危机之后的时期中。这一点至关重要，因为总需求是制约经济的关键因素。Shares of Gross Domestic Product: Gross Private Domestic Investment [OL]. St. Louis FRED (2018-07-17). https://fred.stlouisfed.org/series/A006RE1Q156NBEA#0.

51. 普林斯顿：普林斯顿大学出版社。这就像互联网上的一些不良行为者利用网络电话进行诈骗一样，寻找可以诱骗入陷阱中的受害者。

52. 这一问题引起了奥巴马政府的关注。CEA Issue Brief. Labor Market Monopsony: Trends, Consequences, and Policy Responses, 2016(10).

53. Alan Manning. Imperfect Competition in Labour Markets [J]. *Handbook of Labor Economics*, eds. Orley Ashenfelter, David Card. vol. 4. Amsterdam：North-Holland, 2011. John Schmitt. Why Does the Minimum Wage Have No Discernible Effect on Employment? [M]. CEPR Publication, 2013.

54. 在许多情况下，如快餐店的工人，法律条款上没有关于其泄露或交易商业机密，丢失内部信息的适用经济准则。克鲁格和波斯纳发现，四分之一的美国人在其职业生涯中曾面临非竞争或不挖角协议条款，它们通常适用于无权无势的人。A Proposal for Protecting Low-Income Workers from Monopsony and Collusion [J]. *The Hamilton Project Policy Proposal*, 2018(5).

55. Smith, *An Inquiry into the Causes of the Wealth of Nations.*

56. 最近一项研究表明"在每周工作超过 40 小时的时薪制员工中，19% 的员工加班费低于'相当于平时 1 倍半工资'的加班费标准"。Susann Rohwedder, Jeffrey B. Wenger. The Fair Labor Standards Act: Worker Misclassification and the Hours and Earnings Effects of Expanded Coverage. Rand work paper, 2015-08-07.

57. 最有说服力的证据之一来自最近对在线劳动力市场所进行的计量经济学研究。人们原本以为买方垄断几乎不存在，然而证据所显示的结果却正好相反。Dube, Jacobs, Naidu, Suri. Monopsony in Online Labor Markets. Azar et al. Concentration in US Labor Markets: Evidence from Online Vacancy Data. 在劳动力市场上普遍存在的种族、民族和性别歧视方面，美国也存在雇主市场势力的证据。按照竞争理论来说，这种歧视本该是不存在的。但是任何有眼睛的人都能看到这些歧视存在的证据，而这种存在本身就证明了普遍人相对于雇主而言缺乏势力。

58. 许多因素反过来为削弱工会做出了贡献。游戏规则和市场结构的变化，这些都使得工会组织的运作更加困难。有许多因素在这些变化中产生了相互影响的作用。全球化，按照它的结构方式，削弱了工会为工人争取加薪的能力，而这种有效性降低了的现状也导致工会会员减少。工会领袖有时不能充分反映和满足其会员的利益需求，这种情况被称为委托人问题——这是在信息、问责制不完善的情况下，所有组织都可能会发生的情况。

59. 亚历山大·赫特尔 - 费尔南德斯在工会衰落、不平等加剧及这些趋势与政治之间的关系方面进行了有趣的研究。Alexander Hertel-Fernandez. Politics at Work: How Companies Turn Their Workers into Lobbyists [M]. New York：Oxford University Press, 2018.

60. 普遍来说，管理工会的规则将决定其获得会员和收取会费的难易程度，而赢得选举的可能性则决定其是否有权代表工厂的工人，以及如何为保障工人权益进行谈判。传统上，雇主不仅会解雇那些被确定有组建工会行为的工人，而且还会将他们列入黑名单，这将致使他们在别处找不到工作。今天，这种行为是非法的。但是总会存在许多微妙的合法或非法的方式，使雇主尝试阻止工会运作。国家劳工关系委员会负责监督、解释并执行劳工法律和法规。康涅狄格大学的马克·施特尔茨纳证实工人地位下降在很大程度上是一些关键规则及其解释发生变化的结果，这对工会的运作起着不利的作用。Mark Stelzner. The New American Way——How Changes in Labour Law Are Increasing Inequality [J]. *Industrial Relations Journal*, 2017, 48(3)：231-55.

工会在减少工资不平等方面也发挥了重要作用，因此工会被削弱自然与不平等现象的加剧有着密切关联。David Card. The Effect of Unions on Wage Inequality in the U.S. Labor Market [J]. *Industrial and Labor Relations Review*, 2001, 54(2): 296-315. 美国不平等状况加剧的原因之一就是工会较为弱势。Era Dabla-Norris, Kalpana Kochhar, Nujin Suphaphiphat, Frantisek Ricka, Evridiki Tsounta. Causes and Consequences of Income Inequality: A Global Perspective. IMF Staff Discussion Note No. 15/13 (Washington, DC：International Monetary Fund, 2015). Florence Jaumotte, Carolina Osorio Buitron. Inequality and Labour Market Institutions. IMF Staff Discussion Note No. 15/14 (Washington, DC：International Monetary Fund, 2015).

2018 年 6 月，最高法院在杰纳斯诉美国州、县和市级雇员联合会的裁决中，剥夺了公共部门工会向非工会会员收取会费的权利。这一裁决迫使工会不得不将更多的精力投入筹款和挽留会员方面，这些措施削弱了其参与其他活动的能力，包括旨在提高工人生活水平的政治活动。James Feigenbaum, Alexander Hertel-Fernandez, Vanessa Williamson. From the Bargaining Table to the Ballot Box: Political Effects of Right to Work Laws. NBER Working Paper, 2017：24259.

由于篇幅所限，本书无法完整阐述恢复工人市场势力和政治权力的整个议程——除了推翻旨在破坏它的法律。经济的变化、服务业的发展、制造业的萎缩、零工经济的发展，都增加了挑战。Brishen Rogers, Kate Andrias. Rebuilding Worker Voice in Today's Economy. Roosevelt Institute, 2018 Kate Andrias. The New Labor Law. *Yale Law Journal*, 2016, 126(1).

61. 更多关于工会在确定工资中作用的讨论，可参见以下文献。Henry S. Farber, Daniel Herbst, Ilyana Kuziemko, Suresh Naidu. Unions and Inequality Over the Twentieth Century: New Evidence from Survey Data. NBER Working Paper, 2018 : 24587.

62. 他的观点是，当时（现在也同样）竞争激烈的市场无法完善地展示经济状况。无处不在的市场力量让大型工会和大型企业相互制约，使得系统得以良好运转。

63. 近年来，升级反托拉斯法案的决议引起了学术界和决策者的极大兴趣。Tim Wu. Antitrust in the New Gilded Age. Columbia Business School Global Reports, 2018. Marshall Steinbaum. Crossed Lines: Why the AT&T-Time Warner Merger Demands a New Approach to Antitrust, 2017-02-02. Airline Consolidation, Merger Retrospectives, and Oil Price Pass-T hrough, 2018-04-06. It's Time for Antitrust to Take Monopsony Seriously, 2017-10-17. A Missing Link: The Role of Antitrust Law in Rectifying Employer Power in Our High-Profit, Low-Wage Economy, 2018-04-16. Marshall Steinbaum, Eric Harris Bernstein, John Sturm. Powerless: How Lax Antitrust and Concentrated Market Power Rig the Economy Against American Workers, Consumers, and Communities, 2018-03-27. Adil Abdela. Market Concentration and the Importance of Properly Defined Markets, 2018-04-23. Joseph E. Stiglitz. Towards a Broader View of Competition Policy [J]. *Competition Policy for the New Era: Insights from the BRICS Countries*, eds. Tembinkosi Bonakele, Eleanor Fox, Liberty Mncube (Oxford: Oxford University Press, 2017). Lecture presented to the 4th BRICS International Competition Conference, Durban, 2015. Joseph E. Stiglitz. America Has a Monopoly Problem——and It's Huge [N]. *Nation*, 2017-10-23. Barry Lynn's Open Markets Institute 网站：https://openmarketsinstitute.org/。巴里·林恩曾是隶属美国新基金会的学者，但他声称，由于他对欧盟在为限制谷歌所做出的反垄断裁决表示了赞赏，他和他的团队迫于谷歌的压力离开了基金会。Barry Lynn. I Criticized Google. It Got Me Fired. That's How Corporate Power Works [N]. *Washington Post*, 2017-08-31.

64. 实际上，早在弗里德曼之前，这些学说在芝加哥大学就已经十分有公信力了。但弗里德曼比其他任何人都更好地对此进行了普及，如他与妻子共同撰写的著作《自由选择》。

65. 举例来说，约30年前，我和帕塔·达斯古普塔证明了熊彼特关于垄断只是暂时的这一观点是错误的：垄断者有足够权力和动机来确保其市场力量持续存在。Dasgupta, Stiglitz. Uncertainty, Industrial Structure, and the Speed of R&D [J]. *Bell Journal of Economics*, 1980, 11(1)：1-28. 与其他同事一起，我们也证明了争夺垄断权的斗争未必会对熊彼特所设想的新情况产生积极影响，甚至恰恰相反，可能会对其起抑制作用。Kenneth J. Arrow. Economic Welfare and the Allocation of Resources to Invention. Drew Fudenberg, Richard Gilbert, Joseph E. Stiglitz, Jean Tirole. Preemption, Leapfrogging and Competition in Patent Races [J]. *European Economic Review*, 1983(22)：3-32. 格林沃尔德和我的最新研究结果进一步证实了这些结论，参见《增长的方法：学习型社会与经济增长的新引擎》，特别是其中的第5章和第6章。

　　芝加哥大学的阿诺德·哈伯格声称，垄断力量给消费者带来的损失是次要的（约占GDP的0.1%）。Arnold C. Harberger. Monopoly and Resource Allocation [J]. *American Economic Review*, 1954, 44(2)：77-87. 最近的研究表明，哈伯格将消费者所需要付出的代价低估了两个数量级。Baqaee, Farhi. Productivity and Misallocation in General Equilibrium. 哈伯格的结论在20世纪50年代是正确的，由之后不断增长的市场势力（以及连带的盈利的增加）——见本章上文所述内容，可以得知其理论当今已经不再成立。

66. 也就是说，在执行反托拉斯法案的过程中，有两种可能存在的错误类型：发现非竞争性行为具有竞争力，或发现竞争性行为不具有竞争力。他们将注意力集中在后者上。毕竟大体上，非竞争性行为存续的可能性是很低的。

67. 在布鲁克集团起诉布朗和威廉姆斯烟草企业的案例中，最高法院似乎接受了这个论点。那时，一些论点被芝加哥律师首先提出，罗伯特·博克、诺贝尔经济学奖得主威廉姆森等经济学家对此进行了抨击。Review of The Antitrust Paradox: A Policy at War with Itself by Robert H. Bork [J]. *University of Chicago Law Review*, 1979, 46(2)：10. 此后经济理论的发展进一步证实了这些结论。十分讽刺的是，与此同时，美国却给大家在本国胜诉掠夺性定价的官司制造困难，但是当碰上国外企业进行不公平贸易活动时，即定价低于成本价，打赢类似的官司却很容易。

68. 如今，诉讼的费用由原告承担（声称其所起诉者行为不当的一方）。这表明反竞争的影响大于效率的提高，基于市场运作良好且具有竞争力的假设。所以看似反竞争的东西实际上很可能可以提高市场竞争性。

69. 因此，当谷歌直接进行销售时，就将与使用谷歌营销产品的广告客户存在利益冲突。这种利益冲突情况在亚马逊更为普遍。本书将在之后进一步讨论由新平台引起的其他监管问题，其对美国经济构成的挑战，包括对竞争的挑战，超出了美国所能应对的范围。Lina M. Khan. Amazon's Antitrust Paradox [J]. *The Yale Law Journal*, 2017, 126(3).

70. 同样应该对确定市场势力的一些常规程序进行改变。通常，如果原告声称被告违反了反托拉斯法案，则将会被要求证明被告具有很大的市场份额。然而，如果以被告没有很大的市场份额作为前提，则根本无法出现反竞争行为。从理论上讲，这是错误的。但从实际上看，情况要更糟——建立相关的市场通常很困难。当市场势力（高定价、价格歧视、超额收益、霸王条款，应该是不可接受的）的直接证据存在时，这已经足够作为证明。Wu. Antitrust in the New Gilded Age.

71. Costly Choices for Treating Wilson's Disease [J]. *Hepatology* 61, 2015(4)：1106-8. 社论指出，默克公司20年来一直将成本保持在威朗制药的1%的一半左右。

72. 在收购达拉匹林之后，图灵药业将这种有62年历史，专利在2015年过期的药物的价格从每片13.50美元提高到了每片750美元。Andrew Pollack. Drug Goes from $13.50 a Tablet to $750, Overnight [N]. *New York Times*, 2015-09-20.

73. 同样，如果股价涨幅超过对应的利润水平，这表明增强的市场势力可能是合并或收购的重要驱动力。还需要对合并进行仔细的审查，一个值得被重视的威胁是，如果合并导致股价上涨，而承诺的则是下降，那么合并可能不会被完成。

74. 第6章介绍了如何对网络中立进行规定以避免互联网企业因利益冲突而滥用市场势力。

传统来说，反托拉斯关注行业内的合并，并且假定纵向合并不是反竞争的。但是，随着人们认识到在许多市场中竞争是有限的，垂直合并现在被认为具有"水平"效应，并能进一步减少竞争。芝加哥学派的持续影响起始自市场具有基本竞争力的推论，可以在最近的法院判决中看到其存在。例如，允许AT&T和时代华纳合并（目前正在上诉中）。Brief for 27 Antitrust Scholars as Amici Curiae in Support of Neither Party. United States Of America, Plaintiff- Appellant, v. AT&T Inc. Directv Group Holdings, LLC. Time Warner Inc. Defendants-Appellees. United States District Court for the District of Columbia, No. 1:17-cv-2511 (Hon.

Richard J. Leon). United States Court of Appeals for the District of Columbia Circuit, Document: #1745344, 2018-08-13.

75. 这是一个有关对个人有益的情况可能会对经济和社会不利的例子。规避风险的初创企业所有者满足于其努力获得的合理报酬，而未去承担未来市场的不确定性风险。但是维持市场竞争激烈才能保证社会的基本利益。

76. 特别是反竞争和反挖角规定。

77. 第 6 章将讨论一些更具创新性的方法。

78. 在欧洲，关于在各个国家维持公平的竞争环境存在很多问题，因此其禁止以任何形式提供的国家援助，包括通过亚马逊寻求税收优惠。

79. Joseph E. Stiglitz. Economic Foundations of Intellectual Property Rights [J]. *Duke Law Journal*, 2008(57)：1693-1724. Claude Henry, Stiglitz. Intellectual Property, Dissemination of Innovation, and Sustainable Development [J]. *Global Policy* 1, 2010(1)：237-51.

80. 1998 年的《版权期限延长法》将版权延长到作者寿命加上 70 年，并将企业著作权延长到从首次出版之日起的 95 年，或者从创作之日起 120 年，以先到期者为准。标准经济理论表明，这些规定对创造新的知识产权几乎没有激励作用，但是很明显，一旦像米老鼠一样经久不衰的产物被创造出来，它就会大大增加需要被支付的租金。

81. 第 6 章将进一步讨论这个例子。

82. Declaration of Joseph E. Stiglitz and Jason Furman [OL]. United States Department of Justice, Civil Action No 98-1232 (CKK), Civil Action No 98-1233. https://www.justice.gov/sites/default/files/atr/legacy/2002/06/05/mtc-00030610c.pdf.

83. Andrea Prat. Media Power [J]. *Journal of Political Economy*, 2018, 126(4)：1747-83. Andrea Prat. Media Capture and Media Power [J]. *Handbook of Media Economics*, eds, 2015. Simon Anderson, Joel Waldfogel, David Stromberg. vol. 1b. Amsterdam：North-Holland, 2015. Timothy Besley, Andrea Prat. Handcuffs for the Grabbing Hand? The Role of the Media in Political Accountability [J]. *American Economic Review*, 2006, 96(3)：720-36.

84. 经济学家说，信息是一个在没有政府支持的情况下，市场经济会供应不足的公共产品。活跃的媒体不仅对广告客户和消费者有好处，而且对整个社会来说也一样，不仅仅是通过使人民了解更多。媒体在监督政府和遏制腐败方面发挥着重要作用。

85. 在辛克莱广播电视集团的案例中，在收购了全国各地的电视台之后，其节目发生了变化，转变为高度保守的内容。Sheelah Kolhatkar. The Growth of Sinclair's Conservative Media Empire [N]. *The New Yorker*, 2018-10-22.

86. 还有一个需要通过更高标准来判断市场势力的领域是金融。在经济中，大型银行和其他金融机构可以发挥与其规模不相称的力量。

87. Vincent Larivière, Stefanie Haustein, Philippe Mongeon. The Oligopoly of Academic Publishers in the Digital Era [OL]. *PLoS ONE*, 2015, 10(6)：e0127502, https://doi.org/10.1371/journal.pone.0127502.

88. 过去半个世纪的研究已经发现了大量市场失灵的证据，即市场无法产生有效作用的情况，包括不完善的风险与资本市场，以及不完美和不对称的信息。在本章（更广泛地讲，本书）中，我将专注于其中一种市场失灵——缺乏竞争，因为我认为这对研究经济所面临的弊病至关重要。

89. 在过去 40 年中，美国 CEO 的薪酬大幅增加，并且比其他发达国家的要多得多。就生产力而言，这种程度的补偿金标准是不合理的——美国的 CEO 没有比其他地方的 CEO 做出了更多的贡献，或者说与 40 年前相比今天劳动生产率相对更高。2017 年排名前 350 的企业中 CEO 的平均薪酬是其员工平均薪酬的 300 倍以上，高于 1965 年的 20 倍。Lawrence Mishel, Jessica Schieder. CEO Compensation Surged in 2017, Economic Policy Institute [OL]. (2018-08-16). https://www.epi.org publication/ceo-compensation-surged-in-2017/. 相比之下，挪威 CEO 的薪酬仅为普通员工的 20 倍。美国 CEO 薪酬比世界上其他任何国家都高，远远超过了美国北方的邻国加拿大。Anders Melin, Wei Lu. CEOs in U.S., India Earn the Most Compared with Average Workers [J/OL]. *Bloomberg*, (2017-12-28). https://www.bloomberg.com/news/articles/2017-12-28/ceos-in-u-s-india-earn-the-most-compared-with-average-workers.

90. 我将在第 8 章中对此进行详细说明。

91. 无助感对健康有多种影响，如抑郁症的患病率更高。斯坦福大学的一项研究表明，它也具有重大的政治影响。Jojanneke van der Toorn, Matthew Feinberg, John T. Jost, Aaron C. Kay, Tom R. Tyler, Robb Willer, Caroline Wilmuth. A Sense of Powerlessness Fosters System Justification: Implications for the Legitimation of Authority, Hierarchy, and Government [J]. *Political Psychology*, 2015, 36(1).

92. 集体诉讼代表一大群人（如 Microsoft 程序的购买者）受到了剥削和非法商业行为
　　的伤害。没有哪个单独的个体可能或将会提起诉讼——每个人受到的"损失"可
　　能只有几百或数千美元，不足以支付可能需要投入数百万美元的律师费用。但总
　　体而言，损失可能是巨大的。商界开展行动使得提起此类诉讼更加困难，因为其
　　清楚地知道，只要没有集体诉讼，它们基本上不会被受侵害者起诉。

93. 松等人在纠正不平等中表明，企业内部工资差异的增加在加剧工资不平等方面起
　　着重要作用，尽管不及企业之间的差异增加得那么大。如前文所述，这在很大程
　　度上是由企业技术构成的变化造成的。

94. 例如，限制企业领导者权力的措施可能包括要求披露高管薪酬与普通员工薪酬的
　　比率及向股东披露执行股票期权的价值或在确定高管薪酬方面给予股东更多发言
　　权。即使是这些温和的（并不令人惊讶的）改革，也遭到了来自企业高管的巨大
　　阻力，他们担心这将导致高管薪酬面临下行压力。

　　　　最近，另外一个引起关注的尝试是激励企业减少对 CEO 和高管的薪酬，通
　　过为这些企业提供较低的企业所得税或以更高的税率对补偿本身征税。至少，应
　　取消鼓励股票期权的特殊税收规定。

　　　　关于这些问题及可能措施更广泛的讨论，可参见《不平等的代价》和《咆
　　哮的 90 年代》。投资者西尔伯斯坦推动了加利福尼亚州将企业税率与 CEO 薪酬
　　挂钩的立法，但到目前为止尚未取得成功。Gary Cohn. Overcompensation: Tying
　　Corporate Taxes to CEO Pay [J]. *Capital & Main*, 2014. 在过去几年中，出现了
　　许多畅销书，这些书主要关于美国的激励性薪酬制度，或者更广泛地说，企业
　　治理体系。Steven Bavaria. Too Greedy for Adam Smith: CEO Pay and the Demise
　　of Capitalism [M]. 2nd ed. Chestnut Ridge：Hungry Hollow Books, 2015. Michael
　　Dorff. Indispensable and Other Myths: Why the CEO Pay Experiment Failed and
　　How to Fix It [M]. Berkeley：University of California Press, 2014. Steve Clifford.
　　The CEO Pay Machine: How it Trashes America and How to Stop it [M]. New
　　York：Blue Rider Press, 2017. Lynn Stout. The Shareholder Value Myth: How
　　Putting Shareholders First Harms Investors, Corporations, and the Public [M]. San
　　Francisco：Berrett-Koehler, 2012.

95. 本书强调了市场力量的作用——大型企业和 CEO 数量的增长，工人和消费者的
　　关键性，以及美国需要如何改写导致 CEO 和企业拥有更多权力，而工人和消费
　　者的权力却越来越少的市场经济的规则。但是，这些代表如果美国要实现更加

活跃和公平的经济，就必须对游戏规则进行更大的改变。参见《重构美国经济规则》。

第4章　美国在全球化上的内斗

1. 特朗普一再称其为"有史以来最糟糕的交易"。

2. 例如，1994年通过《北美自由贸易协定》（NAFTA），1995年成立世界贸易组织。还有许多其他双边贸易协定，如美国和智利及韩国之间的协定。

3. Daron Acemoglu, James A. Robinson. Why Nations Fail: The Origins of Power, Prosperity, and Poverty [M]. New York：Crown Business, 2013.

4. 长期以来，现代经济科学已经证明如果缺乏政府的积极干预，工资差异大的国家之间进行的贸易将导致发达国家的平均工资降低。它为实际上将会发生什么提出了充分的警告。Paul Samuelson, Wolfgang Stolper. Protection and Real Wages [J]. *Review of Economic Studies*, 1941, 9(1)：58-73. Samuelson. International Trade and the Equalisation of Factor Prices [J]. *Economic Journal*, 1948, 58(230)：163-84. 参见《重提全球化及其不满：特朗普时代的反全球化》《让全球化造福全球》。

5. David H. Autor, David Dorn, Gordon H. Hanson. The China Syndrome: Local Labor Market Effects of Import Competition in the United States [J]. *American Economic Review*, 2013, 103(6)：2121-68.

6. 这份全球化问题清单尚不完整。举例来说，全球化通常会增加风险，尤其是企业和家庭无法保证有能力应对的风险。更全面的讨论可参见《重提全球化及其不满：特朗普时代的反全球化》。

7. 相关条款包含在贸易协定中嵌入的投资协议中，如NAFTA的第11章。这些规定现已成为美国所有贸易协定的标准组成部分，尽管它们实际上有关投资而非贸易。这并不值得奇怪，因为这些协定应大企业的要求指定，而指定过程中不存在任何可能会对这些贸易协定表示反对的声音。

8. 法规变更时出现的投资价值下降被称为管制征收。国会和法院发现，美国企业无权获得管制征收的赔偿，但美国的投资协议规定了此类赔偿。企业可以直接起诉美国政府，这些争议可以由企业指定的三名仲裁员之一通过仲裁系统解决。该系统受到了公正的批评。Joseph E. Stiglitz. Regulating Multinational Corporations: Towards Principles of Cross-Border Legal Frameworks in a Globalized World Balancing Rights with Responsibilities [J]. *American University International Law*

Review, 2007, 23(3): 451-558. Grotius Lecture, 101st Annual Meeting of the American Society for International Law, Washington, DC, 2007-03-28. Towards a Twenty-first Century Investment Agreement. *Yearbook on International Investment Law and Policy 2015-2016*, eds. Lise Johnson, Lisa Sachs. New York: Oxford University Press, xiii-xxviii. http://ccsi.columbia.edu/files/2014/03/YB-2015-16-Front-matter.pdf.

9. 还有其他证据表明，全球化旨在提升企业利益，同时普遍以牺牲工人和社会利益为代价。共和党的全球化倡导者通常强烈反对援助贸易调整——对因全球化而无家可归者采取帮助以减少全球化造成的巨大损失。任何想要确保为全球化提供广泛长期支持的人，当然会想尽一切办法去减少那些遭受全球化之苦的人可能对此产生的反对。然而，美国的企业领导者更专注于较低工资的短期收益，以及议价能力增强导致的工作条件恶化。同样，知识产权条款的设计，特别是与药品有关的那些，以损害消费者和政府的利益为代价增加了企业的利润（这弥补了由此产生的较高的医药成本）。

10. 这被称为倒置。通常除了官方总部以外，几乎不会有其他变化。实际发生业务的地方保持不变。这些企业如此愿意搬家的事实表明，它们严重缺乏忠诚度——它们唯一真正的忠诚就是金钱和利润。如今，美国政府在国际论坛和贸易谈判中为自己的利益而奋斗，再次显示出竞选捐款的力量。制药企业最能说明问题所在：其提供了极少量的工作机会，通常它们是在中国而非美国进行制造。制药企业进行这些安排以尽可能少地纳税——作为避税策略的一部分，它们将专利转移到低税管辖区。然而，最近贸易协定的主要规定——也是最具争议性的，旨在为非专利药制造劣势，并为大制药厂赢得更高的利润。因此，美国人的利益实际上因药品价格上涨而受到损害了。就连奥巴马，这位为降低药费而感到自豪的总统，在TPP中也背叛了他的原则。

11. "这种竞争"还有许多其他形式。例如，银行表示除非放松监管，否则将把业务转移到其他地方。结果监管机构竞次，后果之一就是2008年的全球金融危机。

12. 税收只是影响企业所在地的众多变量之一，正如我们所指出的。如果只关注税收，那么被美国试图窃取工作机会的国家不做出回应，降低税收就将促使企业搬迁。如果它们降低税收，美国就没有优势。最终，这场竞争的唯一赢家是那些首先煽动了这场比赛的企业。

13. 有关某些证据和理论分析，请参阅第 1 章和第 9 章。其中解释了为什么这些税收措施没有带来其主张者所称的收益。

14. 部分原因是减税将产生大量赤字，由于该法案支持房地产投机活动，阻碍经济中最活跃部分的经济活动，尤其是在基础设施和教育方面的投资。标准模型表明国民总收入水平（由于要因为赤字融资，美国将不得不向国外借款，而且更高的国债收益率将挤出部分私人投资）在未来 10 年后，即 2027 年，可能会低于当前水平。感谢奥巴马的经济顾问委员会主席贾森·弗曼根据其与哈佛大学罗伯特·巴罗的合作成果进行的这些计算。

15. 有效企业所得税率为 18.6%。International Comparisons of Corporate Income Tax Rates. CBO, 2017-03-08. https://www.cbo.gov/publication/52419.

16. 当欧盟得知苹果与爱尔兰的秘密协议时，它命令苹果支付 130 亿欧元（略高于 145 亿美元）。

17. 这些秘密避难所被用于避税、洗钱及其他违法活动。国际调查记者联盟发布的两份珍贵文件披露了此事：一份叫作巴拿马文件，其中大部分来自 Mossack Fonseca 律师事务所；另一份叫作天堂文件，来自 Appleby 律师事务所。

18. 因此，很明显银行、企业及其富裕的客户将抵制对这些"避税天堂"的管制。同样，很明显这是可以做到的。"9·11"事件之后，美国开始担心不法分子将其用于恐怖主义活动，并成功地大大缩小了将"避税天堂"用于这些目的的可能性。实际上，当处理一些银行因涉嫌偷税漏税的巨额罚款时，美国在控制最严重和最极端情况的方面都取得了一些进展。但是，这些成功也表明美国可以而且应该做更多的事情。

19. 这种技术变化被称为"技术偏见"。20 世纪末，不平等的加剧在很大程度上被归咎于技术偏向导致的技术进步。但越来越多的人认为过去 20 年不平等加剧的原因中，技术进步只能占一小部分。甚至熟练的技术工人也有一段艰难时期。Piketty. Capital in the 21st Century [M]. John Schmitt, Heidi Shierholz, Lawrence Mishel. Don't Blame the Robots: Assessing the Job Polarization Explanation of Growing Wage Inequality. Economic Policy Institute, 2013-11-19.

　　还有一个更深层次的问题：对于那些缺乏技术的人，他们的失业率已经很高，而工资却很低，为什么美国的市场经济以增加失业率和降低工资的方式进行创新？创新系统产生了问题，并未根据实际的社会需求来指导研究——如从气候变化中拯救地球，而是加剧了现有的社会问题。

　　有一部可以追溯到 20 世纪 60 年代的古老而杰出的文学作品，其中解释了技术进步的方向是否提高了熟练或非熟练劳动力、资本或自然资源的生产率。Emmanuel M. Drandakis, Edmond S. Phelps. A Model of Induced Invention, Growth, and Distribution [J]. *Economic Journal*, 1966(76)：832-40. William Fellner. Two Propositions in the Theory of Induced Innovations [J]. *The Economic Journal*, 1961, 71(282)：305-8. Charles Kennedy. Induced Bias in Innovation and the Theory of Distribution [J]. *Economic Journal*, 1964, 74(295)：541-7. Paul A. Samuelson. A Theory of Induced Innovation along Kennedy-Weisäcker Lines [J]. *The Review of Economics and Statistics*, 1965, 47(4)：343-56. 最近，我试图解释为什么市场解决方案通常效率低下，过分忽视节约自然资源，过分强调节约劳动力，尤其是非熟练劳动力。2008 年后，货币政策加剧了这些问题，这降低了资本成本，使节省劳动力相对更具吸引力。

20. 当然，这也极大地加剧了不平等现象。David H. Autor, Alan Manning, Christopher L. Smith. The Contribution of the Minimum Wage to US Wage Inequality over Three Decades: A Reassessment [J]. *American Economic Journal: Applied Economics*, 2016, 8(1)：58-99. 后者发现，美国中等收入人群和收入最低的 10% 人群之间不平等程度的增加，约有三分之一是最低工资的实际价值下降所致。

21. 关税通过增加进口成本，阻碍贸易。还有许多其他规定会减少进口产品的竞争力。农产品经常被拒绝进口，因为它们不符合美国的"植物检疫条件"。下文将对欧洲关于转基因生物（GMO）的法规进行讨论，其同样也使美国小麦和玉米种植者难以向那里出口。这些规定中有许多是合理的——它们反映了对健康和安全的社会关注。但是其中一些规定主要是为了阻止进口，区分这两种情况通常很困难。

22. 尽管称该协定为伙伴关系本身存在误导作用，但是美国几乎规定了所有条款中的伙伴关系。长期以来，贸易协定的名称一直是误导人的。NAFTA 全称《北美自由贸易协定》，但它不是自由贸易协定。自由贸易协定应消除所有阻碍自由贸易的壁垒，包括补贴。美国保留了所有的大规模农业补贴。TPP 通常被认为是自由贸易协定，但其影响了众多行业的近 6000 页特定协定，这表明该协定和其他贸易协定更应被视为保护贸易协定。

23. 有一项研究发现了美国经济增长的负面影响。Jeronim Capaldo, Alex Izurieta, Jomo Kwame Sundaram. Trading Down: Unemployment, Inequality and Other Risks

of the Trans-Pacific Partnership Agreement. Global Development and Environment Institute working paper, 16-01. Tufts University, 2016. 倡导贸易自由化的人士发现，至少到 2030 年，贸易自由化的积极影响会比美国政府的更大，这或许并不令人意外。皮特里和普卢默（彼得森国际经济研究所）和世界银行都预估，到 2030 年，TPP 将使 GDP 每年增加 0.5%。World Bank Group. Global Economic Prospects: Spillovers amid Weak Growth. A World Bank Group Flagship Report [R]. Washington, DC：World Bank, 2016：219-34.

24. 在此，语言的运用值得注意：知识产权条款赋予知识专权与人权相似的地位——即使保护知识产权的结果是那些挽救生命的药品的价格被提高到发展中国家和新兴市场难以承受的价格。这否认了最基本的权利，即生存权。通过将其称为与贸易相关的知识产权，似乎使合法性被包含在贸易协定中，即使这些条款影响了商品的知识产权，无论其是否用于交易，即使已经有现存的国际机构制定知识产权的国际标准，如位于日内瓦的 WIPO（世界知识产权组织）。

尽管制药业是促进知识产权条款发展的主要动力，但也并非只有该行业。娱乐产业（电影）在制定与版权有关的规定方面起着特别重要的作用。可参阅前面提到的关于"米老鼠"的讨论。

25. 有趣的是，当美国退出 TPP 时，其余国家签署了另外的 TPP 贸易协定，现在被称为《跨太平洋伙伴关系协定》，它们放弃了美国一直坚持的、"有毒的"健康卫生条款。

26. 知识产权制度导致资金从发展中国家流失，并且使得新兴市场需要为使用知识产权付费。2016 年，美国从发展中国家收取的特许权使用费和许可费超过 170 亿美元（作者根据美国国际贸易委员会的数据计算得出）。

27. 传统知识包括与食品（一家美国企业获得了印度传统食品印度香米的专利）和药品（美国获得了在印度传统医学中众所周知的姜黄和印度楝树油的医学用途专利）有关的知识。《与贸易有关的知识产权协定》（TRIPS）和后续贸易协定中的类似规定也在其他方面对发展中国家产生了不利影响，包括与农业（种子）有关的规定。Mario Cimoli, Giovanni Dosi, Keith E. Maskus, Ruth L. Okediji, Jerome H. Reichman, Joseph E. Stiglitz. Intellectual Property Rights: Legal and Economic Challenges for Development [M]. Oxford：Oxford University Press, 2014.

28. 当特朗普最终弄清楚这一点时，他命令美国财政部长撤销美国信奉的"强势"美元的长期政策。当他阐明新政策时，美国汇率市场出现了混乱，但只是一小段时间。美国财政部长，甚至总统（甚至是一个受到重视的总统）的言辞通常在基础经济力量恢复主导地位之前，只会对市场产生短暂的影响。

29. 因此，2018 年 3 月，特朗普宣布针对某些国家出口的钢材征收 25% 的关税：这使想要从这些国家购买钢材的美国人支付的价格提高了 25%。

30. 财政赤字和贸易赤字通常相辅相成，这被称为双赤字。在少数情况下，由于经济方面的其他持续变化，这种情况并未发生。当美国在 20 世纪 90 年代降低财政赤字时，由于同时发生的投资热潮，贸易赤字并没有下降。

31. 不管有没有新的贸易协定，在数量有限的利基市场，随着 3D 打印等新技术让一些生产活动更接近消费点，制造业将会部分回归（有时被称为“海归”）。

32. 正如已经指出的那样，特朗普的政策总体而言可能会增加贸易赤字（与其他可能导致的结果比较）。因此，毫不奇怪，尽管特朗普承诺减少贸易赤字，但在他任职的第一年，赤字就增长了 10% 以上，从 2016 年的 5020 亿美元增长到 2017 年的 5520 亿美元。当然，还有许多其他因素同时影响汇率和贸易逆差。例如，如果对美国的未来感到悲观，美国人可能会试图将钱从国内撤出，这将降低汇率。而后，担心巨额财政赤字对未来经济影响的投资者，可能会尝试将其资金从美国国内带出。因此，立法的短期影响造成了更大的财政赤字，这可能导致汇率降低。然而就中期而言，我们刚刚描述的力量往往占主导地位。

33. 当然，人们总是担心不公平的贸易手段，而世界贸易组织（WTO）的规则旨在为防止此类行为提供一套基本规范。当一个国家违反这些规则时，可以将其带至“法院”，移交给 WTO 法庭。如果被判有罪，该国要么停止这种做法，要么允许贸易伙伴施加相称的关税和其他贸易限制。有时，会有双方相互指责：美国认为欧洲对空中客车企业的补贴不公平，欧洲认为美国对波音企业的补贴不公平。问题在于，两国采取了截然不同的补贴方式。许多规定之所以采取这种措施，是因为它们反映了国内问题，但却会被其他国家视为不公平的贸易壁垒，正如美国在关于转基因食品的讨论中指出的那样。

34. 这些投资协议还有许多其他规定需要更改，包括争议解决系统。在诉诸投资协议的特殊规定之前，应首先要求使用国内法院。在与其他发达国家之间进行的投资协议中，这一点尤其重要，假定它们拥有良好的司法系统。如果存在问题，则应对国内外投资者进行对称处理。如有违反，赔偿额度也需要改变——如今，它更多基于本来应有的不固定的利润，而不是简单地补偿投资损失。

35. 在《跨太平洋伙伴关系协定》的谈判中，我经历了美国贸易代表办公室封闭性的极端例子。我担心这些规定对仿制药的不利影响，我成功地安排了与该领域所有谈判人员的会议——除了来自美国的那些人员。

36. 有些比较强势的人建议美国不对这些人提供帮助。几百年前有一个被称为"社会达尔文主义"的概念认为，如果美国只是让那些不能自谋生路的人受苦，那么社会将会变得更好。其座右铭是"适者生存"。这些学说不仅不人道，而且分析表明，那些认为这些政策有益的分析都基于对达尔文进化论的完全错误的解释。

37. 有时，产业政策被视为保护主义——当他们意图保护濒临灭绝的老行业时，就像特朗普正试图做的那样。我提倡的工业政策恰恰相反——帮助经济进入新领域，以适应不断变化的市场和技术。这需要政府进行强有力的监管，以确保企业不滥用产业政策来保护自己免受竞争，或者发展寻租的另一种形式。

第5章　金融与美国危机

1. 在本章中，我描述了银行家对撤销《多德－弗兰克法案》关键部分所做的早期尝试。2018 年，资产少于 2500 亿美元的银行不受更加严格的监管。

   在签署法案的每一步中，银行都表现出抵抗。正如一位监管者对我所说：如果墙壁和墙纸之间有空隙，银行就会利用它。它们会努力确保两者之间有足够的空间来钻空子。

2. 自金融危机以来，救援的两个主要参与者——盖特纳和美联储前主席伯南克（都是共和党人，由奥巴马任命），撰写了回忆录。Ben Bernanke. *The Courage to Act* [M]. New York : W. W. Norton, 2015. Timothy F. Geithner. Stress Test: Reflections on Financial Crises [M]. New York : Broadway Books, 2014. 大量关于这两本书的评论阐述了他们对自己所作所为的无力辩护。Paul Krugman. Does He Pass the Test? [J]. *New York Review of Books*, 2014. More Talk, More Action [J]. *The Economist*, 2015. 书评强调了这样一种观点，那就是把金融部门的利益放在首位，随后才是国家的其他利益。

3. 关于本节中的许多观点，我在我的著作《自由市场的坠落》中做出了更详细的阐述。

4. 我应该指出，美国的银行家并不孤单：特朗普在商业交易和特朗普大学中甚至表现得更糟糕。这些问题也不仅限于美国，国外也存在。

汽车企业假装其产品对环境更有益，广泛地欺骗了大众，道德败坏的不仅是金融业。尽管如此，在欺诈和不诚实活动的绝对占比上，金融业还是胜出了。麦道夫的金字塔计划就造成了约 650 亿美元的个人账户损失。而且由于金融部门几乎涉及经济的各个部门，金融部门轻易在整个经济中传播了这种病毒。

5. 因此，随着如住宅抵押贷款证券（RMBS）之类的复杂证券的发展，为了确保这些包含成千上万抵押的证券有效，发起人和投资人必须签发被视为等同于退款保证的东西，即银行同意回购证券。实际上，这是展示保险企业和投资者对其所投保或购买的产品充满信心的唯一途径。事实证明，许多抵押并不如其所展示的那样（如描述为所有者拥有的资产实际上是其租赁的），银行经常拒绝履行承诺。之所以会这样，是因为将自有资产抵押的人的违约率要低得多。最终，至少在数年后的几年里，银行支付了到期的款项。(我是其中一些诉讼的专家证人。在事件发生十多年后，诉讼仍在继续。)

6. 在国会听证会上，参议员卡尔·莱文告诉高盛集团 CEO 兼董事长贝兰克梵，他"不会信任"高盛集团。他反复询问银行是否会披露它们的立场："当投资者购买你们推销的产品时，你们随后会站在他们的对立立场吗？""我不认为有义务"让投资者知晓银行的立场，贝兰克梵如此回答。James Quinn. Goldman Boss Lloyd Blankfein Denies Moral Obligation towards Clients. Telegraph, 2010-04-28. 完整版本可以在 C-Span 上查看。贝兰克梵预先准备的评论和听证会的视频也可以在国土安全和美国政府事务常设调查小组委员会的网站上找到，2018 年 7 月 23 日，https://www.hsgac.senate.gov/subcommittees/investigations/hearings/-wall-street-and-the-financial-crisis-the-role-of-investment-banks。

7. 担任这一职位可能确实是高盛集团短视的一部分：它只看到了今天通过交易赚钱的可能性。它们不重视未来名誉损失造成的利润损失。

8. 美国对中小企业的贷款额是指未偿还商业贷款的数量。令人惊讶的是，流向小企业的贷款比例也从 2007 年的 30.1% 急剧下降到 2016 年的 18.5%。

9. 它由五个领先的新兴市场创立，巴西、俄罗斯、印度、中国和南非，是一个被称为（利用其首字母缩写）BRICS 的组织。

10. 1996 年，因为每年仅缺少 50 亿美元，美国未进行对于福利体系关于培训和照顾那些被驱赶出福利系统的人的有效改革。20 年后，在 2015 年，美国计划为贫困家庭的支出（TANF），只有 165 亿美元。

11. 他们最终成功地通过复杂的立法措施使这项规定获得了通过，并将其附加到必须通过以保持美国政府开放的法案上。Erika Eichelberger. Citigroup Wrote the Wall Street Giveaway the House Just Approved [N]. *Mother Jones*, 2014-12-10.

12. 有几家银行已经因涉嫌跨界而被罚款。例如，瑞士信贷支付了 26 亿美元的罚款。外国银行理当抱怨美国政府比美国银行更爱追究它们的不法行为。

13. 之所以会出现这种优势，是因为挣到的大部分钱都按资本收益而不是股息纳税。

14. 接受这笔钱的富人只会消费一点。他们可能会把一些钱花在房地产上——抬高房地产价格；可能会分散投资组合，进行海外投资；可能会拿一些钱来进行赌博、购买衍生品；可能将部分资金用于经济其他领域的新的生产性投资。令人担忧的是，只有很少一部分企业利润被重新投入美国的实体经济投资中，这是美国投资率下降的原因之一。

15. 从企业流出的资金总额（股息加上股票回购）从 20 世纪 60 年代占 GDP 不到 3% 增至近几年的 6%，翻了一番。自 2005 年以来，非金融企业的股票回购额已超过其净资本。Lester Gunnion. Behind the Numbers [J]. *Deloitte Insights*, 2017(11). 总的来说，股票回购增加和企业投资减少的趋势并不意味着其中一个是由另外一个造成的。确实，以下两者可以视为第 3 章讨论的市场力量增强的表现，即利润增加，保证金减少，这在一定程度上激励了投资。

16. 截至 2018 年 12 月 6 日，美国企业已宣布回购 9690 亿美元的股票，预计到年底将超过 1 万亿美元。Michael Schoonover. Will the Record-Setting Buyback Trend Continue in 2019. Catalyst Fund Buyback Blog, 2018-12-07. 鉴于减税措施的大部分收益都被用于股票回购和股息，投资并没有增加多少。工人的工资几乎没有增加，也就不足为奇了。美国经济政策研究所估计，2018 年，减税后的每小时工人工资增加了 2 美分。截至 2018 年 12 月 10 日，罗素 1000 指数中有 145 家企业公布了它们如何使用节省下来的税收，其中只有 6% 流向了工人（https://justcapital.com/tax-reform-weekly-updates/）。值得注意的是，在税法通过的 1 年后，由于政府对企业的慷慨赠与，股市增长了，同时国会预算办公室估计 2020～2022 年，经济增长将放缓至 1.6%。Republican Tax Cut Bill One Year Later: What It Did——and Didn't——Do. *Vox*.

17. 在现代文献中，这些被称为利率上升的逆向激励和逆向选择效应。Joseph E. Stiglitz, Andrew Weiss. Credit Rationing in Markets with Imperfect Information [J]. *American Economic Review*, 1981, 71(3)：393-410.

18. 其起源可追溯到 20 世纪 90 年代初。Vitaly M. Bord, Joao A. C. Santos. The Rise of

the Originate-to-Distribute Model and the Role of Banks In Financial Intermediation [J]. *Federal Reserve Bank of New York Policy Review*, 2012(7)：21-34. https://www.newyorkfed.org/medialibrary/media/research/epr/12v18n2/1207bord.pdf.

19. 储备所扮演的角色可以用很简单的办法看出。假设银行存款为 1000 美元并且借出 1000 美元，其净储备为 100 美元。如果超过 10% 的贷款成为坏账，则回款金额将少于 900 美元，100 美元的储备金不足以偿还。这时美国政府就必须进行救助。而如果银行已经接受了 10 000 美元的存款并贷出了相同的金额，那么仅仅 1% 的坏账就将导致银行陷入无法偿还存款人的麻烦。在危机前，储备金的要求如此之低，以至于少量借款人不还款就可能给银行带来问题。

20. 他的言论成了由戴维·辛通执导的，2011 年知名电影《瑕疵》的标题。

21. 这只是激励措施出现错位的情形之一。发生的交易越多，银行家和金融部门的其他人就越赚钱。他们喜欢"交易成本"和费用，因为这是他们大部分利润的来源。当然，手续费越高，银行客户的情况就越糟。在竞争激烈的市场中，理性客户充分了解情况，银行无法过度收费，但是金融市场现状远非理想情况。

当银行家代管他人账户时，他们喜欢不停地买进卖出折腾这个账户，并声称他们一直试图将钱投到可以获得最高回报的地方。但事实恰恰相反：大多数投资经理就像猴子随手投掷出飞镖一样挑选股票，而猴子至少还是诚实的。资产管理者与客户存在利益冲突。他们将钱投入共同基金比投入其他基金赚得更多，因为他们能得到更多的佣金。所以他们进行投资调用的钱越多，赚的钱就越多。当奥巴马政府提议让某些资产管理人遵守信托标准，即必须以为客户取得收益为目标采取行动时，银行家和财富管理企业便极力抗议，并声称自己根本无法靠这种信托标准生存。也就是说，他们不能时常为其客户赚取收益。他们毫不掩饰地承认自己不能承诺为客户最大化收益。当银行家为自己谋利时，他们认为存在利益冲突没有错——每年约 170 亿美元，以牺牲退休人员福利为代价。就像高盛集团的贝兰克梵早前所承认的一样，这代表了金融部门新的、无视声誉的不道德行为。

22. 弗里德曼——我们之前提到的芝加哥学派的权威人物，主张这些立场。即使经济学的进步解释了为什么最大化股东价值一般而言不会带来社会福祉。Sanford Grossman, Joseph E. Stiglitz. On Value Maximization and Alternative Objectives of the Firm [J]. *Journal of Finance*, 1977, 32(2)：389-402. Stockholder Unanimity in the Making of Production and Financial Decisions [J]. *Quarterly Journal of*

Economics, 1980, 94(3)：543-66.

23. Tooze, *Crashed*.

24. 共和党的税收法案将提高企业利润。例如，美国银行 2018 年第一季度收入接近
70 亿美元，是有史以来最高的。即使利润激增，但由于这项新法律，美国银行
的税收却减少了 26%。Matt Egan. Big Banks Are Minting Money Right Now [N].
CNN Money, 2018-04-18.

25. 在 2016 年民主党初选中，曾有过一场愚蠢的辩论，其主题是：关键问题是否在于
那些 "大而不倒" 的银行，以及恢复《格拉斯 – 斯蒂格尔法案》的某些版本（该
法案将商业银行与投资银行或影子银行体系分离开来）。正确的做法是，在这两方
面美国都需要进行改革。Stiglitz. Freefall [M]. Commission of Experts on Reforms
of the International Monetary and Financial System appointed by the President of the
United Nations General Assembly, The Stiglitz Report: Reforming the International
Monetary and Financial Systems in the Wake of the Global Crisis [M]. New York：
The New Press, 2010. Simon Johnson, James Kwak. 13 Bankers: The Wall Street
Takeover and the Next Financial Meltdown [M]. New York：Random House, 2010.
Rana Foroohar. Makers and Takers: How Wall Street Destroyed Main Street [M].
New York：Crown, 2016.

第 6 章　新技术的挑战

1. 由科技巨头谷歌旗下的 AI 公司 DeepMind 开发的围棋计算机程序 AlphaGo 项目，在
2016 年 3 月击败了围棋世界冠军李世石。Choe Sang-Hun. Google's Computer Program
Beats Lee Se-dol in Go Tournament [N]. *New York Times*, 2016-03-15. 1 年半后，谷歌宣
布将发布具有更多 AI 功能的程序。Sarah Knapton. AlphaGo Zero: Google DeepMind
Supercomputer Learns 3000 Years of Human Knowledge in 40 Days [J]. *Telegraph*,
2017.

2. 需要补充说明的是，并非所有学者都同意戈登的观点。莫基尔和西北大学的戈登
一样都是杰出的经济史学家，但他的看法就要乐观得多。Joel Mokyr. The Next Age
of Invention: Technology's Future Is Brighter than Pessimists Allow [J]. *City Journal*,
2014, 12(20). 有些观点认为，GDP 有重大的测量误差，因而真实的增长率被低估
了。但根据我的判断，尽管可能确实存在重大的测量问题，但它并没有改变整体
情况，如今美国的 GDP 增长速度甚至低于早期。当然，我们并不能确定未来创新

发展的趋势。

3. 被称为"奇点"。Stanislaw Ulam. Tribute to John von Neumann [J]. *Bulletin of the American Mathematical Society*, 1958, 64(3)：5. Anton Korinek, Joseph E. Stiglitz. Artificial Intelligence and Its Implications for Income Distribution and Unemployment [J]. *Economics of Artificial Intelligence,* Chicago：University of Chicago Press.

4. 过去 5 年来，人工智能的飞速发展引发了人们对于 AI 在一系列工作中何时会超过人类表现的广泛猜测。一项针对 AI 的调查预测显示，到 2024 年，在翻译语言方面 AI 将有比人类更好的表现，到 2027 年，AI 甚至能够驾驶卡车。一些专家认为，在未来 45 年内，AI 能够在所有任务中胜过人类的概率有 50%。Katja Grace, John Salvatier, Allan Dafoe, Baobao Zhang, Owain Evans. Journal of Artificial Intelligence Research, 2018, arXiv:1705.08807.

5. Carl B. Frey, Michael A. Osborne. The Future of Employment: How Susceptible Are Jobs to Computerisation [J]. *Technological Forecasting and Social Change*, 2017(114)：254-80. Erik Brynjolfsson, Andrew McAfee. Race against the Machine [M]. Lexington: Digital Frontier Press, 2011.

6. Difference Engine: Luddite Legacy [J]. *The Economist*, 2011.

7. Stiglitz. The Great Divide [M]. Domenico Delli Gatti, Mauro Gallegati, Bruce Greenwald, Alberto Russo, Josph E. Stiglitz. Mobility Constraints, Productivity Trends, and Extended Crises [J]. *Journal of Economic Behavior & Organization*, 2012, 83(3)：375-93. Sectoral Imbalances and Long Run Crises. *The Global Macro Economy and Finance*, eds. Franklin Allen, Masahiko Aoki, Jean-Paul Fitoussi, Nobuhiro Kiyotaki, Roger Gordon, Joseph E. Stiglitz, International Economic Association World Conference vol. 150-III [M]. Houndmills, UK and New York：Palgrave, 2012：61-97.

8. 例如，在此期间农产品价格下跌，如小麦，其价格在 20 世纪 20 年代初下跌了约 60%，在 20 世纪 30 年代初，这个数字又下降了约 70%。The Wheat Situation. Bureau of Agricultural Economics, US Department of Agriculture, WS-61, 1941-11.

9. Delli Gatti et al. Mobility Constraints, Productivity Trends, and Extended Crises. 其他研究发现收入下降幅度也很大。Wages and Income of Farm Workers, 1909 to 1938 [J]. *Monthly Labor Review*, 1939, 49(1)：59-71. 这篇论文显示，收入跌幅超过 50%。

10. 关于在此期间土地价值下降的进一步讨论，可参见以下资料。Publications: Trends in U.S. Agriculture: Land Values [OL]. (2018-07-02). https://www.nass.usda. gov/Publications/Trends_in_U.S._Agriculture/Land_Values/index.php.

11. 岗位所需的技能和工人目前拥有的技能两者之间可能并不匹配。如果是这样，再培训计划可以向工人提供掌握必要技能的机会。但是，这种不匹配并不是近年来失业的主要特征；如果是这样的话，熟练技术工人的工资将比以前更快地增长。

12. 我说政治讨厌，是因为共和党人帮助自己的党派和那些支持他们的企业和亿万富翁。他们为了平衡预算，将所有意识形态的承诺放到了一边，而这似乎与他们财政政策的目标——尽快摆脱经济大衰退，背道而驰。

13. 这里是一个权衡：由于增加了投资，劳动力需求短期增加，而从长期来看，随着机器替代工人，这种情况会减少。较低的利率降低了依赖政府债券利息的老年人的消费水平。

14. 出于同样的原因，劳动力市场结构的变化——零工经济，可能会导致人们工作缺乏保障且没有良好福利。

15. 在许多部门，女性工资很低，因为这些行业有性别歧视的传统。

16. 捍卫大型科技企业使用大数据的人认为，大数据能够引导个人购买更符合其需求的产品。撇开"老大哥"式的"操纵"不谈，很明显，这样做的动机不是让个人获益，而是增加大型科技企业和在其网站上刊登广告的收益。不幸的是，正如下面的讨论将说明的那样，大数据的使用总体使消费者群体处于劣势，尤其是信息弱势的消费者。有些人把利用大数据发展的市场经济称为监控资本主义。John Bellamy Foster, Robert W. McChesney. Surveillance Capitalism [J]. *Monthly Review*, 2014. Shoshana Zuboff. Big Other: Surveillance Capitalism and the Prospects of an Information Civilization [J]. *Journal of Information Technology,* 2015, 30(1)：75-89. Shoshana Zuboff. The Age of Surveillance Capitalism [M]. New York：Public Affairs, 2019.

17. 一级价格歧视是一种试图向每个消费者收取其愿意为商品或服务支付的最高费用的做法。在每个商品或服务市场中，都有潜在的购买者，即消费者。他们愿意为相同的商品支付不同的价格，这取决于他们的偏好和收入。拿一双生产成本为 100 美元的鞋为例。有的消费者只愿意为这双鞋支付 1 美元，有的消费者愿意为这双鞋支付 500 美元，还有很多介于两者之间。一家企业可以通过向所有愿意支付 100 美元以上的消费者出售鞋来实现利润最大化，这个价格是每位消费者愿意支付的最高价格。有些人支付 101 美元，有些人支付 200 美元，少数人会支付 500 美元。企业使用不同的方法来区分愿意购买其产品的消费者：品牌、销售和针对某些特定群体的折扣就是例子。这种价格歧视对社会没有任何帮助——这只是从消费者身上榨取尽可能多的钱的方式。经济学家将其称为"提取消费者剩余"，也就是说，从个人手中为企业争取尽可能多的利润。根据 1936 年的《罗宾逊 – 帕特曼法案》（Robinson-Patman Act），对成本相同的商品向不同人收取不同的价格是非法的，但该法案却鲜少被执行。关于更多大数据背景下价格歧视的讨论，可参见以下资料。Silvia Merler. Big Data and First-Degree Price Discrimination [N]. *Bruegel*, 2017-02-20. http://bruegel.org/2017/02/big-data-and-first-degree-price-discrimination/.

18. 市场有效率的标准是个人对商品的边际价值与边际成本是相同的，这是事实，因为他们都面对相同的价格。如果存在完全的价格歧视，那么市场仍然有效，但在现实生活中，不完全价格歧视的特点是普遍的低效率和扭曲。Monopoly, Non-Linear Pricing and Imperfect Information: The Insurance Market [J]. *Review of Economic Studies*, 1977, 44(3)：407-30. Selected Works of Joseph E. Stiglitz, Volume I: Information and Economic Analysis [M]. Oxford：Oxford University Press, 2009：168-92.

　　AI 技术同样也导致了信息不对称。一些企业比其他企业了解更多的信息，大型高科技企业比消费者了解得更多。只有在信息对称的情况下，市场才有效率。大数据正在增加信息不对称，这将可能使资源分配效率降低。

19. Jennifer Valentino-DeVries, Jeremy Singer Vine, Ashkan Soltani. Websites Vary Prices, Deals Based on Users' Information [J]. *Wall Street Journal*, 2012.

20. 引用了诺贝尔经济学奖获得者乔治·阿克洛夫和罗伯特·席勒极具风格的语言去解释"网络钓鱼骗局"。Akerlof, Shiller. Phishing for Phools [M].

21. Tüfekçi. We're Building a Dystopia Just to Make People Click on Ads. 2017-10-27.

22. 参加了对 Myriad 诉讼的其他人，包括宾夕法尼亚大学、哥伦比亚大学、纽约大学、埃默里大学和耶鲁大学的研究人员。美国公民自由联盟和公共专利基金会为原告法律代理。我为原告撰写了关于案件经济性的专家报告，认为撤销专利会刺激创新。随后发生的事情与我的分析也是一致的。

23. 政府有权在需要时访问私有数据；在美国，这比在其他国家要难，但是美国不应该假装这两者之间存在铁壁。而且，同样令人担忧的是，在没有限制的情况下，出于商业原因，私人部门有更大的动机使用和滥用数据。

24. 参见《增长的方法：学习型社会与经济增长的新引擎》及其参考文献。

25. 科技界的许多人都说："把它交给我们。我们很聪明。我们产生了问题，我们解决问题。这里所需要的只是一点自我调节。我们可以保护自己。"我们曾经听过这样的话。银行也说了同样的话，我们知道那是怎么回事。显而易见，美国不能放任并将市场留给私人部门。他们的动机与社会其他成员并不一致。他们的目的在于提高利润，而不是社会福利。

26. 在《通用数据保护法规》（General Data Protection Regulation，GDPR）中。尽管这是重要的第一步，但远远不足以解决我们之前讨论的问题。

27. 例如，特朗普政府曾指责欧洲利用隐私政策制造贸易壁垒。

28. 艾可菲向其他人提供有关个人信用状况的信息。没有监管结构能确保像艾可菲这样的企业保管的信息有足够的安全性。该企业鼠目寸光，仅仅将精力聚焦于当前的利益。增加信息安全性将会降低当前利润，因此在缺乏适当监管的情况下，人们会产生强烈的动机去降低安全方面的支出。此外，安全性提高的受益者在很大程度上是那些被收集了数据的人，显然企业并不在乎他们的利益。

29. 监管法案提案的设计有许多复杂之处。例如，如果某人有多笔杂货订单，这种信息可以被存储，但不得被用于其他目的。

30. 匿名化数据可能还不够。由于大数据企业可以弄清一个人的身份，如果它们得到有关个人的足够数据，应将数据集本身中的某些信息删除。

31. 这些平台依靠美国《通信规范法》第230条获得了豁免权。发布诽谤性文章的法律责任可以轻而易举地使平台破产，因此规定其所承受的法律责任的范围是有一定必要的——应当在足以鼓励企业对发布的内容进行更谨慎的处理，同时又不能使其无法继续运作这一范围内。出版者必须尊重版权，但根据《千年数字版权法》第512条，平台已获得豁免权。这种情况也需要被改变，但是只需要对法规进行微调。如果搜索引擎必须为显示的每个信息片段付费，则其生存能力可能会因此受到严重损害。

32. 一些科技巨头只在情况对自己有利的情况下自称出版商。

33. Jason Horowitz. In Italian Schools, Reading, Writing, and Recognizing Fake News [N]. *New York Times*, 2017-10-18. https://www.nytimes.com/2017/10/18/world/europe/italy-fake-news.html. 不幸的是，有关消费者学历的实证数据表明，它所能起到的作用是有限的。

34. 剥离 Instagram 和 WhatsApp 之后。

35. 本书将在后文中对政治进程中特别重要的监督方面进行详细讨论。政府最好创建一个公共的与私有平台竞争的替代平台。(本书第 10 章中将对公众选择进行更广泛的讨论。)公众选择能摆脱私有制带来的不利影响——以剥削方式通过数据获利,或以可能造成损害的方式鼓励人们上瘾。

36. 社交媒体社会价值的衡量实际上是复杂和困难的。因为它似乎是免费提供的(先忽略不计数据的价值),美国国民收入统计数据并未涵盖媒体为客户带来的价值。社交媒体企业的利润会被计入国民收入,但是这并不一定意味着社会福利的增加。正如我们已经指出的,如果利润增加是更好地利用数据来剥削消费者的结果(将个人的消费者盈余"货币化"),这就是以损害个人利益作为代价的。此外,它的一些利润还以牺牲"传统"出版商为代价,如报纸。调查报告也为消费者提供了巨大的价值,但其社会价值也不被包括在国民收入中。

37. 例如,在有关健康的领域中,大数据和 AI 很重要,但隐私更容易暴露。

38. Scott Malcomson. Splinternet: How Geopolitics and Commerce Are Fragmenting the World Wide Web [M]. New York:OR Books, 2016. 马尔科森普及了分裂网(splinternet)这一术语。Eric Schmidt, Jared Cohen. The New Digital Age: Reshaping the Future of People, Nations and Businesses [M]. New York:Alfred A. Knopf, 2013. 谷歌前董事长等人讨论了互联网正变得不平衡的情况。

39. 特别是注释 26 提到的 GDPR 法案。

40. 有些人称,由于市场是局部的,所以全球信息的价值是有限的。在这种观点中,从多个市场(如中国、美国、欧洲)获得信息的边际价值,低到我们可以忽略源于监管制度体系不同的"不公平"优势。

41. 网络虚假信息带来了一个特殊的挑战,特别是在"说出真相的机构"会受到抨击的世界中(见第 1 章)。然而,想要讨论解决此情况所需要的适当政策,远非本书这一本简短的著作所能做到。

第 7 章　为什么需要政府

1. 艾萨克・牛顿爵士在 1675 年说:"如果我看得比别人更远,那是因为我站在巨人的肩膀上。"

2. Joseph E. Stiglitz. The Economic Role of the State [M]. Oxford:Basil Blackwell, 1989.

3. 即 "萨缪尔森式的纯公共产品"，继萨缪尔森后，他首先清楚地阐明了此类商品与普通私人商品的区别。The Pure Theory of Public Expenditure [J]. *The Review of Economics and Statistics*, 1954(36)：387-9. 从那以后，大量书籍著作描述了各种不同的公共产品，如公共提供的私人产品和 "不纯" 的公共产品。Anthony B. Atkinson, Joseph E. Stiglitz. Lectures on Public Economics [M]. New York：McGraw-Hill, 1980.

4. 这里可以用另一种方式说明：每个人都想搭上别人的顺风车。人们希望可以享受他人提供的公共产品的利益而不承担费用。(毫不奇怪，这种情况被称为提供公共产品时的搭便车问题。)

5. 在其他地方，我将其称为社会的软基础设施。对于向市场经济过渡的国家来说，它们所面临的许多困难是缺乏软基础设施的结果。Joseph E. Stiglitz. Whither Socialism? [M]. Cambridge, MA：MIT Press, 1994.

6. 现代经济学理论对市场失灵做出了解释。保险通常与信息不对称、逆向选择(众多个体之间存在重要差异，保险企业无论是作为雇主、出借人还是保险人，都无法轻易确定情况)，以及道德风险(如提供保险或许会导致个人做出某些行动，致使保险企业承受更多风险，但保险企业因为无法监控，因而无法做出控制)有关。比如，政府可以消除一些逆向选择问题，因为社会保障为所有人提供了保险。

7. 由私人提供的基本服务与提供几乎相同服务的医疗保险相比，其成本增加了 20% 多。私人部门管理年金的行政费用通常是公共部门的 10 倍甚至更多。有充分的理由可以解释为什么政府能够降低成本并取得更好的结果：它不必打广告或依靠市场力量。私人部门始终采取 "吸脂法"，即找到收益最大化的风险。可以说，私人部门一直试图将其所拥有的市场力量最大化。

8. 私人监狱的问题更加严重。如果监狱有意使其收益最大化，就可能会减少对犯人的培训甚至食物支出，并且很少关注犯人改过自新的问题。实际上，如果大量被释放的犯人重返监狱，监狱的利润会增加。而公共利益提升需要犯人尽快重新融入社会，这使得公共利益和私人利益很难保持一致。Seth Freed Wessler. The Justice Department Will End All Federal Private Prisons, Following a " Nation " Investigation [N]. *The Nation*, 2016-08-18. David Sappington, Joseph E. Stiglitz. Privatization, Information and Incentives [J]. *Journal of Policy Analysis and Management*, 1987, 6(4)：567-82.

9. 还有许多其他的例子可以证明这些观点。纽约州的公共抵押贷款计划在 2008 年金融危机中的表现远好于私人计划。大多数人认为，英国铁路私有化，美国浓缩铀生产及智利和墨西哥的公路私有化进展不佳。在某些情况下，这些问题必须依靠共有化进行。在那些私有化表现较好的发展中国家，有时是由于 IMF 消除了对私人融资的限制。Anzhela Knyazeva, Diana Knyazeva, Joseph E. Stiglitz. Ownership Changes and Access to External Financing [J]. *Journal of Banking and Finance*, 2009, 33(10)：1804-16. Ownership Change, Institutional Development and Performance [J]. *Journal of Banking and Finance*, 2013(37)：2605-27.

10. 请参阅伊丽莎白·沃伦于 2018 年 6 月 5 日在乔治城大学法学院，关于监管的有力演讲，参见 https://www. warren.senate.gov/newsroom/press-releases/senator-warren-delivers -speech-on-dangers-of-deregulation。

11. 经济学家将其称为外部性。

12. 欧盟还有其他发布和执行某些类型法规的方式。与美国相比，它在许多方面都较少受到政治化的影响。

13. 因此，在 1995 年电信法案出台之前，关于技术是否无须政府干预就能以确保竞争性的方式发展，或者是否可能以一种导致市场力量更加集中的方式发展引起了激烈的争论。我强烈支持后一种观点，但进一步的讨论指出，为谨慎起见，即使这有可能是正确的，依然应该有适当的制度安排来检查市场力量的增长和滥用。不幸的是，事实证明我的猜测是正确的。参见《咆哮的 90 年代》。

14. 特朗普基于对监管体系的虚假和欺骗性描述，削弱了人们对监管体系的信心。而监管体系对保护人们的健康、安全、环境乃至经济至关重要。他试图将监管塑造为由不知名、不负责任的官僚制定的规则。或许，在还是小学生的时代，特朗普错过了关于三权分立和制衡的重要性的基础课，而且他似乎还错过了美国法规体系中更高级的课程，并且显然没有采取任何措施来弥补他的教育中的这些和其他缺陷。

15. 更糟糕的是，这些机构及其背后财团不仅抵制监管，还成功地在美国破产法中加入了相关规定，使得还清这些债务的可能性几乎为零。特朗普大学是这些剥削机构的代表。

16. 而且，在大多数地区，选择更少，因为这些地方只有一两个供应商存在。

17. 特朗普政府并不以思维连贯著称，但在通信领域的竞争问题上，它采取了一种矛盾的立场。它试图以损害竞争为由阻止时代华纳与 AT&T 合并。我认为政府所做的是对的，尽管地方法院另有判决。这是纵向合并，也就是说，时代华纳和 AT & T

不在同一个行业，它们中的一个向另一个提供服务。在传统情况中，竞争管理机构只关注市场内部的竞争，而非市场的相互作用，但我们都知道那是错的。微软对 PC 操作系统的控制，使其在一系列应用程序中占据了市场主导地位。在这种情况下，由于网络中立性的废除，合并可能带来的不利后果被放大了。

18. 这意味着别无选择。Jon Brodkin. 50 Million US Homes Have Only One 25 Mbps Internet Provider or None at All [N]. *Ars Technica*, 2017-01-30.

19. 这个例子说明了垄断力量的复杂性和后果。可以认为互联网提供商向内容提供商（如奈飞）出售服务（内容提供商与客户之间的传输）。通过发挥市场力量，互联网提供商会影响内容提供商的市场，并在此过程中间接影响消费者，但这个结果是非常重要的。换句话说，它们可以被看作向消费者出售节目，并从其他人那里购买内容（如奈飞提供的电影）。在这方面，它们具有垄断权力，因为只有一两家企业购买内容并交付给互联网消费者。它们利用自己在互联网上的市场力量来为自己的内容取得优势——提供超越竞争对手的服务。不过，无论从哪个角度来看，最终，消费者会受到价格上涨、创新减少，以及产品质量低的困扰。

20. 在《国家的经济作用》一书中，我解释了为什么不能仅仅依靠自发自愿的集体行动。例如，由于在提供公共产品方面存在"搭便车"问题，每个人都希望在不增加成本的情况下享受收益。

21. Joseph E. Stiglitz. Some Lessons from the East Asian Miracle [J]. *World Bank Research Observer*, 1996, 11(2)：151-77. The East Asian Miracle: Economic Growth and Public Policy, a World Bank policy research report [R]. New York：Oxford University Press, 1993. 政府起着至关重要的作用，学者称这些国家为发展中国家。Atul Kohli. State-Directed Development: Political Power and Industrialization in the Global Periphery [M]. Cambridge：Cambridge University Press, 2004.

22. Mariana Mazzucato. The Entrepreneurial State: Debunking Public vs. Private Sector Myths [M]. London：Anthem Press, 2013. Chang. Kicking Away the Ladder [M].

23. 有人认为这不是偶然的。两党都是不同群体组成的联盟。共和党由福音派、大企业、富人和自由主义者组成。那些鼓吹社团主义、精英经济议程的人的策略之一就是助长文化战争，然而在注意力被分散的情况下，许多福音派不会注意到他们推行的经济政策与他们的经济利益背道而驰。Thomas Frank. What's the Matter with Kansas: How Conservatives Won the Heart of America [M]. New York：Henry Holt, 2004. 弗兰克辩称克林顿领导下的新民主党和民主党领导委员会利用了这一点，制定了一项经济议程，以吸引金融业和其他商业精英，却忽视了传统根基——蓝领工人。

24. 失去家园的人的人数很难统计，不过大概为 300 万～ 1000 万人。具体取决于选定的时间段以及如何计算房屋损失。在经济衰退的高峰期，大约有 15 000 000 名美国人失业。

25. Jesse Eisinger. The Chickenshit Club: Why the Justice Department Fails to Prosecute Executives [M]. New York：Simon and Schuster, 2017. Rana Faroorhar. Makers and Takers: The Rise of Finance and the Fall of American Business [M]. New York：Crown Business, 2016. Danny Schechter, The Crime of Our Time: Why Wall Street Is Not Too Big to Jail [M]. San Francisco：Red Wheel Weiser, 2010. 20 年前，1000 多名银行家因规模较小的储蓄和贷款危机而入狱。然而，在 2008 年金融危机中，几乎没有人受到指控，而被定罪的人则更少。William D. Cohan. How Wall Street's Bankers Stayed Out of Jail [N]. *Atlantic*, 2015. 谢克特认为，在储蓄和贷款危机之后，银行家在游说上投入了大量资金以确保他们不会因为违法入狱。

26. 大多数是共和党人，但也有很多民主党中比较保守的人，他们是这两派的支持者。一般来说，民主党至少主张制定计划来保护那些可能受到政策伤害的人。特别是在全球化的情况下，民主党主张提供贸易调整援助，虽然在共和党的反对下，政府最终未能提供足够的援助，但是许多人仍旧继续提供支持，他们似乎相信涓滴经济学终究会起作用。

27. 在这样的系统中，很难确定稳定性。Stefano Battiston, Guido Caldarelli, Robert M. May, Tarik Roukny, Joseph E. Stiglitz. The Price of Complexity in Financial Networks [J]. PNAS (*Proceedings of the National Academy of Sciences of the United States of America*), 2016, 113(36)：10,031-6. Tarik Roukny, Stefano Battiston, Joseph E. Stiglitz. Interconnectedness as a Source of Uncertainty in Systemic Risk [J]. *Journal of Financial Stability,* 2016(35)：93-106.

28. 有关集体诉讼的进一步讨论，请见第 3 章的注释 92。

第 8 章　恢复美国的民主

1. Harry Enten. The GOP Tax Cuts Are Even More Unpopular than Past Tax Hikes [OL]. FiveThirtyEight (2017-11-29). https://fivethirtyeight.com/features/the-gop-tax-cuts-are-even-more-unpopular-than-past-tax-hikes/.

2. Nancg Maclean. Democracy in Chains [M]. Steven Levitsky, Daniel Ziblatt. How Democracies Die [M]. New York：Crown, 2018.

3. 实际上，在那之前就开始了。特朗普从移民开始试图限制那些更有可能投票给民主党的人进入这个国家。毕竟，关于移民政策的冲突（至少其中一部分），可以看作未来选民间的冲突。

4. 同样，值得注意的是，在许多州，狱中的犯人和已经被定罪的重刑犯被剥夺了投票权，尽管他们被算作代表。一些州在某些特定地点设立监狱，作为便利不公正划分选区的手段。

5. Michelle Alexander. The New Jim Crow：Mass Incarceration in the Age of Color-blindness [M]. New York：The New Press, 2010.

6. 相比之下，不属于非裔美国人的该比例为 1.8%。而在被剥夺选举权的非裔美国人中，有着难以计数的男性。6 Million Lost Voters: State-Level Estimates of Felony Disenfranchisement, 2016. Sentencing Project, 2016-10.
2018 年中期，最成功的选举之一是在佛罗里达州举行的全民公决，该州有投票权的人数恢复到 150 万，其中大约三分之一是非裔美国人。

7. 2018 年，5 个州（印第安纳州、肯塔基州、新罕布什尔州、俄亥俄州和俄克拉何马州）尝试进行或已经成功制定了限制性投票法。Voting Laws Roundup 2018 [OL]. Brennan Center for Justice (2018-04-02). https://www.brennancenter.org/analysis/voting-laws-roundup-2018.

8. 在美国，有大量关于剥夺人民权利的文献，不仅针对工人，还针对女性和新移民。Alexander Keyssar. The Right to Vote：The Contested History of Democracy in the United States [M]. New York：Basic Books, 2000. 我在哥伦比亚大学的同事苏雷什·南度表示，在美国南部，这些压制选民的尝试取得了成功，将整体投票率降低了 1%，低至 7%，并将民主党在全国大选中所占的比例提高了 5% ～ 10%。他还指出，反过来说，这又对非裔美国人学校的支出有很大的影响，并且产生了巨大的分配效应："非裔美国人劳工因被剥夺公民权而遭受的集体损失至少达到其年收入的 15%，而土地所有者的收益则增长了 12%。" Suffrage, School, and Sorting in the Post-Bellum U.S. South. NBER Working Paper 2012：18129. 最近几次剥夺公民权的尝试都集中在拉美裔身上。

9. State Poll Opening and Closing Times (2018) [OL]. Ballotpedia. https://ballotpedia.org/State_Poll_Opening_and_Closing_Times_(2018).

10. 技术进步使不公正划分选区更容易实现，使公正的选举更加困难。

11. 当人们不仅要考虑选民的登记率，还要考虑选民投票率时，尤其如此。在 2016 年美国全国大选中，后者的数字低于 56%。（由于特朗普仅获得 46% 的选票，这意味着他的支持者只占少数，仅占选民人数的 26%。）相比之下，在最近的其他国家全国大选中，比利时的选民投票率为 87%；在瑞典，这一比例为 83%。Drew DeSilver. U.S. Trails Most Developed Countries in Voter Turnout. Pew Research Center, 2017-05-15. 这还不包括州和地方选举，因为这些选举的投票率往往要低得多。例如，在 2018 年的加利福尼亚州，3 月初选的投票率仅为登记选民的 36%——一个被吹捧为在政治上火力全开反对特朗普政府的州。

12. 除了限制有权投票的人投票外，还存在缴税但不被允许投票的合法移民劳工。大约有 250 万无证移民居住在加利福尼亚州，而他们占加州工人人数的十分之一。Just the Facts: Undocumented Immigrants in California [OL]. Public Policy Institute of California (2018-03-11). http://www.ppic.org/publication/undocumented-immigrants-in-california/.

13. 该制度旨在防止有独裁倾向的疯狂统治者滥用权力。

14. 伟大的社会学家和经济学家马克斯·韦伯（Weber，1922）强调：具有讽刺意味的是，尽管共和党人经常批评美国的无赖官僚主义，但美国人对官僚机构中大多数部门的表现却非常赞赏，如国家公园系统、美国的社会保障和医疗保险制度。

　　　每个小学生都知道，杰克逊的主要抨击点就是他所阐述的“党人任用制”。

15. 值得一提的是，大多数保守派支持建立一个独立的货币当局，他们担忧政治化的货币供应可能会引起经济危机。有关央行独立性的原则和争议的精彩论述，可参阅以下资料。Paul Tucker. Unelected Power: The Quest for Legitimacy in Central Banking and the Regulatory State [M]. Princeton：Princeton University Press, 2018.

16. 在纽约市发生恐怖袭击后，特朗普的两则推文反映了其对司法机构的不重视："我们需要快速的正义，我们需要强大的正义——比我们现在所拥有得更快、更强。因为我们现在拥有的是一个玩笑、一个笑柄。难怪会有这么多事情发生。""……法院是迟钝而政治化的！"Kristine Phillips. All the Times Trump Personally Attacked Judges——and Why His Tirades Are " Worse than Wrong" [N]. *Washington Post*, 2017-04-26.

17. 当然，在约翰逊之前，民主党人还是北方自由主义者和南方民主党（狄西派）的特殊联盟。

18. 可以预见的是，会有一些看似优雅的诡辩来解释这一次他们为何出来反对州权利，但其实结果远比苍白的解释更重要。

19. 当然，任何政治团体的决定都反应不同利益和观点之间的折中妥协。看起来没有原则是因为它们缺乏一致性。Kenneth J. Arrow. Social Choice and Individual Values [M]. New York：Wiley, 1951. 但是，人们信仰、兴趣和偏好上的分歧越大，就越有可能出现巨大的矛盾。

20. 例如，一些决策破坏了美国《投票权法案》和《平价医疗法案》的关键条款。美国法院的判决（National Federation of Independent Business v. Sebelius）因支持了奥巴马医改的大部分条款而被人们记住。然而，该判决也允许各州选择不参加《平价医疗法案》最初规定的医疗补助扩大计划。美国有 19 个州这样做了，导致大约 220 万人没有医疗保险，其中有难以计数的非裔美国人。在 2018年的选举中，爱达荷州、内布拉斯加州和犹他州的选民推翻了这些决定。Scott Lemieux. How the Supreme Court Screwed Obamacare [N]. *The New Republic*, 2017-06-26.

　　2013 年 6 月，最高法院（以五比四的投票结果）裁定 1965 年的投票权法案的一项核心内容违宪，而该条款在恢复非裔美国人投票权方面发挥了关键作用。该判决让人想起最高法院于 1883 年的所做出的判决，该判决推翻了 1875 年的民权法。Lawrence Goldstone. Inherently Unequal: The Betrayal of Equal Rights by the Supreme Court, 1865-1903 [M]. New York：Walker, 2011.

21. Lee Drutman. The Case for Supreme Court Term Limits Has Never Been Stronger [N]. *Vox*, 2017-01-31. Norm Ornstein. Why the Supreme Court Needs Term Limits [N]. *Atlantic*, 2014-05-22.

22. 根据上述提议，考虑到死亡或辞职的情况，法官人数能够维持在 9 人。如果没有人辞职或死亡，而法官的人数已经是 9 人，总统可能仍被允许定期进行额外任命，但被任命者只有在出现席位空缺时才能上任。如果现任法官人数是奇数，那么被任命者将同样不能上任，要等到出现两个空缺为止。

23. 拒绝批准候选人不会增加下一任总统可任命的法官数量。

24. Stefano DellaVigna, Ethan Kaplan. The Fox News Effect: Media Bias and Voting [J]. *The Quarterly Journal of Economics,* 2007, 122(3)：1187-234.

25. 例如，国会预算办公室（CBO）估计，如果允许政府强迫名牌药品制造商对医疗保险涵盖的某些药品支付最低返款，纳税人每年平均可节省 110 亿美元。Options for Reducing the Deficit: 2015-24. CBO, 2014-11: 51. 考虑到这点，制药企业花费巨资来维持这一状况也就不足为奇了。"自 2003 年 1 月以来，药品生产商和批发商已向总统和国会议员候选人、党委、PACs 和其他政治宣传团体提供了 1.475 亿美元的联邦政治捐款"，而其中的大部分投给了共和党人。Stuart Silverstein. This Is Why Your Drug Prescriptions Cost So Damn Much: It's Exhibit A in How Crony Capitalism Works [N]. *Mother Jones*, 2016-10-21.

26. 其中包括谢尔登·阿德尔森，其与妻子控制的企业仅在 2016 年选举周期中，就花费了超过 8200 万美元支持共和党人和保守派的外部团体；史蒂夫·温，他曾任共和党全国委员会（Republican National Committee）财务主席，直到因被指控性行为不检而下台。Top Individual Contributors: All Federal Contributions. OpenSecrets.org. https://www.opensecrets.org/overview/topindivs.php. 这些只是共和党中众多突出寻租者的范例。（回想一下，寻租者是那些没有通过扩大国家利益的那块大蛋糕来致富的人。例如，通过生产更多人们想要或需要的商品，去获得更大的一块蛋糕。）

27. 房地产信托享有的税收优惠甚至比小型企业的力度更大，因为在一定程度上，个人利用后者的限制并不适用于前者。

28. 奥巴马在其执政的最后几年，对监管规定做了一点小小的修改，使得洗钱变得更容易被发现，但仅适用于纽约州和少数一些其他地方。据报道，这对价值 100 万美元左右的房地产的价格产生了重大影响，这也就间接证实了洗钱在这个市场中扮演的角色。

29. 联合公民诉联邦选举委员会案（2010）。最高法院对联合公民组织的判决促成了"超级政治行动委员会"的兴起，利益集团可以通过这类委员会向政客输送大量的选举资金。在 SpeechNow.org 诉联邦选举委员会案中，下级法院在裁定中指出，联合公民案的判决意味着任何团体独立政治预算的限制都是违宪的。

30. 在某些情况下，CEO 可能会以能够提高企业收益为借口来保持其对政党或候选人的政治支持支出，因为他的主要责任就是提高利润。但是在一个运转良好的经济和社会中，企业需要拥有更广阔的视野。通过欺骗来增加企业利润显然是错误的——而同样明显的是，对于一家企业来说，通过影响竞选结果以确保政府允许其通过欺骗来提高利润更是错误的。法规应当创造一个公平的竞争环境：在这样的竞争环境中，那些不想作弊的人不会被迫这样做，并且不会被那些从事邪恶活动的竞争对手占据上风。

31. John Attanasio Politics and Capital [M]. Toronto：Oxford University Press, 2018. 该作者（南方卫理公会大学法学院前任院长）提供的数据显示了联合公民与超级富豪增加的竞选支出之间的联系。在其做出决定后的 11 个月里，最富有的 0.01% 的人的捐款增加了 65%。在联合公民向 501(c)(4) 秘密组织提供捐款后（该组织不披露捐款人信息），其获得的捐款几乎增加了 2 倍。

　　大量的政治学文献表明，捐赠会增加接触，而这种接触会导致影响力增加，最终形成立法结果。该作者指出了最高法院早前的裁决（Buckley v. Valeo, 424 U.S. 1, 1976）的重要性，应强制下调竞选捐款限额。法院在认识到金钱对传播思想的重要性的同时，没能考虑到应保证各候选人平等参与政治舞台的问题。见注释 35。由于国内的极度不平等，最高法院决定保障"政府源于极少数人，服务极少数人，通过于极少数人"的情况。

　　Benjamin I. Page, Martin Gilens. Democracy in America?: What Has Gone Wrong and What We can Do About It [M]. Chicago：University of Chicago Press, 2017. 他们表明，广泛的中低收入阶层的意见几乎对政策没有任何影响，不仅是因为钱，也因为各种各样的反民主措施，如选区划分不公，较小的州的过度影响。一些小州的参议员获得了与纽约州、加利福尼亚州和得克萨斯州相同的选票。众议院共和党发言人丹尼斯·哈斯特提出的哈斯特规则（多数中的多数），使得只有被大多数共和党支持的法案才会进行表决。

32. 经济学家通常使用更生动的语言来描述这一过程：他们称其为"俘获"。这个词似乎起源于我在世界银行担任首席经济学家任期结束之后，是对获得诺贝尔经济学奖的芝加哥学派经济学家乔治·斯蒂格勒使用的"规则俘虏理论"一词的自然延伸。The Theory of Economic Regulation [J]. *The Bell Journal of Economics and Management Science*, 1971(3)：21.

33. 当然，金钱利益，尤其是来自金融部门的利益，在民主党中也扮演了重要角色。尽管如此，许多民主党领导人还是强烈支持这些改革。值得注意的是，在通常情况下，在不受约束地在政治上使用金钱的问题上，五比四的投票结果与党派构成一致。

34. 法律比刚刚描述的要复杂一些。选择公开资助的候选人不能使用任何来自私人捐款、个人资金、PACs 等处的钱，参加此计划的候选人的资金上限为 75 000 美元。因此，那些与未选择公开资助的候选人竞争的候选人，能动用的竞选资金只有 75 000 美元。而如果其竞争对手能募集到 75 000 美元以上，他们将无法匹敌。

35. 该州法律是全民公决的结果。最高法院大法官卡根代表 4 名反对者发声，她说："第一修正案的核心目的是建立一个健康、富有生机活力、充满激烈的讨论和辩论的政治体系。亚利桑那州的反腐败法规《亚利桑那州公民廉洁选举法》(Arizona Citizens Clean Election Act) 没有任何一项违反这一宪法性保护。"她随后提出，各州在争论 "对当选官员特殊利益的控制" 时都为了各自的利益。该法律 "促进了思想的激烈竞争，促进了最终目标的实现——建立一个响应人民意愿的政府"。对法院判决的批评者，如纽约大学布瑞南司法中心的尤思，指出法院创造了一项新权利，即 "保留金钱优势的权利"。法院的大多数人摒弃了这种疑虑，正如他们以前所做的那样，认为实际上公平的竞争环境剥夺了个人用金钱使自己进一步获利的权利。Robert Barnes. Supreme Court Strikes Arizona's "Matching Funds" for Publicly Financed Candidates [N]. *Washington Post*, 2011-06-27. 此案于 2011 年宣判。

36. 自联合公民案以来，法院成员发生了变化。可以预料，如果再次发生类似案件，将会出现的是五比四的判决。选票的一次改变——或者将最高法官的人数增加两名，将会改变这一结果。

37. 本章所讨论的货币施加影响的机制并不完整。举例来说，游说通常扮演着重要的角色。遏制游说影响的努力已取得部分成功，但仍有改进的空间。同样，更好地公开信息，包括提供与政府官员会面的人员的名单，可能会有所帮助。特朗普政府拒绝发布白宫访客日志，将外部影响的不透明性推向一个新的极端。Julie Hirschfeld Davis. White House to Keep Its Visitor Logs Secret [N]. *New York Times*, 2017-04-14.

38. 特朗普是少数派候选人：尽管他的支持率高于其他 16 位候选人，但很明显支持他的人还不到全党的一半。但是选举制度允许他管理掌控共和党，然后以比对手少得多的选票成为总统。有人说这是民主党一直以来的政治过程，但其中其实存在根本性的差异。共和党的极端分子已成功控制了该党派。在众议院，茶党的实力足以阻止任何它所反对的立法通过。甚至伯尼·桑德斯和伊丽莎白·沃伦都是主流的 "社会民主人士"，与欧洲社会民主主义者相差无几（在许多情况下，稍微右倾）。

39. 正如政治学家道尔顿及其合著者指出的那样，长期以来美国人对政党制度不抱幻想，但事实上这对美国的民主至关重要。Russell J. Dalton, David M. Farrell, Ian

McAllister. Political Parties Democratic Linkage: How Parties Organize Democracy [M]. New York：Oxford University Press, 2011. Sean Wilentz. The Politicians and the Egalitarians [M]. New York：W. W. Norton, 2016.

40. 显然，教育体系的缺陷使选民更容易受到特朗普和福克斯新闻中歪曲和谎言的影响。但是，如果富人可以退出，或者设计自己的专属区域，那么公共教育系统将永远无法改善。

41. 第 6 章说明了技术进步甚至可能赋予他们更大的力量来做到这点。

第 9 章　恢复充满活力的经济为所有人提供工作和机会

1. 或许具有讽刺意味的是，一直被视为市场批评者的民主党，不得不承担起让市场运转起来的角色，同时共和党则已经将特殊企业的利益视为自己的利益，希望将市场经济转变成扭曲的寻租经济。

2. 事实上，即便是人均 GDP 也不能很好地衡量人均生活水平，正如我们在第 2 章中所观察到的：在一些衡量生活水平的标准指标中，美国的表现远逊于一些人均 GDP 较高的国家。Joseph E. Stiglitz, Jean-Paul Fitoussi, Amartya Sen. Mismeasuring Our Lives: Why GDP Doesn't Add Up [M]. New York：The New Press, 2010. 我主持了国际委员会关于经济绩效和社会进步的衡量报告。

3. 我们可以就出生率采取手段，但考虑到我们面临的，尤其是气候变化带来的挑战，尚不确定我们是否应该这样做。

4. Case, Deaton. Rising Morbidity and Mortality in Midlife among White Non-Hispanic Americans in the 21st Century.

5. 税收法案的支持者声称，它将带来更多的私人投资。而正如我们已经指出的，流入企业的额外资金绝大多数被用于股息和股票回购。

6. 2018 年 1 月，税收法案通过几周后，我在达沃斯参加了一场讨论，当时特朗普的交通部长赵小兰重申了她对基础设施的承诺，但接着又指出了一个问题——缺钱。政府已经隐晦地阐明了其优先事项：即使是针对富人的不合理的减税措施，也比基础设施建设更为重要。

7. 该规定限制了各州征收企业所得税和财产税。

8. 他说这笔钱太多了，会导致税收增加。不用说，这代表赤字大大增加。

9. 个人储蓄率下降到 2.2%，并且在金融危机爆发前一直保持较低的水平。布什减税政策在促进储蓄、投资增长方面的失败见第 1 章注释 44。

10. 当然，关于如何创建一个促进创新的社会，还有很多可以说的。

11. 产业政策这个名称具有误导性：它们并不一定会促进产业发展。它们通常只有益于某个经济部门或某项技术，或者在特定的方面激励企业发展。

12. 因此，积极的劳动力市场政策有时会受到批评：尽管这些政策在一些国家行之有效，如斯堪的纳维亚，但在其他地方却成败参半。这是有原因的，从中得出的重要经验教训是：如果某人为现实中并不存在的工作接受培训——要么是因为宏观经济政策未能创造就业机会，要么是培训政策未能将教育计划与现有的工作联系起来。很明显，这两个原因都将导致失败。

　　正统的新自由主义也对产业政策进行了批判。他们认为，政府不应该挑选优胜者。但是现实是，每个成功的国家都有其产业政策；而美国的大部分政策都植根于国防部。如果不是得益于政府的研究计划，美国就不会成为互联网的领导者。无论如何，所有政府都必须就教育系统和基础设施发展做出长期决策，而这些决策必须基于国家发展方向的愿景。

13. 经济学家和社会学家用类似说法指代社区内的组织和社会资本。当社区被摧毁时，资本也将被摧毁。Robert J. Putnam. Bowling Alone [M]. New York：Simon and Schuster, 2000. Robert J. Sampson. Great American City: Chicago and the Enduring Neighborhood Effect [M]. Chicago：University of Chicago Press, 2011.

14. 一般而言，由于严重的拥堵和其他特定位置的外部因素，经济活动的空间分配效率并不高。（当个人决定的全部后果没有反映在其必须承担的成本中时，就会产生外部性。当外部性存在时，市场就会失去效率。）

15. 其扮演的角色在部分上是无意中造成的，是"二战"的产物，因为在政府的帮助下，人们从农村到城市来进行战时生产。并且它有助于确保那些从战争中回来的人在《退伍军人权力法案》的帮助下，具备在新的工业经济下取得成功所必需的技能。关于这部分更详细的说明，见第6章注释7。

16. 现代经济理论（基于不对称信息）已经解释了为什么这种情况会出现，以及为什么这些问题是固有存在的。

17. Joseph E. Stiglitz, Jungyoll Yun. Integration of Unemployment Insurance with Retirement Insurance [J]. *Journal of Public Economics*, 2005, 89(11-12): 2037-67. Optimal Provision of Loans and Insurance Against Unemployment From A Lifetime Perspective. NBER Working Paper, 2013(19064).

18. 我要感谢克鲁格就这些问题进行的讨论。举例来说，至少在一段时间内，政府可能会支付旧工作与新工作工资之间存在的差额。由此，个人可以继续寻找更好的工作。最终，人们要么找到工作，要么将期望下调，但是至少在这个计划中人们能找到工作。

19. 自动稳定器甚至在标准指标（如 GDP 增长率或失业率）表明可能存在问题之前，向经济系统注资。尤其是在政治体系陷入僵局的美国，即便承认存在问题也不够，正如大衰退时期那样。在美国国会投票决定是否需要向经济注入资金之前，可能会有漫长且代价高昂的延误。

20. 关于 UBI 的书籍有很多。Guy Standing. Basic Income: A Guide for the Open-Minded [M]. New Haven：Yale University Press, 2017. Annie Lowrey. Give People Money: How a Universal Basic Income Would End Poverty, Revolutionize Work, and Remake the World [M]. New York：Crown, 2018.Philippe Van Parijs, Yannick Vanderborght. Basic Income: A Radical Proposal for a Free Society and a Sane Economy [M]. Cambridge, MA：Harvard University Press, 2017. 书名表明，这些作者相信 UBI 将对美国社会起变革性作用。

21. 一些人认为，还有政治上的优势——像社会保障这样的项目会得到更多的支持，仅仅因为它们是公众的。有句老话说，政府的福利项目只提供给技能欠缺的人，获得资格取决于收入等"手段（means）"。"mean"在古英语中是卑鄙的意思。

22. 维持超低利率会扭曲经济，特别是金融部门。这将会促使资本密集型技术投资溢出并导致风险溢价过低。货币政策则给利率敏感行业带来过重负担。

23. OECD 数据。

24. Peter Wagner, Wendy Sawyer. Mass Incarceration: The Whole Pie 2018. Prison Policy Initiative, 2018-03-14.

25. Employed Full Time: Median Usual Weekly Real Earnings: Wage and Salary Workers: 16 Years and Over [OL]. St. Louis FRED Economic Data (2018-07-14). https://fred.stlouisfed.org/series/LES1252881600Q. 有些人认为，劳动力参与率低的原因是，那些没有进入劳动力市场的人不具备创造就业岗位所需的技能。这种不匹配不能完全解释当前劳动力市场的情况，因为如果是那样的话，人们应该会看到短缺技能岗位的工资上涨，同时工资的刚性会导致其他岗位的工资下降有限。因此，我们理应看到平均工资以比我们所能看到的快得多的幅度增长。

26. 就像美国在伊拉克和阿富汗战争中所做的那样。Stiglitz, Linda Bilmes. The Three Trillion Dollar War: The True Cost of the War in Iraq [M]. New York：W. W. Norton,

2008.

27. 不用为真正的社会成本（如环境破坏）买单，实际上就是得到了补贴。如果没有碳排放税，企业就不用承担它造成的环境破坏的任何成本。不强迫污染企业为它们对社会造成的损害买单，实际上就是在补贴它们。

28. 即使按照常规的衡量标准，不考虑更好的环境带来的好处。这些税收的一部分，反过来可以投资"绿色"经济。例如，可以用来改造我们的公共基础设施。所有的这一切（包括由此产生的私营和公共部门的就业机会）都是所谓的绿色新政法案的一部分。

　　一些人主张征收碳排放税，但建议将收入退还给纳税人。这种政策的提倡者无视美国关于包括绿色经济的新投资范围所需的公共部门投资。美国当时受一个由全球商业政府财团牵头的委托，在那个时期，法国环境部长和一位荷兰的商业领导人，根据在巴黎和哥本哈根的国际协议中将全球变暖的增加幅度限制在 1.5℃至 2℃ 这一目标确定了碳排放税。Report on the High-Level Commission on Carbon Prices (The Stern-Stiglitz Report). Carbon Pricing Leadership Coalition (2018-07-04). https://www.carbonpricingleadership.org/report-of-the-highlevel-commission-on-carbon-prices/.

　　征收碳排放税还有一个好处，那就是鼓励研究把重点放在减少碳排放上——即放在拯救地球上。在美国当前的体系中，企业不承担任何碳排放成本，其缺乏动力来进行创新以减少排放。

29. 理由很简单：政府支出的扩张效应超过了税收的收缩效应。当对超级富豪征税时，紧缩效应特别小；对某些类型的投资，如与教育、技术和许多环境投资有关的投资，扩张效应可能特别大。

30. Mazzucato, The Entrepreneurial State.

31. European Investment Bank. Some Dates and Figures (2018-07-04). http://www.eib.org/about/key_figures/index.htm.

32. 在特朗普政府早期，就有人提议通过向对冲基金提供巨额税收优惠，让它们为基础设施融资。税收优惠当然不是让它们一分钱不出，它们夺走了政府本来可以花在其他地方的钱。国家基础设施银行筹集资金的成本远远小于对冲基金筹资的成本。在任何情况下，对冲基金都会更感兴趣于为机场和其他可以为其直接获得收入来源的项目提供资金，而不是乡村公路和其他被忽视的基础设施建设。

33. 其他证据也显示，这种努力不仅对生活质量有影响，甚至对鼓励学习和阻止犯罪也有影响。在协助医院、学校、养老院方面，还有其他需要完成的工作。缩短需要公共服务人员等待时间的价值，很难在美国国民收入统计数据中体现出来。

34. Jayati Ghosh. Can Employment Schemes Work? The Case of the Rural Employment Guarantee in India. Contributions to Economic Theory, Policy, Development, and Finance: Essays in Honor of Jan A. Kregel, ed. Dmitri Papadimitriou. London: Palgrave Macmillan, 2014(145)：71. 当然，印度劳动力市场的结构与美国明显不同，因此必须进行不同的设计。尽管如此，问题依然存在：一个比美国贫穷得多的国家，拥有正式工作的工人比例也要小得多的国家都可以负担得起有保障的就业计划，并成功地使它投入运行，那么美国也应该能够这样做。

　　在实施此类工程时，必须解决许多技术细节。一方面，付给这些工人低于不体面的工资金额是错误的。另一方面，人们不希望影响私人企业的就业。

　　此措施应被视为最后的手段：更有希望的是通过适当的货币和财政政策，实现充分就业。但是，有证据表明事实并非如此。非裔美国人的失业率通常是其他人群的 2 倍，部分是由于歧视；这意味着除非政府成功降低整体失业率，否则这个群体和其他群体的失业情况仍将处于不能被接受的水平。

　　当然，保证就业计划与其他计划一样有着复杂的历史过程。普通的分配工作并没有意义，人们可能没有经过适当的技能培训，而且几乎没有努力去提升技能，从而重新融入劳动力市场。这些失败的经验可能有助于为就业保障计划的良好设计提供依据。一旦能认识到长期失业，特别是其集中在某些地区或某些群体造成的昂贵的社会代价，即使是设计不完美的方案也可能是可取的。

35. 一些右翼人士主张应将一切留给市场解决。如果工作的净收益，包括育儿费用，是不够的，那么人们就不应该去工作。从这个角度来看，儿童保育补贴扭曲了劳动力市场。该观点忽略了劳动力市场和社会其他地方已经存在的多重扭曲，包括严重的性别歧视，也忽略了社会可能赋予有工作的人的社会价值以及因工作增加的人力资本。

36. 毋庸置疑，这需要政府为工人提供培训，使其拥有与劳动力市场需求能够更好进行匹配的技能。

37. Jacob S. Hacker, Paul Pierson. Winner-Take-All Politics: How Washington Made the Rich Richer——And Turned Its Back on the Middle Class [M]. New York：Simon & Schuster, 2010. Stiglitz. The Price of Inequality [M].

38. 要更全面地讨论工资不平等的决定因素，见第 2 章，包括注释 23。

39. 同样，在废除区分商业银行和投资银行的《格拉斯 – 斯蒂格尔法案》后，银行业集中度大大提高，给它们带来了更多的市场力量。5 家最大银行的资产占商业银行总资产的比例从 1998 年（废除《格拉斯 – 斯蒂格尔法案》之前的那年）的 29% 增加到 2015 年的 46%。5-Bank Asset Concentration for United States. St. Louis FRED Economic Data (2018-07-14). https://fred.stlouisfed.org/series/DDOI06 USA156NWDB.

40. 关于提高最低工资还是增加工资补贴存在争议。而我相信美国这两者都需要。

41. 迈尔斯·克拉克用经验证明了收入平等与机会平等之间的关系，奥巴马时期的经济顾问委员会主席克鲁格将这种关系称为 "了不起的盖茨比曲线" (Great Gatsby Curve)。Corak. Income Inequality, Equality of Opportunity, and Intergenerational Mobility [J]. *Journal of Economic Perspectives*, 2013, 27(3)：79-102. Krueger. The Rise and Consequences of Inequality in the United States. Speech at the Center for American Progress, 2012-01-12.

42. 根据教育部的数据，最富有 25% 学区比最贫穷的 25% 多支出 15.6%。Education Finance Statistics Center (2018-07-04). http://nces.ed.gov/edfin/xls/A-1_FY2012. xls. Jackson, Johnson, Persico. The Effects of School Spending on Educational and Economic Outcomes: Evidence from School Finance Reforms [J]. *Quarterly Journal of Economics,* 2016, 131(1)：157-218. 他们研究发现，美国每位学生 12 年的教育支出每增长 10%，其未来工资也会增长 7%，贫困率每年下降 3.2%。

　　这与第 2 章的结论一致，在某些地区长大的人成功的可能性较小。

43. 考虑到教育的重要性，已经有无数改革努力和著作提出了替代方法，这并不奇怪。几段简单的话不足以描述这些丰富的文学作品。我已讨论过其中一项改革措施，即激励性薪酬。还有一个重点在于特许学校——允许创建新学校。平均而言，这些学校的表现并不比公立学校好。Philip Gleason, Melissa Clark, Christina Clark Tuttle, Emily Dwoyer. The Evaluation of Charter School Impacts: Final Report [R]. NCEE 2010(4029). 但的确一些取得了显著的成就，应该将它们视为 "教育创新实验室"，并将成功的经验带入公立学校。它们不应被视为公立学校的替代品。这几乎将不可避免地会导致一个在经济、社会，甚至种族上更加隔离的学校系统形成。改革的第三支柱围绕工会进行抨击——这很奇怪，因为在表现最好的公立教育系统中，存在着高度工会化的体系。毫无疑问地，企业界普遍存在的反工人、反工会的人士也参与了教育改革辩论。

44. 在谢尔比县诉霍尔德案中，法案的一项关键条款被认为违宪。实际上，该法案使美国国内那些有歧视选民历史遗留问题的地区受到联邦监督。为了从这些限制中解脱出来，许多地区已采取行动（如关闭和更改投票设置），以此来阻止非裔美国人投票。缺乏投票权会影响公共资源的分配。要更全面地讨论这些问题，包括最高法院的裁决，见第 8 章。

45. 世界监狱人口名单，国际监狱研究中心。

46. 这种大规模监禁制度被称为"新型种族歧视"。然而，正如第 8 章所提到的，它有其政治目的——进一步剥夺大量非裔美国人的权利。Alexander. The New Jim Crow [M]. 它也是剥削性的。正如我们所注意到的，在今天的美国，几乎 5% 的工业劳动力是罪犯，他们的工资远远低于美国最低工资标准。

47. 金融危机显示美国的经济和司法体系处于最糟糕的状态。富国银行等银行将非裔美国人作为掠夺性贷款的目标。需要对这场危机（或歧视）负责的那些富有的银行家几乎没有人被追究责任，即使他们的罪责是把没有负债的人从他们自己家中赶出，其中甚至包括许多银行无法找到相关记录文件的房主。参见《巨大的鸿沟》第 70 ～ 73 页。

48. Andrea Flynn, Dorian T. Warren, Susan Holmberg, Felicia Wong. Rewrite the Racial Rules: Building an Inclusive American Economy. Roosevelt Institute, 2016.

49. 特朗普支持者反复提到的一个主题是，他们觉得别人得到了一张"通过"牌，能轻易在人生阶梯上更上一层楼。在高尔夫球运动中，我们通过差点使比赛保持公平。我们需要认识到，在生活中，有些人一开始就处于劣势，我们需要帮助他们，使其能与他人进行真正公平的竞争。

50. 这些论点是 21 名儿童代表针对特朗普政府的气候政策提起的诉讼的一部分。目前，该案在最高法院（以 7：2 的裁决）维持了儿童的起诉权之后，正处于被搁置状态，在俄勒冈州的尤金市等待审判。我是该案的专家证人。

51. Stiglitz. Reforming Taxation to Promote Growth and Equity. Roosevelt Inotitute White Paper, 2014-05-28. 关键的改革包括对股息、资本收益、债券利息进行全额征税，并消除许多漏洞，包括规定在继承资产方面提高资本利得税基础。仅对出售资产与继承时的价格差额缴税，就等于将上一代的全部资本收益免税。

52. 包括前面提到的附带利息规定（根据 1986 年美国税收法）：拥有私募股权的人（购买企业，对其进行重组，然后再出售）通常会为其收入支付较低的资本利得税率，而不像其他行业的工作人员那样必须支付更高的税率。

53. 证据表明，上述每种情况下，效果通常很不明显，或者如经济学家所说，税收弹性很低。

54. Henry George. Progress and Poverty: An Inquiry into the Cause of Industrial Depressions and of Increase of Want with Increase of Wealth [M]. San Francisco：W. M. Hinton & Company, 1879：38.

55. 也可以用其他方式去看：土地的价值将减少，因此如果个人想要在退休后持有一定数量的财富，那么这些财富应为生产资本。

56. 见第 9 章注释 28。

57. 当然，取消对化石燃料的巨额补贴也很有意义（据估计，该补贴每年可为相关企业带来 205 亿美元的福利，其中很大一部分是通过税收优惠获得的，并且产生的资金大多花费在其他地方）。David Roberts. Friendly Policies Keep US Oil and Coal Afloat Far More than We Thought [N]. *Vox*, 2017-10-07. 统计数据省略了许多种商品补贴，如那些直接出售给消费者的商品。国际货币基金组织估计，能源补贴（其中大部分用于化石燃料）2015 年为 5.3 万亿美元，占全球 GDP 的 6.5%。David Coady, Ian Parry, Louis Sears, Baoping Shang. How Large Are Global Energy Subsidies? International Monetary Fund, 2015. 据估计，美国每年的能源补贴为 6000 亿美元。

58. 全球自然灾害造成的总损失总计 3350 亿美元，其中美国承担了 88%。Natural Disasters 2017. (2019-01-28). www.emdat.be/publications. Pascaline Wallemacq, Rowena House. Economic Losses, Poverty and Disasters 1998-2017. (2019-01-24). https://www.unisdr.org/we/inform/publications/61119.

59. 它实际上确实干扰了金融市场的效率。Michael Lewis. Flash Boys: A Wall Street Revolt [M]. New York：W. W. Norton, 2014. 刘易斯指出，大部分高频交易无非是一种技术先进的"抢先交易"。流向这些交易的钱，本可以投向那些能够提高经济整体效率的真实的项目。Joseph E. Stiglitz. Tapping the Brakes: Are Less Active Markets Safer and Better for the Economy? Federal Reserve Bank of Atlanta 2014 Financial Markets Conference (2014-04-15). http://www.frbatlanta.org/documents/news/conferences/14fmc/Stiglitz.pdf.

第 10 章　人人过上体面的生活

1. 即使在人均收入只有美国四分之一的哥斯达黎加，人们也有更长的平均寿命，部分原因是其政府为所有人提供了高质量的医疗服务。

2. 参见美国经济分析局数据。在"二战"后，美国政府债务达到顶峰，占 GDP 的 119%。Gross Federal Debt as Percent of Gross Domestic Product. St. Louis FRED (2018-07-15). https://fred.stlouisfed.org/series/GFDGDPA188S.

3. 教育投资的回报是巨大的——根据美国国会的说法，每花费 1 美元，即可获得 7 美元的回报。不同种族在教育福利方面存在很大差异：只有 12% 的非裔美国人能够继续接受高等教育，而白人的这一比例为 28%。Edward Humes. How the GI Bill Shunted Blacks into Vocational Training [J]. *The Journal of Blacks in Higher Education*, 2006(53)：92-104. 休姆斯解释了促使这种歧视发生的机制。值得注意的是，虽然《退伍军人权力法案》确实对美国北方的受教育程度产生了正面影响，但在南方却没有。Sarah Turner, John Bound. Closing the Gap or Widening the Divide: The Effects of the GI Bill and World War II on the Educational Outcomes of Black Americans [J]. *The Journal of Economic History*, 2003, 63(1)：145-77. 该法案还提供了住房福利，但是界定现象意味着非裔美国人无法充分享有这些福利。Edward Humes. Over Here: How the G.I. Bill Transformed the American Dream [M]. New York：Diversion Books, 2006.

4. 虽然本章中的讨论强调了政府计划（包括新的公共选择）在确保所有美国人过上合理生活这一目标中的作用，但必须认识到，上一章讨论的监管同样重要。比如，如果员工依旧容易被雇主剥削（如轮班和零小时工作制度），或者环境被破坏，个人不断被企业（无论是互联网提供商、手机企业还是航空企业）利用，人们就不可能过上理想中的生活。

5. 因此，公共选择可能比政府提供给定的服务更好。

6. 讽刺的是，国会确实为医疗保险提供了一种有限的私人选择，但它必须向私人部门提供大量补贴，以使其能够加入竞争。

7. 甚至在特朗普试图破坏平价医疗法案之前，美国约有 12% 的成年人，即大约 3000 万人没有保险。Zac Auter. U.S. Uninsured Rate Steady at 12.2% in Fourth Quarter of 2017. Gallup, 2018-01-16. Edward R. Berchick, Emily Hood, Jessica C. Barnett. Current Population Reports, P60-264, Health Insurance Coverage in the United States: 2017. US Government Printing Office, Washington, DC, 2018. 2017 年 11 月，CBO 估计，由于 2017 年的税收法案，到 2027 年，将会有 1300 万人没有保险。Repealing the Individual Health Insurance Mandate: An Updated Estimate. CBO, 2017-11-08.

8. 这基本上意味着健康者通过私人保险制度为不健康者提供的补贴被税收制度替代。

9. Peter R. Orszag, Joseph E. Stiglitz. Rethinking Pension Reform: Ten Myths about Social Security Systems. New Ideas about Old Age Security, eds. Robert Holman, Joseph E. Stiglitz. Washington, DC：World Bank, 2001：17-56. 大多数人都不知道替代计划收取的费用，因此没有意识到这些费用对其退休收入的影响。在美国，个人退休（IRA）账户的交易成本预计将使退休福利减少约30%。Robert Hiltonsmith. The Retirement Savings Drain: The Hidden and Excessive Costs of 401(k)s [OL]. New York：Demos.org, (2019-01-24). https://www.demos.org/publication/retirement-savings-drain-hidden-excessive-costs-401ks.

10. 见第5章注释21。特朗普政府与银行家站在同一阵线，希望通过利用利益冲突而损害退休人员的利益来获取财富，并因此推迟实施信托标准——其他发达国家实行的那种。得克萨斯州、路易斯安那州和密西西比州的第五巡回法庭推翻了该规则。所有这些都证明了公共选择的重要性。Alessandra Malito. The Fiduciary Rule Is Officially Dead. What Its Fate Means to You [OL]. Market Watch (2018-01-25). https://www.marketwatch.com/story/is-the-fiduciary-rule-dead-or-alive-what-its-fate-means-to-you-2018-03-16.

11. OTD模式指抵押经纪人帮助银行出售抵押，然后将抵押打包成证券出售给投资银行，出售给养老基金和其他寻求多样化投资组合的人，第5章介绍过。

12. Laurie Goodman, Alanna McCargo, Edward Golding, Jim Parrott, Sheryl Pardo, Todd M. Hill-Jones, Karan Kaul, Bing Bai, Sarah Strochak, Andrea Reyes, John Walsh. Housing Finance at a Glance: A Monthly Chartbook [OL]. Urban Institute, 2018-12. https://www.urban.org/research/publication/housing-finance-glance-monthly-chartbook-december-2018/view/full_report.

13. 这被称为特征价格法，可确定与市场各种属性相关联的房屋价值，包括位置和各种便利设施。

14. 例如，抵押企业和投资银行经常将租赁物业显示为自有物业。这很重要，因为前者的违约风险比后者高得多。

15. 经济学家将其称为"范围经济"。对于大多数人而言，还款可以直接与工资挂钩，其有效的边际成本为零。该提案需要解决一系列实际问题。尽管需要注意这些关键细节，但我们的观点仅仅是如果有足够的空间创建公共借贷机构，其效率会明显高于现有安排——在任何情况下，无论是隐性的还是显性的，都是政府承担风险。

16. 这种 30 年期抵押贷款产品的违约率，远低于金融危机之前的几年里私人市场推崇的产品，如浮动利率和气球式还款。但是即使是这种产品，在分担风险和稳定经济方面，也不如许多上文提及的产品及某些其他国家的产品（包括著名的丹麦抵押债券）那样有效。

17. Deirdre Bloome, Shauna Dyer, Xiang Zhou. Educational Inequality, Educational Expansion, and Intergenerational Income Persistence in the United States [J]. *American Sociological Review*, 2018, 83(6)：1215-53.

18. James J. Heckman. Invest in early childhood development: Reduce deficits, strengthen the economy. https://heckmanequation .org/www/assets/2013/07/F_HeckmanDeficitPieceCUSTOM-Generic_052714-3-1.pdf. Ajay Chaudry, Taryn Morrissey, Christina Weiland, Hirokazu Yoshikawa. Cradle to Kindergarten: A New Plan to Combat Inequality [M]. New York：Russell Sage Foundation, 2017.

19. 替代方案最重要的不同之处在于对代际收入分配的影响，这也受到其他政策的影响，如社会保障（养老金）的结构。或有收入贷款把获得教育成本转移给接受教育后的产物，然而义务教育则把获得教育的成本转移到现有的劳动力身上。

20. 个人应能向政府贷款以偿还私人贷款，任何预收罚金制度都应该被取缔。

21. Sean F. Reardon, Kendra Bischoff. Income Inequality and Income Segregation [J]. *American Journal of Sociology*, 2011, 116(4)：1092-1153.

第 11 章　美国的复兴

1. 当然，正如第 5 章阐述的那样，这两者并非完全割裂的：银行家的道德败坏在我们金融体系失灵的问题中扮演了重要角色。

2. 19 世纪，这种原型被阿尔杰在一系列著作中描述为通过决心和辛勤工作变得富裕的贫困男孩。

3. 即使是美国最挑剔的学校都存在无视需求的奖学金制度，即不论其父母的经济状况如何都录取学生，并提供贷款以确保其能入学。然而，相当少的一部分（低于 10%）学生来自中低收入群体。在 Ivy Plus（常春藤联盟学校外加麻省理工学院、斯坦福大学、杜克大学和芝加哥大学）中，14.5% 的学生来自 1% 收入最高的家庭，而仅有 13.5% 的学生来自 50% 收入最低的家庭。Anthony P. Carnevale, Stephen J. Rose. Socioeconomic Status, Race/Ethnicity, and Selective College Admission. America's Untapped Resource: Low-Income Students in Higher Education,

ed. Richard D. Kahlenberg. New York：Century Foundation, 2004. Raj Chetty, John N. Friedman, Emmanuel Saez, Nicholas Turner, Danny Yagan. Mobility Report Cards: The Role of Colleges in Intergenerational Mobility [OL]. NBER Working Paper No.w23618, 2017-07, https://www.nber.org/papers/w23618.pdf.

4. 现代行为经济学关于这些问题已经提出了一些措施。但是，美国和其他发达国家当前的许多经济政策，并非基于行为经济学，而是假设个体完全理性、信息充足和利己主义等不现实概念的标准经济学。

5. 前一种的态度体现在对倡导"改革"的政治领导者的赞誉中，即使许多改革只是改变了游戏规则，使其有利于一个群体，却以牺牲另一个群体，甚至整个经济为代价。里根的改革导致经济增长放缓，并带来了更多的不平等。唯一的赢家只有处于最顶层的那些人。

　　　后一种态度反映在最高法院的那些人身上，他们似乎认为美国的开国元勋应该继续引领我们，即使我们面临他们可能无法想到的难题。

6. 实际上，正如我们前面提到的，斯密的第一本著作名为《道德情操论》，英文版出版于 1759 年。

7. 这份清单并不全面，但是关注了我在本书中提出的关键问题，并且我并没有暗示人们会全力支持这些价值观的所有表述。然而，我很少看到人们公开站出来反对法治和广泛宽容的制度。可以肯定的是，有些人希望以更符合自身利益的方式来表达他们的观点。

8. 2018 年底和 2019 年初，特朗普减少了政府的一部分职责。这让美国人意识到了政府对经济和社会运转的重要性。

9. 联邦政府（不包括美国邮政局）雇用了 219 万人，在 1967 年，大约为 213 万人。U.S. Bureau of Labor Statistics, All Employees: Government: Federal, Except U.S. Postal Service [CES9091100001]. FRED, Federal Reserve Bank of St. Louis, (2019-01-24). https://fred.stlouisfed.org/series/CES9091100001.

10. 拉尔夫·纳德在他的经典著作中记录了汽车安全立法之前的情况。Ralph Nader. Onsafe at Ang Speed: The Designed-In Dangers of the American Automobile [M]. New York：Pocket Books, 1965.

11. 当总统宣称其拥有不受约束的权利所以可以豁免自己，以及总统的追随者宣称总统应当享受自由的专制权时，应当采取宪法规定的最终制约——弹劾。由于他在党内的支持率十分稳固（总统免职需要参议院三分之二的投票结果），加上过度自信，他甚至声称自己可以在第五大道"枪杀他人"而仍然不失去他的忠实选民。从那个季度开始，他似乎开始无所畏惧。

12. 许多重要的部分很少引起足够的注意：一个简单的改动取消了以前私人医生对残疾的诊断资格，这可能导致许多人无法获得伤残赔偿金。

13. 根据 OECD 的数据，2017 年，美国实际人均 GDP 增长速度比 OECD 的平均水平稍慢，但在 2018 年则有所增加。

14. 在《重构美国经济规则》中，我和我的合著者将全球化和技术描述为巨大的潜在全球力量，然后将美国的经济结构转化为日常经验的规则进行解读，包括那些引发不平等和歧视的因素。但实际过程要更加复杂：在很大程度上，甚至全球化和技术的巨大全球力量也源于政策并受其影响。技术是由基础研究驱动的，甚至在私人部门，其方向也受到政策的影响。更强有力的气候政策将吸引更多的研究投资从而减少排污，低利率降低了相对于劳动力的资本成本，并因此鼓励有关节省劳动力的研究。全球化在很大程度上受到影响商品、服务、资本和劳动力跨境流动的政策的驱动。

15. 这并不准确：正如我们在第 8 章注释 11 中所指出的那样，由于投票率偏低，特朗普仅获得了"26% 选民"的选票。

16. 我在《不平等的代价》和《巨大的鸿沟》中进行了很多讨论，但我不是唯一一个讨论这个话题的人。Piketty. Capital in the 21st Century [M]. Angus Deaton. The Great Escape: Health, Wealth, and the Origins of Inequality [M]. Princeton：Princeton University Press, 2013.

17. 出于对 Worcester v. Georgia, 31 U.S. (6 Pet.) 515 (1832) 案的尊重，杰克逊对约翰·考菲准将所说的原话是："最高法院的判决仍然无效，其发现自己无法强迫佐治亚州服从命令。"

18. 美国南方发展了一种通过佃农制来保持地主阶级统治地位的经济体系。美国南方在教育、收入、健康方面均落后于美国社会和经济福祉的平均指标——尤其但不仅限于非裔美国人。由始至终，南方政治领导者都利用种族主义将贫穷白人的怒气转向他们的黑人邻居。

　　最终，1938 年，罗斯福实行了全国最低工资标准，南方的数据终于有所改善，大量非裔美国人从南方向北方大规模迁移。同时，为了寻求较低的劳动力成本，许多工业产业转移到南方。20 世纪 60 年代的民权法本身就是为了抵制这些长期存在的经济和种族不公正现象而出现的，大规模反对运动的结果。人们希望它能够扭转局势（至少在一段时间内），它似乎确实生效了。然而，四分之一个世纪后，惯犯势力，尤其是法庭上的惯犯势力，让时间倒流，阻碍了进步：经济隔离、种族经济分化和被歧视人群政治权力的丧失随后迅速恶化。

19. 特朗普试图利用种族主义来谋取政治优势。当然，这有着悠久的历史先例。在约翰逊的民权立法之后，南方的共和党人利用种族主义促进了党派之间的重大重组。

20. 有些人强调了战争在某些时期所起到的平衡作用。"二战"促进了团结，允许高累进税制存在，为战后不平等程度极低的时代奠定了基础。但是战争对建立平等社会是既不充分也不必要条件——这样做代价高昂且效率低下。

21. 这与如今美国人（通过国家）将拥有的自然资源托管给子孙后代的观点一致。这有时被称为公共利益原则，其历史可以追溯到查士丁尼法典，在 19 世纪后期被纳入美国法律。我在第 9 章注释 50 中讨论过，这是 21 名儿童针对特朗普政府诉讼的依据之一，原因是政府未能针对气候变化采取适当行动以保护其利益。

22. 根据美国联邦存款保险企业和美国国家信贷管理局的数据（信用合作社监管机构），尽管在金融危机之前，信用合作社的破产率与商业银行差不多，但在金融危机中，它们的破产率明显更低。除此之外，尽管 2008 ~ 2016 年，银行对小企业的贷款减少了近 1000 亿美元，但信用社对小企业的贷款增加了 1 倍以上，从 300 亿美元增加到 600 亿美元。2017 NAFCU 2017 report. https://www.nafcu.org/sites/default/files/data-research/economic-credit-union-industry-trends/industry-trends/Annual%20Report%20on%20Credit%20Unions/NAFCU%20Report%20on%20 Credit%20Unions%20-%202017.pdf. Rebel A. Cole. How Did Bank Lending to Small Business in the United States Fare After the Financial Crisis. Small Business Administration, 2018-01.

23. 例如，美国最大的黄油生产商蓝多湖企业的前身是明尼苏达州乳品合作社。现在，它在美国 50 个州和世界上 50 多个国家拥有 10 000 名员工，净销售额达 140 亿美元。除了合作用房之外，还有超过 64 000 个合作社，涉及公用事业和农业。其他被熟知的合作社还有新奇士和优鲜沛。

24. 1987 年，英国前首相撒切尔对集体行动和社会福利的作用给予了强有力的否定："根本不存在这种东西。"

25. Paxton, The Anatomy of Fascism.

译者后记

　　美国究竟是如何走到今天这一步的？美国未来又将何去何从？美国人民到底能做些什么以"扭转乾坤"？本书对美国经济及政治问题做出了"诊断"，同时也为这些"病症"开出了"药方"。本书充满了作者对美国现状的反思和对未来的思考。

　　本书正如作者在前言中提到的那样，核心理念是西奥多·罗斯福和富兰克林·罗斯福思想在21世纪融合的产物。作者以全球化的视角审视美国经济社会的问题，包括经济低迷、市场失灵及社会极端不平等等，并对上述问题进行了认真的反思。分别以老布什和克林顿为代表的共和党人和民主党人都曾经承诺，自由化和全球化政策将给所有美国人带来持久繁荣。然而，现在这些承诺已经被美国民众看作政客自私自利的"陈词滥调"，也难怪美国人民对精英和"体制"的抱怨与日俱增，对所谓美国的"政治正确"深恶痛绝。更为可怕的是，"失望透顶"的美国人又被特朗普的欺骗性营销所蒙骗。特朗普是全球化的"破坏者"。作者一直试图和特朗普政府划清界限，为经济全球化

"背书"。作者始终认为全球化本身并没有错，只是全球化的"管理模式"出现了问题。在某种意义上，作者的观点与美国当前执政者特朗普所倡导的理念"截然相反"。特朗普推行的贸易保护主义将使美国更加偏离正确的轨道。从某种意义上来说，美国目前的困境是自己造成的。在今天的美国，唯一可以给美国带来希望的是人民的力量。如果遵循正确的改革机制，美国的经济将会突飞猛进，最终实现全民共同繁荣，让大多数美国人所向往的生活不再只是一场"黄粱美梦"。但一切的前提是美国的不平等问题得以解决。这就是为什么实现美国社会公平不仅仅是解决道德或者经济上的问题，它更关系着美国的存亡。

当前中美贸易摩擦不确定性依然较大，突如其来的新冠肺炎疫情使得中美经贸关系"雪上加霜"，妥善处理中美关系显得尤为重要。在制定政策的过程中，我们不仅需要知道美国人是怎么想的、怎么做的，还需要清楚美国人的价值观。相信读完本书以后，读者能够从中得到一些启发。

翻译校对工作是烦琐的。最后特别感谢机械工业出版社和顾煦老师的全力支持，十分感谢华北科技学院冯琦钧同学、多伦多大学何心平同学、中央财经大学杨佩晴同学、清华大学周洺宽同学、香港理工大学常海青同学、曲阜师范大学熊浩然同学在书稿编译过程中提供的帮助，使本书的翻译工作得以顺利完成。

刘　斌

对外经济贸易大学

2020 年 4 月 10 日

感谢国家自然科学基金"制造业投入服务化、服务贸易壁垒与国际生产分割"（71973025）、中国博士后特别资助科学基金资助项目"逆全球化背景下跨境电商对全球价值链重构的影响"(2019T120169)、对外经济贸易大学北京对外开放研究院资助项目"中美贸易摩擦对北京市经济的影响及对策研究"（2019YB11）的支持。